CB064640

Liderança começa em casa

CIP-BRASIL. CATALOGAÇÃO NA FONTE
SINDICATO NACIONAL DOS EDITORES DE LIVROS, RJ

C951L

Crittenden, Ann
　Liderança começa em casa : conheça a relação entre as habilidades envolvidas na criação de filhos e na administração de funcionários / Ann Crittenden ; tradução Carolina Caires Coelho. - Campinas, SP : Verus, 2010.

　Tradução de: If You've Raised Kids, You Can Manage Anything : Leadership Begins at Home
　Apêndice
　Inclui bibliografia
　ISBN 978-85-7686-106-5

　1. Mães trabalhadoras. 2. Mulheres nas profissões. 3. Executivas. 4. Administração de pessoal. 5. Sucesso nos negócios. I. Título.

10-6221　　　　　　　　　CDD: 306.8743
　　　　　　　　　　　　　CDU: 316.812.1-055.26-055.62

ANN CRITTENDEN

Liderança começa em casa

Conheça a relação entre as habilidades envolvidas na criação de filhos e na administração de funcionários

Tradução
Carolina Caires Coelho

VERUS
editora

Título original
If You've Raised Kids, You Can Manage Anything
Leadership Begins at Home

Editora
Raïssa Castro

Coordenadora editorial
Ana Paula Gomes

Copidesque e revisão
Editora Longarina

Projeto gráfico e capa
André S. Tavares da Silva

Diagramação
Daiane Avelino

Copyright © Ann Crittenden, 2004

Tradução © Verus Editora, 2010

Direitos mundiais reservados, em língua portuguesa, por Verus Editora. Nenhuma parte desta obra pode ser reproduzida ou transmitida por qualquer forma e/ou quaisquer meios (eletrônico ou mecânico, incluindo fotocópia e gravação) ou arquivada em qualquer sistema ou banco de dados sem permissão escrita da editora.

Verus Editora Ltda.
Rua Benedicto Aristides Ribeiro, 55
Jd. Santa Genebra II - 13084-753
Campinas/SP - Brasil
Fone/Fax: (19) 3249-0001
verus@veruseditora.com.br
www.veruseditora.com.br

A meu filho, James Crittenden Henry

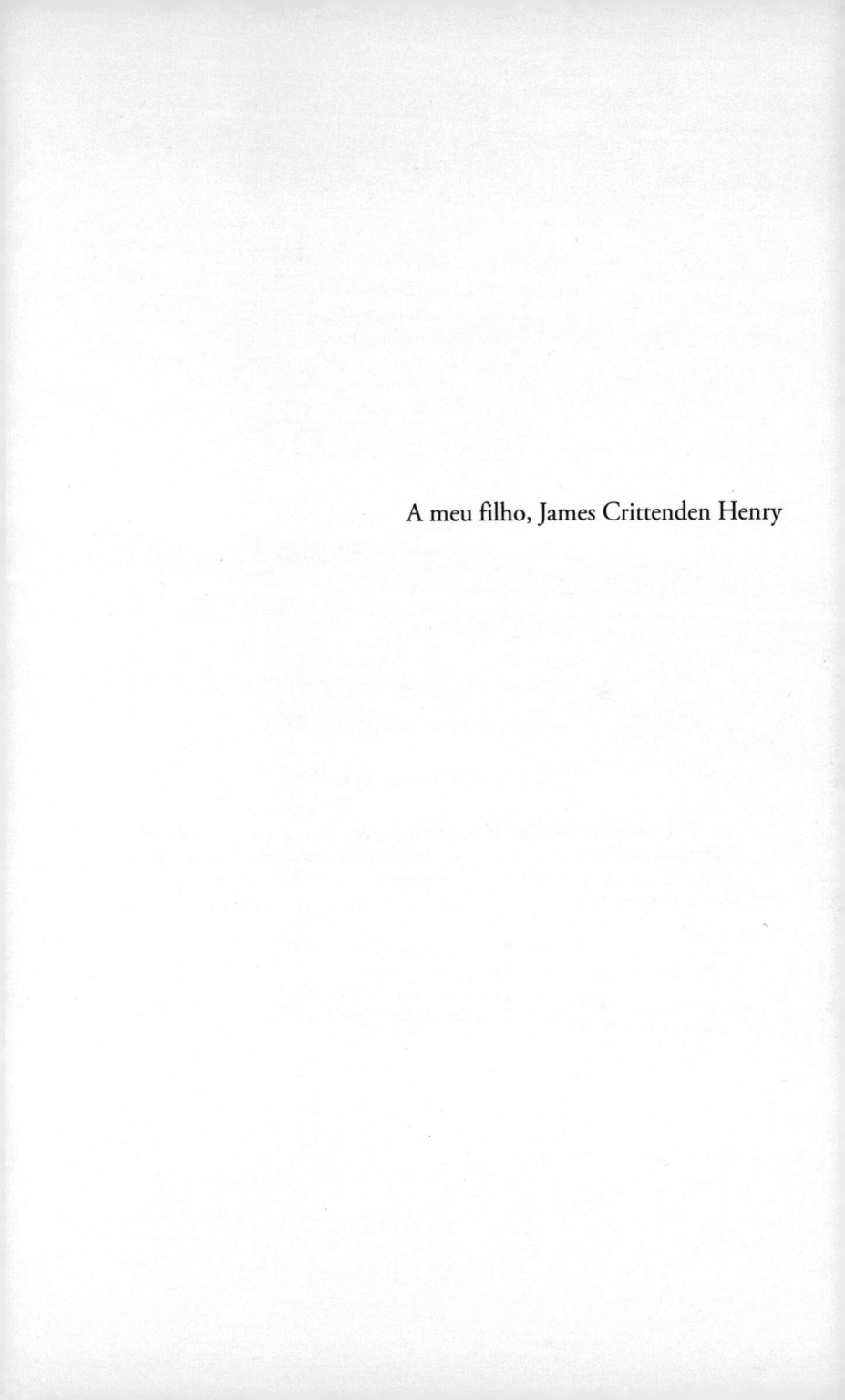

AGRADECIMENTOS

Meus primeiros e mais sinceros agradecimentos vão para todas as mães – parei de contar quando o número passou dos cem – que dividiram seus conhecimentos e os detalhes de sua vida conosco. Isso nem sempre foi fácil para as mulheres. Certa noite, fui a um jantar com um grupo de mães em Maryland e, algumas horas antes, recebi um *e-mail*, enviado por engano por um membro de outro grupo de mães: "Há um grupo de mães que trabalham fora na minha igreja e uma das mulheres está realizando um jantar em sua casa esta noite. Ann Crittenden estará presente. Ela está realizando pesquisas para seu novo livro e quer ouvir histórias divertidas contadas por nós e sobre como usamos as habilidades de cuidados com os filhos no ambiente de trabalho. Que pressão! Vou a esse jantar e não tenho nada em mente! Não consigo nem me lembrar de nenhuma história divertida a respeito de meus filhos. Será que alguém pode me contar uma história para que eu conte como se fosse minha?"

Tirei aquela noite de folga e voltei para casa sem histórias. A última coisa que queria fazer era pressionar ainda mais as mães que trabalhavam. Pelo contrário, meu objetivo ao escrever este livro era aumentar a sensação de competência e autoconfiança que todas as mães deveriam ter. O fato de tantas mães terem me ajudado neste projeto confirma minha convicção de que, se você criou filhos, é capaz de fazer qualquer coisa.

Além das muitas pessoas citadas neste livro, devo agradecimentos especiais a meus amigos e conhecidos, que contribuíram enviando contatos, com pesquisa, ideias, *feedback* e entusiasmo constante.

Jessica Brando, de Princeton, e Alicia Maxey, da Catalyst, uma organização sem fins lucrativos que defende o avanço das mulheres nos negócios, ofereceram grande ajuda nas pesquisas. Diversas pessoas me ajudaram com ideias e contatos para as entrevistas, incluindo Linda Juergens, Rhonda Kave e Lori Slepian, da Associação Nacional de Centros de Mães; Joanne Brundage e Debra Levy, da Mothers and More; Karyn Lissakers, Martin Mayer, Kathleen Patterson, Rosemary Ripley, Margo Roosevelt e Janice Thomas. Agradeço especialmente a Irene Addlestone, Abigail Taylor e Valerie Young, da MOTHERS D.C., Eleanor LeCain, Abigail Trafford, Valerie Hudson e Veronica Lopez, pelo apoio que me deram.

Agradeço a Mary Edsall, cujos *insights*, conhecimento e sabedoria aprimoraram minhas ideias nos últimos anos, e que leu o primeiro rascunho com atenção; e a Katherine Marshall, que também analisou o rascunho e dividiu comigo seu conhecimento a respeito da liderança maternal.

Quero agradecer pelo apoio muito bem-vindo de minha talentosa agente, Katinka Matson, da Brockman Inc., e às minhas editoras da Gotham Books, Lauren Marino e sua assistente Hilary Terrell. Um agradecimento especial ao meu marido, John Henry, um homem que não apenas ama as mulheres fortes, como também acha que está na hora de elas comandarem o mundo. E, por fim, meus profundos agradecimentos a meu filho, James Crittenden Henry, pois sem ele eu nunca teria obtido o conhecimento que inspirou este livro e que me tornou mais sábia do que pensei que um dia seria.

SUMÁRIO

Introdução 11

1. Multitarefas e a ascensão do administrador de vida 25
2. Como reconhecer um bebê 53
3. Negociação em que todos ganham e o não irracional 71
4. A importância de saber ouvir 85
5. Praticar a paciência 103
6. Empatia: o Q.E. 114
7. Valorizar as diferenças 130
8. Desenvolver capacidades humanas 139
9. Abrir mão 149
10. Hábitos de integridade 162
11. Senso de perspectiva 177
12. Ser justo 191
13. As questões futuras 200
14. Onde estamos: a diferença de gêneros no mundo executivo .. 204
15. Esconder ou mostrar? O mundo está preparado para a inclusão da "criação dos filhos" no currículo? 214

Posfácio: As mães estão em toda parte
e os tempos estão mudando 241
Anexo 255
Biografia dos entrevistados 263
Um recado da autora 272

INTRODUÇÃO

Quando uma criança de 2 anos de idade faz birra num supermercado, ou um adolescente grita "Eu odeio você!", os pais costumam pensar: "Se eu conseguir passar por isso, passarei por qualquer coisa".

A maioria das mães e dos pais sabe, por experiência própria, que criar um filho é a tarefa mais difícil que já enfrentaram. E mesmo que educar os filhos não seja tão difícil para algumas pessoas, certamente se compara a lidar com adultos, independentemente de serem chefes, clientes, colegas, empregados ou amigos de temperamento difícil. Qualquer pessoa que tenha aprendido a acalmar uma criança pequena espoleta, a diminuir o ataque de raiva de um adolescente ou que tenha conseguido enfrentar os difíceis desafios de lidar com as tarefas domésticas, está apta a lidar com as ordens de um chefe, enfrentar crises, cuidar de diversos assuntos urgentes de uma vez, motivar a equipe e sobreviver às maiores intrigas do escritório.

A liderança começa em casa.

As mulheres sempre souberam disso, até certo ponto. Há muito tempo, elas aprenderam que as habilidades, a organização e a personalidade necessárias para cuidar de uma família são importantes na hora de enfrentar outros desafios da vida. "É óbvio que as habilidades usadas na criação dos filhos são levadas aos negócios", disse Jeanne Liedtka, do curso de administração da Universidade da Virgínia. "Pessoas são pessoas, e os mesmos princípios básicos são aplicados."

Enquanto as mães ficaram confinadas em um ambiente doméstico, esse fato pôde ser ignorado, descartado e até ridicularizado. A ideia das mães de que o comportamento infantil costumava se parecer com o comportamento de homens adultos em grupos era tratada como piada. Mas, agora que as mulheres se tornaram ativas no campo dos negócios e da política, conseguem ver com os próprios olhos que a criação consciente dos filhos é um dos maiores títulos que existem. Reconhecem que as habilidades consideráveis que praticam em casa são transferíveis para o ambiente de trabalho. Finalmente, essa verdade está sendo revelada.

Duas pesquisas recentes com mulheres bem-sucedidas em cargos de gerência confirmaram que, quase sem querer, o cuidado com os filhos ensina habilidades que podem ser transferidas. Uma pesquisa com 61 mulheres de boa formação, realizada pelo Centro de Liderança Criativa, em Greensboro, Carolina do Norte, avaliou se múltiplas funções faziam com que a eficácia no trabalho fosse maior ou menor. As mulheres disseram que *todos* os papéis assumidos no campo pessoal melhoravam o desempenho profissional, mas a maternidade era aquele citado com mais frequência. Algumas mulheres até chegaram a ouvir, de seus colegas de trabalho, que tinham se tornado gerentes muito melhores após se tornarem mães. "Viva a sua vida", em outras palavras, pode ser um ótimo conselho profissional.[1]

Outro estudo, realizado pelo Centro de Pesquisa sobre Mulheres do Wellesley College com sessenta mulheres líderes de sucesso, incluindo CEOs, reitoras, advogadas, médicas e escritoras, também apontou que quase todas as mulheres que tinham filhos acreditavam que ser mãe havia feito com que elas se tornassem melhores executivas. Os autores ficaram surpresos com essa descoberta inesperada. Ter filhos, segundo elas diziam, tinha sido um treinamento excelente para a liderança. "Se você consegue lidar com um grupo de crianças pequenas, é capaz de lidar com um grupo de burocratas. É quase o mesmo processo", disse uma das mulheres.[2]

O interessante é que as líderes mais jovens costumavam ver a criação dos filhos como um aspecto mais importante do que a geração de executivas mais velhas, que sempre tiveram de agir como homens para conseguir uma posição no mundo dominado por eles. Quase metade das mulheres de 45 anos ou mais jovens considerava o papel materno uma preparação para a liderança, em comparação com apenas 10% das mulheres mais velhas. "É um sinal do conforto que elas sentem com a maternidade", disse Sumru Erkut, autor do estudo. "No passado, elas deixavam sua condição de mulheres na porta."[3]

As pesquisas desse tipo não mostram uma relação casual entre ser pai e ser um líder melhor. Simplesmente refletem o fenômeno da supermulher: mulheres muito talentosas e cheias de energia que se tornam bem-sucedidas também costumam assumir muitos papéis na vida, incluindo a maternidade. A verdade é que muitas mães competentes se convencem de que a prática da criação dos filhos contribui para um desempenho melhor no trabalho. Nancy Drozdow, consultora administrativa do Centro de Pesquisa Aplicada, na Filadélfia, além de mãe e madrasta, resume tudo muito bem: "As pessoas se tornam gerentes melhores quando levam a criação dos filhos a sério".[4]

De modo intrigante, pesquisas recentes acerca do cérebro sugerem que pode existir uma base genética para o relacionamento entre os cuidados e certas competências. Um estudo realizado em ratos, por dois neurocientistas da Virgínia, revelou que os hormônios liberados durante a gravidez e a amamentação enriquecem partes do cérebro envolvidas no aprendizado e na memória. Além disso, essas mudanças positivas parecem ser permanentes. Nas manchetes, era anunciado que a "Gravidez pode torná-la mais esperta".[5]

Essas descobertas desafiam o que já era tido como verdade: que a gravidez retrai as mulheres e faz com que percam suas habilidades analíticas. É claro que essa ideia antiquada não faz *sentido evolutivo*. Sabemos que os bebês humanos exigem mais cuidados, por um período mais longo, do que os filhotes de outros mamíferos. Também sabemos que a maior parte desses cuidados sempre foi dada pelas fêmeas. Seria lógico dizer que milhões de anos de pressão da seleção evolutiva podem ter dado ao cérebro feminino certas vantagens cognitivas que facilitam a sobrevivência dos filhotes – como a habilidade de se lembrar e de manter em foco diversas tarefas simultaneamente, a habilidade de entender sinais não verbais perigosos e certa atitude destemida diante do perigo. A pesquisa a respeito de como os papéis reprodutivos têm moldado nosso cérebro, em especial o feminino, ainda está pouco desenvolvida. Conforme essa pesquisa passa dos ratos aos primatas sociais, podemos descobrir informações fascinantes com a confirmação de que a responsabilidade por uma criança estimula capacidades nos pais que nunca foram imaginadas.

Este livro baseia-se principalmente em minhas entrevistas com mais de cem mães e pais de sucesso que têm sido arrimo da família. Conversei com pessoas que são pais ativos e envolvidos e também bem-sucedidos nos negócios, na lei, na política, na diplomacia, no meio acadêmico, na indústria do entretenimento e no mundo sem fins lucrativos. (Tentei evitar entrevistar o tipo de pais descrito em um desenho da *New Yorker* que mostra dois bebês empurrados em seus carrinhos por babás, enquanto um diz ao outro: "Meus pais são iguaizinhos. A criação dos filhos é bastante ostensiva, mas os cuidados diretos são insuficientes".)

Entrevistei muito mais mulheres do que homens, simplesmente porque o trabalho diário da criação dos filhos continua sendo uma tarefa realizada pelas mulheres, em grande parte. Em 2002, por exemplo, onze milhões de filhos tinham mães que ficavam em casa, e 189 mil tinham pais que ficavam em casa.[6] Existem muito mais mães solteiras do que pais solteiros (16,5 milhões *versus* 3,3 milhões) e, entre os casados, as mães passam pelo menos três vezes mais tempo cuidando dos filhos do que os pais, e ainda mais do que isso nos primeiros anos de vida da criança.[7]

Além disso, os indivíduos multifacetados que são pais participativos *e* profissionais bem-sucedidos também costumam ser do sexo feminino. Dos 1.200 executivos entrevistados pelo Instituto da Família e do Trabalho, em 2002, quase a mesma porcentagem de homens e mulheres tinha filhos (79% das mulheres e 77% dos homens). Mas 75% dos homens tinham esposas que ficavam em casa, em comparação com apenas algumas mulheres.[8] Assim, a grande maioria das pessoas que podem comparar o trabalho da criação dos filhos com o trabalho profissional é formada por mulheres.

Perguntei a essas pessoas diretamente se elas acreditavam ter aprendido habilidades de administração valiosas com a maternidade. Apenas algumas não conseguiam ver essa relação. Aqui estão alguns dos comentários mais comuns:

- Tanto quem cria filhos quanto quem gerencia pessoas precisa aceitar que elas são como são, descobrir em que elas são boas, direcioná-las para que façam o melhor que puderem, ajudá-las quando pre-

cisarem de ajuda e sair do caminho quando elas não precisarem", Pamela Thomas-Graham, CEO, CNBC.
- "Administrar uma empresa é muito parecido com gerenciar uma escola infantil", Louise Francesconi, que gerencia onze mil pessoas como dirigente da Raytheon's Missile Systems Division, que fornecia as bombas guiadas a *laser* usadas contra a Al-Qaeda no Afeganistão.
- "Fico preocupada com essa história de que não é possível ter filhos se você for uma executiva bem-sucedida. Que bobagem! Você se torna uma executiva *melhor* se tiver filhos", Shelly Lazarus, diretora e CEO da Ogilvy & Mather Worldwide.
- "Sou uma gerente melhor *porque* tenho filhos, não *apesar de* ter filhos", Deb Henretta, presidente da Global Baby Products, Proctor & Gamble, e, com Lazarus e Francesconi, uma das cinquenta principais executivas, de acordo com a revista *Fortune*.
- "Aprendi mais a respeito de gerenciar meus subordinados e meus superiores com a criação de meus filhos do que em qualquer curso de administração. [...] Crianças de 2 anos me ensinaram muito a respeito de serviço de atendimento a consumidores, a respeito de gerenciar por objetivos e utilizar um sistema de recompensas para melhorar o desempenho. Mulheres que lidam com crianças pequenas conseguem lidar com qualquer outra situação de crise", Geraldine Laybourne, presidente e executiva da Oxygen Media.
- "Não existe melhor preparação para a carreira do que o cuidado com os filhos", Shirley Strum Kenny, reitora da Universidade Estadual de Nova York, em Stony Brook, que tem cinco filhos.
- "Quando é preciso liderar pessoas, quando você precisa organizar as pessoas, provavelmente não existe um conjunto de habilidades melhor do que aquele que a mãe comum costuma ter em casa. Os sermões que você passa a seu filho de 10 anos em um período de 24 horas provavelmente são as mesmas lições que você pode aplicar ao mundo dos negócios", Ann Moore, presidente da Time Inc. (as quatro regras básicas de Moore: não reclame; escute a professora; faça a lição de casa; e lembre-se sempre de dizer obrigado).

Harold Saunders, o diplomata norte-americano que negociou o acordo de paz entre Israel e Egito, em 1979, disse que nunca teria convencido os dois lados a aceitar um acordo se não tivesse ficado viúvo e com dois adolescentes para cuidar, que por anos enviaram a ele cartões de Dia das Mães. Saunders disse que nunca teria compreendido a sensação de insegurança profunda dos israelenses se não tivesse passado pela experiência de consolar os filhos pela perda ocorrida.

Gurus da administração, autores de livros de negócios e consultores executivos ligaram os pontos entre administrar uma casa e uma empresa. Joshua Ehrlich, treinador executivo da Beam, Pines, em Nova York, entrega a todos os seus clientes cópias do livro *Leadership Effectiveness Training*, sequência de *Parent Effectiveness Training*, com base na ideia de que as mesmas técnicas de administração funcionam em casa e no escritório. Martha Brest, recrutadora executiva de Boston, diz que seus clientes veem uma conexão clara entre a maneira como agem com seus filhos e a maneira como funcionam no ambiente de trabalho.

"Tenho um cliente de uma empresa de administração de investimentos – um homem brilhante – que teve filhos depois que tive contato com ele pela última vez. Ele disse que havia aprendido muito sobre como gerenciar seus funcionários pelo que aprendera cuidando dos filhos. Ele acreditava que cuidar das crianças exigia mais gerenciamento, porque não existe protocolo, estrutura nem treinamento real. Acredito que as pessoas estão reconhecendo essas conexões."[9]

Stephen R. Covey, autor do livro de sucesso *Os sete hábitos das pessoas altamente eficazes*, escreveu uma sequência chamada *Os sete hábitos das famílias altamente eficazes*, na qual ele admite que aprendeu tudo em casa. "Aplicar os sete hábitos à família é essencial", escreve ele, pai de nove filhos. "Funciona. Na verdade, *foi em casa que aprendi*" (grifo meu).[10]

Em um sinal de disposição ainda maior de dar crédito às capacidades de liderança da pessoa responsável pela casa, a maioria dos adultos empregados entrevistados recentemente disse que sua mãe conseguia se sair tão bem ou melhor do que seu atual chefe. A Ajilon Office, uma empresa de serviços de recrutamento de New Jersey, entrevistou 632 pessoas e descobriu que quase três quartos delas acreditavam que sua mãe conseguiria se comunicar com os funcionários melhor que seu CEO – ou pelo menos tão bem quanto. Dois terços acreditavam que sua mãe seria tão boa ou melhor em resolver os conflitos entre funcionários e quase dois terços acreditavam que ela conseguiria lidar com as finanças da empresa tão bem ou melhor. Não é de surpreender que 80% acreditassem que sua mãe podia ensinar alguma coisa a seu CEO a respeito de ética.[11]

Quando Judy Blades, vice-presidente do The Hartford, foi homenageada em 2002 como Mulher do Ano na área de seguros em um evento no Russian Tea Room, em Manhattan, ela contou aos executivos da área, falando de modo sincero, que havia aprendido tudo o que sabia com sua família, incluindo seus filhos. Mais tarde, ela me contou que nunca antes tivera um retorno tão positivo em qualquer palestra que havia ministrado.

Meu próprio momento de percepção aconteceu logo depois do nascimento de meu filho, em 1982. Eu estava ocupada devorando livros sobre bebês e percebi uma semelhança forte entre os conselhos encontrados em muitas obras a respeito de cuidados com os filhos e o material encontrado em livros de administração que eu havia lido na época em que era da área. Perguntei a mim mesma se os livros voltados para as mães de primeira viagem e aqueles escritos para os executivos poderiam, na verdade, ser o mesmo material embalado de modo diferente para públicos distintos.

Voltei a pensar no assunto alguns anos depois, quando fiz inscrição para participar de um seminário de três dias em Harvard, chamado "Lidando com pessoas e situações difíceis". O curso foi ministrado por William Ury, coautor de *Como chegar ao sim*, o livro de administração mais famoso de todos os tempos. E, sim, as dicas de administração pelas quais os executivos de empresas e oficiais militares estavam pagando dois mil dólares por cabeça eram, em grande parte, as mesmas lições que qualquer pessoa poderia ler em um livro de dez dólares a respeito da criação de filhos.

Ury atribuiu seus conselhos a fontes impecavelmente masculinas, como Sun Tzu, o lendário general chinês autor de *A arte da guerra*, e Carl von Clausewitz, o estrategista militar prussiano autor de *Da guerra*. Mas, durante o almoço, ele confirmou espontaneamente que muito do que ensinava vinha diretamente de Haim Ginott, o psicólogo humanista cujo clássico de 1965, *Entre pais e filhos*, tornou-se a bíblia da criação de filhos. Seu público predominantemente formado por homens em Harvard, acreditando que aprendia a aplicar as lições do campo de batalha à organização moderna, estava, na verdade, aprendendo lições de psicologia infantil que as mães aplicavam em casa havia algumas décadas.

Quais são essas lições? Que habilidades as mães e pais conscientes aprendem que enriquecem sua vida profissional? Em minhas conversas com pais, quatro categorias de habilidades transferíveis foram mencionadas diversas vezes.

A primeira e mais citada é a de *multitarefa*, a capacidade de se manter envolvido em diversas atividades de uma vez. Entre os elementos dessa habilidade, está a capacidade de estabelecer prioridades, manter o foco em meio à distração constante, administrar a complexidade com eficiência e lidar com a crise de modo firme. Como disse um amigo meu, certa vez, "A vida não é um teste final; são testes-surpresa diários".

Trabalhar com crianças também nos ajuda a desenvolver as *habilidades interpessoais* que permitem às pessoas compreender e trabalhar com os adultos de modo bem-sucedido. As habilidades com *pessoas* são vistas cada vez mais como parte e complemento do repertório de todo líder competente. Entre elas está a capacidade de lidar com indivíduos irracionais e imaturos de todas as idades; compreender a importância de negociações em que ambos os lados saiam ganhando; escutar as preocupações das pessoas; praticar a *paciência*; expressar *empatia*; e respeitar as *diferenças individuais*, aprendendo a valorizar e a usar os talentos de todas as pessoas.

Uma terceira categoria de habilidades dos pais compreenderia as *capacidades humanas de crescimento*. São técnicas de capacitação e orientação que permitem a um gerente ou líder desenvolver os pontos fortes das pessoas e trazer à tona o melhor delas. Entre essas técnicas estão o reforço positivo; a capacidade de articular uma visão e inspirar as pessoas a criar e a executar essa visão; e a sabedoria de *deixar as pessoas livres*, dando-lhes a liberdade de crescer e cometer os próprios erros e oferecendo estrutura e *feedback* suficientes para que elas não se saiam mal.

A quarta categoria dos pontos fortes na criação dos filhos seria o caráter, ou o que a cientista política Valerie Hudson chama de *hábitos de integridade*. A boa criação dos filhos exige a prática constante de certas qualidades conhecidas como *antigas*. Para ser boa de fato, exige eficácia, coragem, humildade, esperança, desapego, criatividade e um nível de autodomínio que não costuma combinar com nossa cultura indulgente. Não é à toa que um psicólogo descreveu a criação dos filhos como "heroísmo rotineiro e não percebido".

Joseph Campbell, grande cronista dos mitos da humanidade, certa vez definiu um herói como alguém que deu a vida por algo maior do que ele mesmo. "Doar-se, entregar-se ao outro, faz parte disso", disse Campell a Bill Moyers em uma entrevista na televisão. "O heroísmo envolve testes [...] tentativas e grandes revelações [...] é a grande aventura da alma". Não consigo pensar em uma descrição melhor para a experiência da criação de filhos.

O primeiro hábito de integridade é simplesmente *estar presente*. A maioria das mães diz que a coisa mais importante que pode fazer a seus filhos é estar presente. Com isso, elas se referem àquela presença física com a qual os filhos podem contar para tudo. Também quer dizer estabelecer um ambiente estável, uma base, que satisfaça as necessidades e expectativas das pessoas ao seu redor.

Quase todos os pais que entrevistei também me disseram que a criação dos filhos lhes deu uma *perspectiva* maior: a capacidade de distinguir entre o que realmente importa na vida e o que não importa. As crianças nos fazem estabelecer prioridades de forma muito clara.

Todo pai que já cortou um bolo de aniversário também sabe que as crianças conseguem detectar a injustiça automaticamente. O bom pai, assim como o bom gerente, se esforça para ser justo e imparcial.

Existe mais uma lição que os filhos podem ensinar. Acredito que todas as pessoas que têm sonhos para seus filhos precisam ter fé no futuro. Para os pais, o futuro interessa. É difícil para nós, como pais, não pensarmos no tempo que virá depois de nós e no legado que deixaremos. No fim, a criação consciente dos filhos inclui trabalhar por um mundo que gostaríamos que nossos filhos herdassem.

São grandes lições aprendidas, as maiores que os pais entrevistados afirmaram ter recebido. É claro que nem todos os pais aprendem todas as lições, e alguns podem não aprender nenhuma. Isso não tem a ver com pessoas que simplesmente *têm bebês*: tem a ver com pessoas que *criam filhos* de modo consciente. E até mesmo os pais mais conscientes não têm, necessariamente, a capacidade de assumir responsabilidades sérias de gerenciamento – apesar de muitos terem.

Também não quero dizer que a *única maneira* de obter essas habilidades na vida é tendo filhos. Essas lições podem ser aprendidas com muitas experiências pessoais, incluindo doenças graves e outras crises que nos fazem entrar em contato com nossa essência. Como um rabino a quem entrevistei disse: "Não quero que as pessoas pensem que o que eu disse significa que as pessoas sem filhos não têm acesso às mesmas lições que aprendi com meus filhos. É possível aprendê-las se você tiver irmãos mais novos de quem cuide, se for tia, madrinha ou padrasto, se cuidar de um pai doente ou simplesmente com o passar do tempo. Os pais não têm monopólio sobre as lições aprendidas com o cuidado dado aos outros".[12] Concordo totalmente!

Então, vamos apenas estipular, para início de conversa, que este livro não pretende glorificar a maternidade em si nem reconceitualizar a liderança como um comportamento materno ou paterno. É um livro para aqueles que acreditam que as crianças fizeram uma diferença positiva na maneira como conduzem sua vida no trabalho, reconhecendo que não se trata de algo conhecido por todos.

Acima de qualquer coisa, este livro trata apenas de dar crédito a quem merece. Como o estudo Wellesley mostrou: "Já estava na hora de relacionar a maternidade competente às qualidades de liderança".[13]

Uma última seção examina a que ponto chegamos em reconhecer a criação dos filhos como uma importante experiência de trabalho. A resposta é relevante para milhões de mulheres cuja principal atividade é criar os filhos, mas que reintegrarão a força de trabalho no futuro. Uma matéria recente da *New York Times Magazine* avisa que "não está claro a que ponto voltarão essas mulheres. É a questão mais delicada do debate trabalho-vida neste momento [...]. Por todas as mudanças que ocorrem no escritório, o desafio das trabalhadoras que voltam está apenas começando a ser abordado".[14] Este livro aborda a questão do retorno.

Por um lado, existe um reconhecimento cada vez maior de que um estilo de administração feminino ou benevolente é altamente eficaz e o início da percepção de que as habilidades associadas a esse estilo são muito parecidas com as habilidades de criação dos filhos. "Existe um despertar", afirma Martha Brest, "mas tem demorado para ocorrer. Deveria ter acontecido anos atrás."

Por outro lado, a maioria dos empregadores não leva a sério a experiência da criação dos filhos. Enquanto trabalhava neste livro e falava dele para as pessoas, a primeira reação que elas tinham era rir. A segunda costumava ser: "Nossa! É verdade!" Então, por que riam? O que era tão engraçado?

Por que continua existindo a ideia de que criar os filhos é um trabalho fácil, que não exige habilidades, e que não se trata de um trabalho de verdade? Por que temos livros de administração com lições de liderança dadas por treinadores de baleias, pelo Ursinho Puff, até por Jesus Cristo, e nenhum livro a respeito dos ensinamentos de uma mãe, nossa maior líder, guia e mentora? Por que os chefes acreditam que o cérebro das mulheres entra em férias quando elas dedicam tempo aos filhos? (Vi esta manchete no *Daily Telegraph*, em Londres: "Chefe afirma que a maternidade transforma o cérebro das mulheres em gelatina".)

E por que, quando menciona em uma entrevista que é uma mãe ou pai que não trabalha fora porque cuida dos filhos, você corre o risco de ser ridicularizado?

Alguns anos atrás, eu fazia parte de um comitê de pesquisa com a função de selecionar um novo diretor executivo para uma empresa de meio ambiente. Um homem muito qualificado tinha o currículo de uma "mãe". Ele estava fora do mercado de trabalho havia sete anos, cuidando dos três filhos. Nesse período, também havia participado do quadro de diretores de uma escola e cuidado de pelo menos quatro campanhas de preservação do meio ambiente. Na minha opinião, ele parecia um bom candidato, mas um dos membros de nosso comitê, analisando o currículo dele, disse: "Um dono de casa". Nem chegamos a entrevistar esse homem.

No fim, demos o cargo a uma mulher que tinha mais de quinze anos de experiência ininterrupta como diretora de uma grande empresa de preservação do meio ambiente. Ela tinha dois filhos em idade escolar que nunca foram mencionados no processo de entrevista. Supomos que ela tinha uma babá que a ajudava a cuidar desse lado de sua vida e também que sua experiência como mãe não tinha nada a ver com sua capacidade de comandar uma empresa.

Muitos meses depois de ser contratada, ela me contou que havia aprendido grande parte de suas habilidades de gerenciamento em um treinamento de eficácia para pais. Mas havia deixado tal informação fora de seu currículo.

Pesquisas também revelam um grande preconceito cognitivo contra donas de casa, que, aparentemente, se estende a homens que passam um tempo criando os filhos. Esse preconceito – de que as pessoas que cuidam dos filhos são praticamente incompetentes – é tão forte que pode se mostrar nas situações mais improváveis. Nancy Segal, ex-funcionária do Senado e especialista em discriminação contra pais no ambiente de trabalho, candidatou-se em 2003 a um emprego no Departamento do Trabalho. O homem que realizava as entrevistas perguntou se ela conseguia lidar com diversos projetos ao mesmo tempo, com interrupções e coisas do tipo.

– Está brincando? – ela perguntou. – Tenho dois filhos! – Ops! No mesmo instante, ela percebeu ter dado a resposta errada.

– Agora que você mencionou isso – o burocrata, surpreso, comentou –, e não sei bem se devo dizer isso considerando o tipo de trabalho que você faz, acha mesmo que é capaz para a vaga?

Segal ficou sem palavras por um momento. Mas se recuperou rapidamente e disse que estava pronta para a tarefa. E, por fim, o cargo foi oferecido a ela. Que não o aceitou.[15]

A persistência desses estereótipos negativos representa um grande dilema para as mulheres e para os homens que querem ser pais ativos. Analisamos algumas das maneiras como as mães têm lidado com esse dilema, principalmente em relação à questão de incluir ou não no currículo a informação sobre a criação dos filhos.

Por fim, o livro resume duas das descobertas mais inesperadas encontradas em minha pesquisa. Como alguém que tem escrito a respeito dos obstáculos enfrentados pelas mães no ambiente de trabalho, fiquei bastante surpresa ao descobrir quantas mães conseguiram combinar a criação dos filhos com uma carreira altamente bem-sucedida. Conheci mães na direção de todos os tipos de instituição, desde a indústria bélica até a Fundação Nacional de Ciência, e em todas as áreas, desde a produção de filmes até o ministério. Além disso, aprendi que as mulheres de muito sucesso não têm menor probabilidade de ser casadas e de ter filhos do que aquelas que trabalham em cargos menos elevados.

Em segundo lugar, a presença de todas essas mães em altos postos já está mudando o ambiente de trabalho. A linguagem do poder está mudando, incluindo metáforas a respeito do nascimento de filhos e de livros infantis. Falar sobre os filhos no escritório não é mais um risco, mas pode até ser algo de valor, de acordo com diversas executivas do sexo feminino.

Também soube de diversas histórias que descrevem como a presença de mães em altos cargos dentro das empresas as torna locais mais adequados para quem é pai ou mãe trabalhar. Prevejo que isso se tornará mais comum conforme as mulheres começarem a administrar empresas e que não mais veremos simplesmente mulheres em altos cargos em ambientes dominados por homens.

Isso não quer dizer que as mães são ou serão mais gentis, mais cuidadosas ou melhores gerentes do que qualquer outra pessoa. Como Marjorie Scardino, CEO da Pearson PLC, observou, em uma conferência para mulheres de negócios anos atrás, "Todos já vimos mulheres difíceis e autoritárias gerenciando empresas e se sentindo como homens. Não podemos entrar nessa ideia estereotipada". Concordo totalmente!

Mas, para mim, uma coisa está muito clara. Quando mães e outras pessoas com diferentes experiências de vida obtêm cargos de liderança, apresentam novas ideias, encontram novas maneiras de fazer as coisas e descobrem soluções inovadoras para o que ninguém havia nem percebido se tratar de problemas antes. Nas histórias que conheci, as mães e os pais envolvidos estavam apresentando mudanças, desde uma fralda com melhor *design* a uma maneira mais criativa de comandar engenheiros, passando por uma nova forma de pensar a respeito dos "relacionamentos" internacionais. Estavam expandindo o repertório humano. Por isso, reconhecer as habilidades deles, escutar o que têm a dizer e aprender com sua sabedoria enriquecerá todos nós.

NOTAS

1. Marian N. Ruderman et al, "Benefits of Multiple Roles for Managerial Women", *Academy of Management Journal*, vol. 45, nº 2, pp. 369-86, 2001. Diversos estudos têm mostrado que as pessoas com diversas tarefas têm níveis mais elevados de bem-estar, e que o aprendizado com um papel na vida pode ser incorporado a outro, em um processo chamado *acumulação*. Veja o livro de Marian N. Ruderman e Patrícia J. Ohlott, *Standing at the Crossroads: Next Steps for High-Achieving Women* (San Francisco: Jossey-Bass, 2002), pp. 113-15. Alguns estudos com executivos também confirmaram esse processo. Um deles mostrou que experiências, como ser técnico de times de crianças ensinava aos pais lições de liderança: M. W. McCall jr., M. M. Lombardo e A. M. Morrison, *The Lessons of Experience: How Successful Executives Develop on the Job* (Lexington: Lexington Books, 1988).
2. S. Erkut e Winds of Change Foundation (2001), *Inside Women's Power: Learning from Leaders* (CRW Special Report n. 28), Wellesley: Wellesley Centers for Women, Wellesley College, p. 79.
3. Citado por Mary Méier, "US Leaders Say Managing Kids Prepare them to Be Boss", *WOMENSNEWS*, 16 de outubro de 2001.
4. Entrevista por telefone com a autora, 2003 (Drozdow).
5. pregnancytoday.com. "Pregnancy May Make You Smarter". Veja também Fox News Online, "Study: Pregnancy, Nursing May Make Women Smarter", 11 de novembro de 1998.
6. Census Bureau, "Children's Living Arrangements and Characteristics" (março de 2000).
7. Annual Demographic Suplement da Current Population Survey, de março de 2002. Veja também Ann Crittenden, *The Price of Motherhood* (Nova York: Metropolitan Books, 2001), pp. 24-26.
8. Instituto da Família e do Trabalho, "2002 National Study of the Changing Workforce" (Nova York, 2000).
9. Entrevista por telefone com a autora, 2002 (Brest).
10. Stephen R. Covey, *Os sete hábitos das famílias altamente eficazes* (Rio de Janeiro: Best Seller, 1999), p. 2.
11. "Personal Business Diary: What Would Happen if Mom Ran the Show?", *New York Times*, 11 de março de 2003.
12. Entrevista pessoal com a autora, Nova York, março de 2003 (Margaret Moers Wenig). Existem até evidências de que o cuidado com adultos, assim como a amamentação, desenvolve uma habilidade maior de integrar os dados emocionais, cognitivos e comportamentais e melhora habilidades de solução de problemas complexos. Veja Joyce K. Fletcher, *Disappearing Acts: Gender, Power and Relational Practice at Work* (Cambridge: The MIT Press, 2001), p. 114.
13. Erkut, op. cit., p. 81.
14. Lisa Belkin, "The Opt-Out Revolution", *New York Times Magazine* (26 de outubro de 2003), p. 58.
15. Comunicação pessoal, 2003 (Segal).

1
Multitarefas e a ascensão do administrador de vida

Na política, se você quiser que algo seja dito, chame um homem.
Se quiser que algo seja feito, chame uma mulher.

– Margaret Thatcher,
ex-primeira-ministra da Grã-Bretanha

Madeleine Albright, cuja trajetória na carreira passou de mãe que ficava em casa cuidando dos filhos a secretária de Estado dos Estados Unidos, descreveu o ato de realizar multitarefas como *a* habilidade essencial para a criação dos filhos, a "habilidade que vem de ter de manter um olho no filho enquanto tenta conversar com o encanador e dar atenção a mais alguma coisa (como a sua dissertação de doutorado) ao mesmo tempo".[1] A única tarefa atribuída a todas as mães, mundialmente, é a capacidade de realizar diversas tarefas ao mesmo tempo. Qualquer um consegue reconhecer que a pessoa capaz de cuidar da casa e criar os filhos, isso sem falar em manter um emprego ao mesmo tempo, é uma administradora especialista em *vida*.

Uma análise de todas as coisas que a maioria dos administradores da vida tem de fazer nunca caberia em uma resposta rápida para a pergunta: "E o que *você* faz?" Ric Edelman, executivo de serviços financeiros em Fairfax, Virgínia, calculou que as responsabilidades das mães incluem componentes de pelo menos dezessete profissões diferentes, tornando-as, junto com os chefes executivos, os generalistas menos especializados na força de trabalho.

Aqui está a minha lista das doze tarefas mais importantes de um administrador de questões da vida (que pode estar incompleta):

1. Supervisionar o desenvolvimento infantil: emocional, intelectual e físico. Isso inclui apoio psicológico diário; escutar e resolver problemas familiares; garantir e manter um ambiente escolar adequado; ajudar com a lição de casa; ler à noite; conversar com professores e diretores na escola; tomar a responsabilidade pelas consultas médicas de rotina; participar de reuniões na escola, eventos esportivos e festas na vizinhança; e ajudar constantemente, sempre presente para supervisionar.
2. Manter um ambiente caseiro para a família, incluindo limpeza da casa, manutenção e reparos; comprar produtos necessários, desde lâmpadas a pasta de dentes, passando por presentes e papel higiênico. Esse esforço para garantir que a família nunca fique sem determinado produto envolve uma constante capacidade de raciocínio para manter em mente todas as coisas que precisam ser estocadas e em ordem.
3. Garantir a nutrição da família, com compras no mercado, preparação de refeições, de lanches da escola, limpeza, manutenção da cozinha e reparos, e pesquisa para se manter em dia com as tendências alimentares e problemas.
4. Lavar e passar roupas, comprar e consertar peças, desde luvas a equipamentos para esportes, sapatos novos e roupas para voltar à escola, além de cuidar do guarda-roupa para manter os filhos e o cônjuge apresentáveis.
5. Gerenciar crises, incluindo lidar com acidentes, incêndios, inundações, acidentes de carro, roubos, invasão de insetos e telefonemas do diretor da escola.
6. Administrar financeiramente, incluindo o orçamento familiar; fazer contas e contratar trabalhadores para projetos de reforma e melhoria; manter a poupança da família; calcular grandes gastos, como no Natal.
7. Planejar e organizar projetos, incluindo festas de aniversário, *bar* e *bat mitzvahs*, casamentos, formaturas, enterros, eventos escolares.

8. Oferecer transporte para a escola, para os eventos extracurriculares e eventos de fim de semana, e assim por diante.
9. Cuidar de animais de estimação, da alimentação diária à consulta no veterinário e tratamentos, consertos de móveis e objetos danificados pelos animais, cuidados com as garras dos gatos e limpeza das fezes e urina dos animais.
10. Manter os laços sociais da família com amigos, parentes, outros adultos e os amigos dos filhos, por meio de presentes, cartões, bilhetes de agradecimento, telefonemas frequentes e *e-mails*, e planejamento semanal de reuniões com os amigos.
11. Cuidar de membros da família que estejam doentes ou machucados, desde consultas médicas a idas ao hospital em emergência, até ficar em casa sem poder trabalhar para cuidar de um filho que está de cama.
12. Se a pessoa for casada ou tiver um parceiro, oferecer apoio emocional, conselho profissional, orientação psicológica, entretenimento/ visitas de colegas de trabalho, entre outros.

Uma das coisas mais engraçadas a respeito desse desempenho hercúleo foi escrita há alguns anos por Shirley Kenny, com cinco filhos, ex-professora de inglês, atualmente reitora da Universidade Estadual de Nova York, em Stony Brook. Kenny descreveu um dia comum depois seus anos lecionando na Universidade Católica, em Washington, D.C.

"Sair da cama, acordar as crianças, preparar café da manhã e lancheiras, buscar a babá, sair de carro (Minha mãe passa batom no mesmo semáforo que a sua), correr para o *campus* para a primeira aula, lecionar, cumprir horas de trabalho... participar das reuniões *du jour*, correr para casa, levar a babá de volta à casa dela, ligar para a rotisseria e pedir o jantar, supervisionar a lição de casa e os exercícios, dar ordens para que cada um faça suas tarefas domésticas, escrever bilhetes para as professoras, beijar as crianças, mandar os maiores para a cama, levar os pequenos para a cama, dar mais beijos, e mais beijos, pegar a maleta do trabalho, corrigir trabalhos ou voltar à pesquisa, cair na cama de madrugada, confortar Danny quando ele acorda de um pesadelo, dormir um pouco. Começar de novo."[2]

É de surpreender que essa mulher tenha se tornado reitora de uma universidade? Ou que, uma vez no cargo, ela tenha percebido, como me disse posteriormente: "Administrar *é* como cuidar de uma casa, apesar de os homens detestarem ouvir isso. Quando fiz essa comparação em um grupo acadêmico, as pessoas olharam para mim com curiosidade, mas depois ganhei um frasco de lustra-móveis. Mas vejam as semelhanças: centenas de pequenas tarefas que nunca terminam; se você não mantém tudo sob controle, as coisas se descontrolam; nada disso é importante, abstratamente falando, mas, concretamente, sim".[3]

Uma das primeiras mulheres a fazer essa comparação entre o lar e a administração de negócios foi Catherine Beecher, em seu *best-seller* de 1841, *A Treatise on Domestic Economy*. Beecher dizia que cuidar de uma casa exigia "a sabedoria, firmeza, tato, discriminação, prudência e versatilidade" de um político e o "sistema e ordem" de um negócio. A administração financeira doméstica, ela disse, costumava ultrapassar as práticas "incoerentes" de muitos negócios.[4]

Cem anos depois, Eleanor Roosevelt deu a mesma explicação, quase no mesmo idioma. "Um lar exige todo o tato e a capacidade de execução de muitos negócios."[5]

A primeira conceitualização séria da administração dos negócios como "multitarefas", no entanto, só apareceu em 1973, quando o professor Henry Mintzberg publicou o livro que hoje é um clássico: *The Nature of Managerial Work*. Na época, acreditava-se que um gerente ficava isolado dentro de seu escritório esplêndido, pensando a respeito da direção da empresa no futuro e dando ordens a seus subordinados. Os dados de Mintzberg, com base em diários de executivos do sexo masculino, revelou que essa imagem era muito enganada. Os executivos, na verdade, passavam muito pouco tempo planejando estratégias de longo prazo. O que eles realmente faziam lembrava muito o dia a dia agitado de uma dona de casa: atendiam telefonemas, apagavam incêndios, reagiam a crises, atendiam pessoas e lidavam com constantes interrupções, tudo isso de modo muito incoerente.

Como Mintzberg disse, o trabalho de administração era caracterizado por "brevidade, variedade e fragmentação".[6] Qualquer tentativa, por parte dos gerentes, de se dedicarem a uma tarefa costumava falhar por causa de constantes interrupções. Parece familiar?

Nas três décadas desde as observações de Minzberg, o trabalho administrativo tem se tornado ainda mais agitado e mais parecido com o dia sem fim de um administrador da vida. O ritmo dos acontecimentos, a economia que não para, a constante lida com projetos, as exigências de diferentes lados, as mudanças rápidas na tecnologia e as frequentes reinvenções de carreira desafiam os gerentes e as mães da mesma maneira.

As mães de hoje fazem fantasias de Halloween, assam biscoitos no Natal, ajudam com a lição de casa *e* tomam importantes decisões de investimento, lidam com clientes, dão aulas, escrevem relatórios. Entre as mães de hoje, está a executiva mãe de trigêmeos, que vive a uma hora de carro de Manhattan e tem compromissos que envergonhariam o sistema ferroviário suíço. Entre elas, está sua chefe, que criou três filhos, cuidou de um grupo de escoteiros por oito anos, realizou muitas sessões de cinema na sexta-feira à noite para adolescentes, fazia compras no mercado e planejava as refeições e quem levaria os filhos e os amigos aonde enquanto mantinha um emprego cheio de exigências, no qual tinha de viajar. (Ela deixava bilhetes pela casa quando estava viajando, com mensagens do tipo: "Estou de olho: não se esqueçam de escovar os dentes!")

Entre as mães de hoje, está a funcionária divorciada do Banco Mundial, que tem um filho pequeno. Ela chega ao escritório às oito horas com a sensação de que já cumpriu um dia todo de trabalho: acorda às cinco da manhã, prepara o café, as lancheiras, planeja o jantar, limpa a bagunça feita por todos, embrulha presentes de aniversário, limpa a sujeira do cachorro e responde *e-mails*. No caminho para o trabalho, certo dia, ela viu um homem sair de casa, vestindo o roupão, para buscar o jornal. E pensou: "Aquele cara não tem *ideia* de como a minha vida é!"

Entre as mães de hoje, está a ex-funcionária do Departamento de Justiça, cuja rotina no fim de semana incluía:

- O jogo de futebol do Dan
- A festa de aniversário de Sophia com a Dana
- A reunião do Conselho de Segurança Nacional
- As compras no mercado

A maioria das pessoas ainda acredita que as festas de aniversário, as fantasias de Halloween, os jogos de futebol e o mercado, de alguma forma, podem *atrapalhar* o desempenho em uma reunião de trabalho. Não existe evidência disso. Pelo contrário, as gerentes do sexo feminino dizem que planejar e priorizar diversas tarefas promove *eficiência*, *foco* e *organização*. Como uma gerente disse em um estudo recente: "Assumir todos esses papéis... ser mãe, cuidar da casa, trabalhar com uma babá, ser esposa, amiga... traz organização para a vida, de modo que você se torna muito mais eficiente e organizada no trabalho".[7]

É curioso, mas existem evidências de que pode existir um motivo biológico para isso.

A vantagem materna

Costuma-se dizer que a capacidade de lidar com diversas tarefas ao mesmo tempo é uma característica feminina. Em seu programa muito famoso, *Defending the Caveman*, o comediante Rob Becker demonstra que se concentrar como um raio *laser* em um único objetivo é coisa de homem, enquanto abraçar tudo, fazendo dezenas de coisas de uma vez – mascar chiclete e assoviar, cuidar do bebê e ficar de olho à espreita de predadores – é o *modus operandi* das mulheres. Como uma mulher resumiu muito bem: " Tento viver um dia de cada vez, às vezes diversos dias me atacam ao mesmo tempo!"

Há algum tempo, os psicólogos sabem que o cérebro feminino é diferente do masculino. As mulheres costumam reunir mais detalhes do mundo que as cerca e integram esses dados em uma imagem mais holística do mundo. A antropóloga Helen Fisher se refere a isso como "pensar em rede" e mostra o contraste da propensão dos homens ao pensamento linear e à compartimentalização mental.[8]

Agora, novas pesquisas têm ligado a adaptabilidade do cérebro feminino às mudanças dos níveis de hormônio associados à maternidade. Está começando a parecer que a maternidade, e cuidar dos filhos, pode promover um funcionamento melhor do cérebro. Um estudo realizado em ratos em duas universidades da Virgínia mostrou que os *dendritos*, estruturas especiais necessárias para a comunicação entre os neurônios, dobravam de quantidade em fêmeas de rato grávidas e que amamentavam. O número de células *gliais*, que agem como condutoras da comunicação, também dobrava. A mãe rata aprendia a passar por labirintos com mais facilidade e era mais corajosa e curiosa do que os animais controlados. Um estudo subsequente mostrou que as novas estruturas e caminhos neurais – e os ganhos associados no aprendizado e na memória espacial – eram duradouros, até o equivalente a 80 anos em um ser humano.[9]

Em um experimento em mulheres grávidas e em ratas que amamentavam, os animais em teste eram colocados no meio de um local aberto e bem iluminado, de 1,5 m², um espaço irritante para um animal que se protege, como o rato, cuja principal defesa é se esconder no escuro. As mães expostas eram mais corajosas, menos receosas, com mais probabilidade de sair à caça de alimentos, de acordo com o neuropsicólogo Craig Kinsley, da Universidade de Richmond, que realizou o estudo com a psicanalista Kelly Lambert. Em outro estudo na Monkey Jungle, em Miami, Lambert e a aluna Anne Garrett descobriram que as marmotas que cuidavam de filhotes também eram mais eficientes do que os animais sem filhotes na busca por cereais que eram escondidos. Em estudos-piloto preliminares, os machos que eram pais também se lembravam melhor de onde os cereais estavam escondidos em relação aos animais sem filhotes.[10]

Lambert, 39 anos, planeja novos experimentos com primatas e admite que sua pesquisa é, em parte, motivada por sua própria experiência. Mãe de duas filhas, de 5 e 9 anos, ela está escrevendo um livro, lecionando, realizando pesquisas e atuando como diretora do departamento de psicologia de Randolph-Macon. Para conseguir fazer tudo, ela costuma trabalhar até depois de meia-noite, muito tempo depois de todos terem ido dormir. Ela afirma sentir-se mais esperta, mais ousada, mais produtiva e com menos necessidade de dormir do que em relação a qualquer outro período de sua vida. "Uma das coisas mais enriquecedoras para nossos cérebros é a novidade", ela disse a um jornalista. "Novas conexões são realizadas com novidade e todos os dias há algo de novo com as crianças."[11]

Os ganhos medidos no funcionamento cerebral de uma mãe mamífera não devem surpreender. Pela lógica, nossos ancestrais femininos relativamente sem defesa tiveram de ser muito fortes para manter seus filhotes vivos durante todos os anos de dependência. Se as mães humanas não tivessem sido mais ousadas e criativas do que os seres humanos Flinstones em média, o *Homo sapiens* não teria saído da Idade da Pedra. Os cientistas aprendem cada vez mais, todos os dias, a respeito da neuroplasticidade; a capacidade do cérebro humano de continuar se desenvolvendo bem depois da puberdade. Imagine – podemos acabar descobrindo que as mães ocupadas e preocupadas são para o fortalecimento cerebral o que Arnold Schwarzenegger foi para o fortalecimento dos músculos!

O mais interessante é que diversas dessas mulheres que entrevistei descreveram sua habilidade de assumir multitarefas em termos quase físicos, como se fossem um exercício cerebral. A produtora de filmes Sarah Pillsbury disse: "Em alguns momentos, na produção de filmes, você precisa pensar em muitas coisas, em muitas partes de seu cérebro – a capacidade de pensar – não sei se os homens são biologicamente capazes disso. No mínimo; você se torna melhor nisso *exercitando* todas as partes de seu cérebro simultaneamente – o lado criativo, o lado eficiente, o lado prático e o lado do relacionamento... por exemplo, quando produz um filme, você precisa pensar ao mesmo tempo na história; nas necessidades físicas para contar a história – quantas pessoas, os cenários etc. Em quanto tempo você tem naquele dia para gravar; no humor dos atores; em como acrescentar algo à agenda; ou em como encurtar uma cena para sair de um local caro; e assim por diante".[12]

Também fiquei surpresa com os comentários de mães que diziam que se envolver em diversas atividades diferentes fazia com que elas ficassem mais criativas em seu trabalho. Como disse a psicóloga organizacional Marian Ruderman, cujos filhos têm 13 e 10 anos, "Meus filhos tiravam minha mente do estresse do trabalho e me tornavam mais objetiva em relação a ele, porque me levavam a outro domínio em que eu ficava totalmente envolvida. É um domínio tão diferente que você se sente renovada. Dá uma referência totalmente diferente e permite que você fique mais renovada ao pensar com criatividade a respeito dos assuntos que enfrenta em sua vida profissional. Muitas ideias me vêm enquanto troco a fralda do bebê".[13]

Sue Shellenbarger, colunista de trabalho e família do *Wall Street Journal*, também já ouviu, da boca de diversas mulheres ativas, que suas melhores ideias ocorrem enquanto elas brincam com os filhos, correm ou apenas relaxam. O cérebro nem sempre trabalha de modo linear e uma mudança de cenário ou de foco pode estimular ideias e conexões que não apareceriam de outra forma. Muitas pessoas descobrem que algumas de suas ideias mais criativas ocorrem quando elas "se afastam de tudo", enquanto estão de férias, fazendo trilhas, cuidando de jardins ou qualquer outra coisa. Agora sabemos que os filhos e até o serviço doméstico podem fazer a mesma coisa. A falecida Felice Schwartz, uma autoridade de mulheres do mundo corporativo, uma vez me disse que em seus primeiros anos como mãe em tempo integral, tinha as melhores ideias enquanto lavava as roupas.

Por fim, a capacidade que as mães têm de absorver mais informação as ajuda a detectar os primeiros sinais de mudança. Uma das gerentes que participou do estudo realizado pelo Centro de Liderança Criativa disse que sua capacidade de prever problemas havia aumentado "dez vezes" desde que se tornou mãe. Ela trabalhava em uma organização que havia passado por muitas mudanças, pegando muitas pessoas de surpresa. Ela via muitas pessoas confusas em reuniões, sem saber o que havia acontecido com elas. Mas ela não estava surpresa, porque, como disse: "Quando você tem filhos, você coloca todas as antenas para funcionar... como mãe, também consigo saber, só pela tosse, se meu filho vai ficar doente. Em caso afirmativo, é melhor já começar a pensar em ir ao pediatra no dia seguinte. Essa é a minha vida... é como se sempre fosse assim. Não há momento para baixar a guarda... lemos os sinais com muito mais clareza por sermos pais".[14]

Ela parece uma mãe pré-histórica ao ar livre, sempre atenta a sinais de perigo.

Eficiência

Judith Rapoport, do Instituto Nacional de Saúde Mental, acredita que a eficiência é *a* lição aprendida pelas pessoas que criam filhos e administram seus lares. Rapoport descobriu que isso é algo muito importante no direcionamento da pesquisa colaborativa. Como ela explica, "conforme você progride em sua pesquisa sobre medicina, atrai estudantes do pós-doutorado que querem trabalhar com você. Precisa organizar todas essas pessoas diferentes – como usar o tempo delas, o fluxo de informação, como elas discutem as descobertas, ensinando-as a trabalhar com um conjunto de dados e, ao mesmo tempo, gerar o próximo e depois mais um. Todos devem ter mais um projeto de pesquisa além daquele no qual trabalham, porque o resultado é como as pessoas serão julgadas".[15]

No KFC, existem tantas mulheres que têm filhos e são boas em estruturar esse tipo de fluxo de trabalho que já têm até um nome específico: *organizadoras*.

"Costumamos ser adeptas de listas de afazeres, horários e planilhas", contou Cheryl Bachelder, ex-CEO do KFC. "Isso sempre aparece nos testes de medição de força." Ela cita o exemplo de uma executiva que adora criar fluxogramas, mostrando quais passos precisam ser dados em seguida, e em qual ordem, em um projeto.[16]

A diferença entre o cérebro da mamãe e o do papai

Essa história foi enviada a inúmeras mães perto da época do Dia das Mães de 2003.

A mamãe e o papai estavam assistindo televisão quando mamãe disse: "Estou cansada e está ficando tarde. Acho que vou dormir". Ela foi à cozinha fazer sanduíches para os lanches do dia seguinte. Lavou as tigelas de pipoca, tirou a carne do congelador para fazer o jantar do dia seguinte, verificou se as caixas de cereal tinham conteúdo suficiente para todos, encheu o pote de açúcar, colocou colheres e tigelas sobre a mesa e ligou a cafeteira para a manhã seguinte. Em seguida, colocou dez peças de roupa molhada dentro da secadora, mais algumas dentro da lava-roupas, passou uma camisa e prendeu um botão solto. Pegou os brinquedos que estavam em cima da mesa e guardou a lista telefônica de novo dentro da gaveta. Aguou as plantas, esvaziou um cesto de lixo e pendurou uma toalha para secar. Espreguiçou-se e bocejou e foi em direção ao quarto. Parou na mesa e escreveu um bilhete para a professora, separou um dinheiro para a excursão e tirou um caderno que estava embaixo da cadeira. Escreveu um cartão de aniversário para um amigo, endereçou e selou o envelope e escreveu uma lista pequena de compras. Colocou os dois perto da bolsa. Depois, lavou o rosto com um produto 3 em 1, aplicou seu creme noturno antirrugas, penteou os cabelos, passou o fio dental e lixou as unhas. O papai disse: "Pensei que você fosse dormir".

"Estou indo", ela respondeu. Colocou um pouco de água na tigela do cachorro e colocou o gato para fora, e verificou se as portas estavam trancadas. Cobriu seus filhos e apagou a luminária, pendurou uma camisa, colocou algumas meias sujas dentro do cesto e conversou rapidamente com um dos filhos que ainda estava acordado, fazendo a lição de casa. Em seu quarto, ligou o despertador, separou as roupas para o dia seguinte, arrumou uma das sapateiras. Escreveu mais três coisas em sua lista de seis coisas mais importantes para fazer. Rezou e visualizou seus objetivos alcançados. Nessa hora, o papai desligou a TV e disse a ninguém em especial: "Vou dormir". E foi o que fez... sem pensar em mais nada. Alguma coisa de extraordinário aqui? Quer saber por que as mulheres vivem mais...? PORQUE AS MULHERES FORAM FEITAS PARA DURAR MUITO.

Um conhecido meu chama isso de *habilidade da festa em casa*. Pense em todos os detalhes que ocorreram no jantar da sra. Dalloway: a lista de convidados, o menu, os convites, a decoração, a arrumação da mesa. Então, no dia da grande festa, os detalhes e as coisas de última hora se multiplicam: idas ao mercado, ao açougue, à padaria, à floricultura, à adega e supervisão de um desempenho final – cuidar para que a casa esteja limpa, os talheres limpos, a mesa arrumada, o vinho gelado, a comida organizada corretamente, as flores no lugar... por fim, tomar banho e se aprontar para esperar os convidados, como se recebê-los fosse a coisa mais fácil e mais agradável do mundo!

Mesmo no mundo dos computadores, a tendência de as mulheres se tornarem organizadoras tem ficado cada vez mais clara. Cerca de 20% dos profissionais são mulheres e uma tendência tem surgido, com programadoras do sexo feminino se tornando gerentes de programação.

Ninguém sabe ao certo por que as mulheres costumam passar do lado técnico da indústria para o lado da administração e dos negócios. É possível que as mulheres tenham uma facilidade relativamente maior para a eficiência organizacional e estejam entrando em áreas nas quais têm vantagem competitiva.

A maioria dos empregadores mais antenados tem consciência da eficiência das mães. Lewis Mander, um químico internacionalmente conhecido da Universidade Nacional, na Austrália, me disse: "Algumas pessoas acreditam que as mulheres com filhos se deixarão distrair no trabalho e se afastar de suas tarefas, mas são as pessoas mais eficientes que conheço. Adoro contratá-las. É como aquele antigo ditado: Sempre dê a nova tarefa importante à pessoa mais ocupada do escritório".[17]

Ann Moore, da Time Inc., disse que alguns de seus melhores gerentes são mães, porque: "Elas não têm tempo para política – não têm tempo para gastar! Elas realizam o trabalho porque precisam sair dali. Algumas das pessoas mais produtivas são aquelas que voltaram depois de ter um bebê".

Nessa entrevista de 2002, no *site* www.satellitesisters.org, Moore, então vice-presidente executiva da Time Inc., disse:

> **Moore:** Talvez um dos motivos pelos quais acredito que as mães que trabalham são gerentes muito boas – e gosto muito de trabalhar com mães que têm filhos pequenos em casa, porque elas não perdem tempo. Elas são as pessoas que dormem menos, as que mais correm contra o tempo, e as considero muito eficientes quando voltam da licença-maternidade.
> **Entrevistador:** Isso é interessante, porque acredito que muitos chefes relutam em contratar mães que têm crianças pequenas porque acreditam que elas se deixam distrair muito.
> **Moore:** Não, eu acho exatamente o contrário – sempre fico surpresa ao ver quanto elas conseguem conquistar.

Na maioria dos escritórios, as pessoas passam certo tempo apenas se preparando: pegando uma xícara de café, trocando amenidades com os colegas, fazendo alguns telefonemas pessoais. Então, depois de algumas horas, vem o almoço. As mães que trabalham fora raramente saem para almoçar. Certa vez, quando entreguei um texto que fazia referência a um almoço no qual havia sido servido caranguejo de casca mole, uma jovem editora, mãe de uma criança pequena, rabiscou na margem: "O que é um caranguejo de casca mole?" Ela trabalhava no centro de Manhattan, uma área repleta de bons restaurantes, e nunca saía para almoçar. Ela tinha de terminar o trabalho e sair dali.

Outra mãe que trabalhava, uma redatora de um programa de televisão, me contou que uma das maiores mudanças em sua vida desde o nascimento de seu bebê tinha sido sua capacidade de ser eficiente. "Quando tinha de entregar um roteiro, eu dizia: 'Estou escrevendo', e não conseguia fazer mais nada", disse Becky Hartman Edwards, uma das redatoras da série *American Dreams*. "Eu procrastinava, demorava, esperava até duas da manhã para começar a trabalhar... agora sou muito mais organizada e muito mais produtiva durante as horas de trabalho, porque preciso sair daqui. Tenho dois filhos em casa."[18]

Os pais que têm responsabilidade de criar os filhos se tornam, de repente, igualmente eficientes. Ruth Harkin, da United Technologies, tem advogados do sexo masculino em seu escritório em Washington, D.C., que dividem os cuidados com os filhos, incluindo o chefe, que tem duas crianças. Recentemente, ele pediu permissão para trabalhar em casa às quartas-feiras. Perguntei se ela havia permitido. "Claro! E agora estou vendo que *ele* está se tornando mais organizado."

Marian Ruderman me disse que se preocupava com a possibilidade de a maternidade poder afetar a qualidade e a quantidade de seu trabalho, mas sentia que passou a realizar um trabalho *melhor* depois que seu primeiro filho nasceu. Ela descobriu que, entre outras coisas, tinha mais concentração e era mais eficiente com seu tempo; era mais capaz de lidar com pessoas difíceis; e ganhou mais distanciamento dos estresses do trabalho, tendo uma dimensão diferente para a sua vida. Sua colega, Patrícia Ohlott, confirmou isso. "Temos uma mulher, mãe de dois filhos, que recentemente passou a trabalhar em tempo integral", Ohlott contou, referindo-se a Ruderman. "Mas ela era uma das pessoas mais produtivas aqui."

A experiência toda de ter um filho tinha sido tão positiva para Ruderman, pessoal e profissionalmente, que ela ficou inspirada a iniciar um estudo que mostrava que múltiplos papéis na vida melhoram e enriquecem uns aos outros.

Eficiência espacial

Diversas mães me contaram que sua capacidade holística de gerenciar diversos detalhes de uma vez se estendia à geografia também. Rapoport relembra que, quando fazia residência de medicina (e a única mulher em um grupo de quarenta e cinco pessoas), pensava cuidadosamente em todos os trajetos que tinha de fazer, tanto dentro do hospital quanto no caminho para casa: parar no banco de sangue para pegar uma amostra sanguínea a caminho da lanchonete, para que não tivesse de ir duas vezes; pegar o papel com os resultados laboratoriais na volta do banheiro; passar na lavanderia e no mercado no caminho para casa. Nenhum dos funcionários do sexo masculino parecia ter esses mapas mentais arquivados em sua mente e, frequentemente, tinham de fazer dois ou mais trajetos pelo hospital do que ela.

"Até hoje", Rapoport diz, "faço isso: quando saí de casa para vir até aqui, passei na adega para pegar vinho para marinar a carne que servirei num jantar no fim de semana e, quando terminarmos, passarei no mercado. Nenhum homem que conheço pensa assim."

Foco: o mérito da distração

Teoricamente, uma pessoa consegue obter mais coisas concentrando-se em um único objetivo, ignorando todos os outros. Isso é verdade? Como vimos, administradores de negócios e administradores da vida, igualmente, precisam atuar em meio a distrações. Mary Catherine Bateson eloquentemente descreve os méritos das distrações:

> As mulheres têm sido consideradas instáveis porque precisam dividir-se entre diversos compromissos; os homens tornam-se capazes de se dedicar realmente quando são solteiros, ou seguem um modelo religioso tradicional, sem família para os distrair, ou quando têm famílias organizadas para oferecer apoio, mas não distração, há a mulherzinha atrás do grande homem.
>
> Mas e se reconhecêssemos a capacidade de distração, a vontade dividida como sabedoria? Talvez Kierkegaard estivesse errado quando disse que

"pureza é querer apenas uma coisa". Talvez a atenção mantida na adversidade e na interdependência possa oferecer uma clareza de visão diferente, que seja sensível à complexidade ecológica, ao múltiplo e não ao singular. Talvez possamos discernir nas mulheres com muitas tarefas um novo nível de produtividade e novas possibilidades de aprendizado...

A rejeição da ambiguidade pode ser a rejeição da complexidade do mundo real em favor de um modelo competitivo perigosamente simples...[19]

Mais uma vez, a verdadeira habilidade sobre a qual falamos aqui é a capacidade de administrar a vida – com toda a sua gloriosa falta de organização. O grande teste da mãe atualmente é aquele em que verificamos se ela consegue lidar com o pacote todo do qual não tem para onde escapar, do sublime ao ridículo. Uma de minhas amigas tem uma filha extremamente talentosa, que trabalhava no Tribunal de Justiça, e depois teve um cargo de alta importância no Departamento de Justiça antes de se tornar mãe. Ela queria ser uma mãe participante, por isso parou de trabalhar em período integral e encontrou um trabalho mais flexível, um cargo de advogada em meio período em uma campanha de reforma financeira.

"Precisarei de seis horas ininterruptas por dia para conseguir realizar o trabalho", ela disse à mãe, e contratou uma babá em tempo integral.

"Nunca no mundo você vai conseguir ter seis horas seguidas sem interrupção por dia com um bebê, mesmo que tenha uma enfermeira em tempo integral", minha amiga pensou. Como previsto, logo depois de a filha começar a trabalhar, ela foi visitá-la e ali estava a mamãe à mesa, com o bebê em um de seus braços, dormindo, enquanto ela lidava com dois textos em edição, comparando as diferenças entre os dois. O telefone estava tocando, o local estava uma bagunça, mas ela não parava de escrever e estava muito concentrada. Ela estava atuando em modo mãe completo, concentrada em meio a diversas distrações.

É interessante observar que as quatro grandes executivas mostradas no livro de 1990, *The Female Advantage*, viam as distrações, como as reuniões não agendadas e os telefonemas inesperados, não como interrupções, mas como oportunidades. Como disse Barbara Grogan, então presidente de uma empresa de serviços industriais de Denver: "Quando algo inesperado precisa de atenção, vai para o topo da minha lista. Talvez isso ocorra graças ao fato de eu ser mãe. (Grogan era divorciada e tinha dois filhos.) Se um dos filhos precisa ir ao médico de repente, não se trata de uma interrupção, mas de uma prioridade! Como mãe, você descobre que sempre alguma coisa nova está surgindo. Você aprende a não esperar controlar totalmente sua agenda".[20]

As indústrias criativas, em especial, querem pessoas que consigam continuar trabalhando em meio às distrações. Em negócios como propaganda e filmes, certo nível de caos é inevitável. Provavelmente, não é à toa que as mães conseguiram se sair tão bem nesses campos.

"Os negócios de propaganda por si são caóticos... as coisas nunca são organizadas e quase nunca ocorrem dentro do previsto", afirma Shelly Lazarus, CEO da Ogilvy & Mather e uma das principais executivas dessa área. "Ter uma vida maluca como a minha – com um marido que tem a própria carreira (médico), três filhos (dois crescidos, um no ensino médio) e diversas casas – requer treino. As pessoas que precisam de ordem e organização não se encaixariam. Tudo isso restringe a criatividade. Quando nos encontramos com nossos funcionários mais produtivos, todos falam ao mesmo tempo, dizendo suas ideias, interrompendo – parece a mesa de jantar! Se não for possível lidar com isso...."[21]

Os comentários de Lazarus foram confirmados por diversas mães na indústria do entretenimento, que têm outra vantagem inesperada em relação aos outros nos negócios: estão acostumadas a acordar cedo. Linday Crouse me disse que, quando ela estava produzindo um filme e seus filhos eram pequenos, ela era a única pessoa disposta no set de filmagens de manhã.[22]

E quando Soledad O'Brien recebeu a banda Hootie and the Blowfish no programa *Weekend Today*, da NBC, ela percebeu que, diferentemente da maioria dos grupos de *rock*, que pareciam acabados logo de manhã, aquele grupo de rapazes estava ótimo. Quando os elogiou pela aparência, eles explicaram: "Todos nós temos filhos. Vamos para a cama às nove horas todas as noites".[23]

Uma das melhores descrições dos méritos da distração está na autobiografia muito bem escrita de Madeleine Kunin, ex-governadora de Vermont. No livro, Kunin descreve sua evolução, passando de dona de casa e mãe de quatro filhos, em Vermont, a líder comunitária, deputada estadual e então, finalmente, governadora. Pensando no passado, ela vê seus dez anos em casa, repletos de interrupções e atividades de voluntariado – trazendo peças de teatro infantil profissionais ao estado, lutando por calçadas nos bairros, lutando contra a oposição à reforma médica – como essenciais a seu sucesso posterior. Como ela escreve em *Living a Political Life*:

> As interrupções da vida são importantes – na verdade, podem ser o mais importante da vida. A organização não é tudo. A capacidade de sobrepor a experiência, colocar uma coisa em cima da outra, alisar as roupas para tirar os amassados, é uma habilidade de sobrevivência essencial na vida pública e privada. E as habilidades domésticas e maternas que aprendi em casa são muito úteis. Contar os morangos um a um para ter certeza de que o mesmo número de frutas foi parar no prato de sobremesa de cada filho me ensinou a ver como as pessoas se importam com a justiça e como elas mediam uma discussão. Limpar o leite do terceiro copo derrubado durante o jantar me ensinou sobre a arte do autocontrole. E onde mais podemos aprender a ter paciência do que observando uma criança aprender a amarrar os sapatos?[24]

Essas lições colocaram Kunin – e as pessoas de Vermont – em um bom caminho. Quando ela decidiu não concorrer a um quarto mandato como governadora, em 1990, o estado era classificado como um dos primeiros na questão de política ambiental, atendimento a crianças, incluindo os programas de apoio às crianças e, saúde mental. A revista *Fortune* relacionou Kunin como uma das dez governadoras mais preocupadas com a educação nos Estados Unidos.

Naomi Foner, roteirista e produtora de Los Angeles, descobriu que as interrupções constantes lhe ensinaram uma importante técnica para escrever. Foner deixou sua carreira como produtora do Children's Television Workshop quando seus filhos nasceram e passou muitos anos trabalhando como *freelancer* em casa enquanto as crianças dormiam ou estavam na escola. Ela disse: "Eu consegui fazer muita coisa naqueles anos caóticos, mas frequentemente eu não conseguia trabalhar mais do que duas horas sem interrupção... às vezes eu precisava parar de escrever exatamente quando estava chegando em um ponto importante, o que era frustrante, mas isso me ensinou algo importante. Quando eu me sentava para escrever no dia seguinte, sabia exatamente o que fazer em seguida – eu retomava de onde havia parado com mais energia e não me sentava sem saber exatamente por onde começar. Agora, paro de escrever quando sei o que fazer em seguida, não quando 'termino alguma coisa' ".

Foner colocou uma cena da vida real em seu roteiro de *O peso de um passado*. Não foi incluído na edição, mas talvez a vejamos em outro filme. A família estava de férias, e seu filho, com 4 anos, decidiu escrever na lateral do carro do pai duas palavras que havia acabado de aprender. As duas palavras eram AMOR QUENTE.

Foner ficou inspirada e quis dar a seu roteiro esse título. Quando o agente imobiliário que negociou o aluguel da casa onde o filme foi gravado soube dessa história, perguntou a Foner se ela estava escrevendo um filme pornô.[25]

Estabeleça prioridades

Você não vai conseguir realizar diversas tarefas de modo bem-sucedido a menos que estabeleça prioridades e "simplesmente diga não" às exigências não essenciais em seu precioso tempo. Pode ser que você consiga manter três ou quatro bolas em movimento de uma vez, mas não pense em fazer mais, a menos que queira ser a boba da corte. Connie Morella, ex-congressista republicana de Maryland, e seu marido criaram nove filhos, incluindo as seis crianças de sua falecida irmã. Morella aprendeu uma série de regras que ela chama de "Quatro essenciais":

1. Não faça nada que não seja realmente importante e que *tenha* de ser feita.
2. *Ao mesmo tempo.* Faça o máximo de coisas que conseguir ao mesmo tempo, ou seja, passe as roupas enquanto assiste àquele programa de televisão que não pode perder.

3. Delegue. Eu pensava que era a única pessoa que conseguia fazer tudo... não mais.
4. *Atrase*.

Não faça tempestade em copo d'água

"Esta é uma versão de não fazer tempestade em copo d'água", Morella disse durante o café da manhã em um restaurante no condado de Montgomery, onde ela vivia. "Já usei esses princípios com meus funcionários também e eles funcionam. Basicamente, você precisa ter senso de humor e um tipo de visão estreita que exclua todas as coisas sem importância. Sempre digo às jovens mães: troque todas as suas lâmpadas de 100 watts por lâmpadas de 10 watts para que não consiga ver a poeira."

Enquanto todos os seus filhos moravam com ela, Morella organizava a casa em equipes semanais, uma para arrumar a mesa, outro para retirar a mesa, outra para limpar os banheiros e assim por diante. As roupas não podiam ser lavadas pelas equipes, porque ninguém ficava satisfeito, por isso os filhos eram responsáveis por suas roupas e tinham de lavá-las sozinhos. A hora de passar as roupas também não era dividida pelas equipes. Em determinado momento, uma pilha de roupas amassadas ficou no porão por tanto tempo que Morella pediu a uma instituição de caridade que viesse buscá-las. Ninguém nunca percebeu.[26]

Para Abigail Traford, uma colunista que escreve sobre saúde no *Washington Post*, eliminar o não essencial significava dizer *não* a um cachorro.

"Minhas filhas tinham 6 e 7 anos", Trafford se lembra, "e eu era mãe solteira, dividindo-me entre o trabalho e o serviço doméstico, tentando passar por um divórcio. Cheguei à conclusão de que não podia lidar com o trabalho, com minha família, com a casa e também com um cachorro. Tinha de estabelecer prioridades."

A decepção das meninas foi grande e elas começaram uma campanha para conseguirem me convencer a comprar um cachorro.

"Todo mundo na escola tem cachorro!"

"Os animais de estimação são bons para crianças!"

"Como você pode ser uma boa mãe e não ter um cachorro em casa?"

Trafford manteve-se firme, mas alguns anos depois a situação mudou. Sua vida estava mais tranquila, as meninas estavam mais maduras e mais capazes de cuidar de um cão sozinhas. Por isso, numa manhã de sábado, ela levou para casa um *cocker golden spaniel*.

A lição dada aqui a gerentes, segundo ela acredita, não é apenas a de que você deve estabelecer as prioridades e segui-las mesmo que haja problemas, mas de que as prioridades mudam. A boa administração envolve a reavaliação de prioridades, assim como a boa criação dos filhos exige que as regras familiares sejam ajustadas conforme os membros da família mudam.[27]

Crianças com multitarefas

As coisas que não exigem prioridade absoluta podem ser delegadas. Costuma-se dizer que atrás de toda mulher de sucesso existe um marido que dá apoio, mas, depois de escutar dezenas de mães contarem suas histórias, fiquei convencida de que outro fator no sucesso era o fato de elas baterem o pé para que os filhos também fizessem sua parte. Especialmente no caso de mães que trabalhavam e tinham três ou mais filhos. Delegar é uma necessidade.

Nancy Pelosi, líder de partido na Casa dos Representantes, criou cinco filhos. Quando ainda era dona de casa apenas, começou a realizar trabalho voluntário na política e, ao assumir o cargo no partido democrático na Califórnia, treinou os filhos para que a ajudassem. Eles endereçavam cartas, abriam a porta e serviam petiscos em recepções para políticos, atendiam telefonemas e ajudavam nas campanhas. "Teria sido impossível fazer tudo sem eles", ela diz. Por fim, candidatou-se ao Congresso quando tinha 40 anos e sua filha mais nova estava no ensino médio.

Sandra Day O'Connor, da Suprema Corte, era senadora do Arizona e se tornou líder republicana enquanto seus três filhos ainda estudavam. Ela passou por um período de realizar muitas tarefas ao mesmo tempo ("Eu precisava cuidar de 89 coisas de uma vez", ela me disse durante uma entrevista em seu escritório na Suprema Corte), mas seus filhos tiveram de aprender a realizar pelo menos algumas tarefas diárias sozinhos. Às vezes, tinham de preparar o jantar, lavar as roupas e até passar algumas camisas de vez em quando. Ela sente orgulho da capacidade que eles têm de lidar com as situações e me contou duas histórias para ilustrar.

Em uma ocasião, o cão da família foi atropelado por um carro. Os meninos se lembraram de que havia uma clínica veterinária em um centro comercial próximo, por isso pegaram uma porta velha do porão, colocaram o cão sobre ela e os três carregaram o animal até o veterinário.

Em outra ocasião, eles descobriram que uma abelha-rainha havia feito um ninho bem embaixo da casa deles e uma colmeia enorme de abelhas estava se reunindo literalmente a seus pés. Como O'Connor conta, "eles tiveram a responsabilidade de procurar um criador de abelhas na lista telefônica e o chamaram para resolver o problema. Foi um problema real e eles o resolveram da mesma maneira como eu o teria resolvido... meu trabalho árduo teve um efeito nas crianças. Elas tiveram de se tornar um pouco mais independentes. Houve momentos em que eles tiveram de preencher os espaços".

A autoconfiança deve ter funcionado. No dia em que conversamos, o filho mais novo de O'Connor estava no Monte Everest, em direção ao topo. Ele conseguiu chegar.

Administração de crises

É notável como as mães conseguem ser calmas quando é preciso. Assim como as fêmeas dos ratos que já são mães são mais corajosas do que as outras, e como as ursas que são mães são mais perigosas do que as outras de outras espécies, as mães humanas também colocam a própria vida em risco para proteger seus filhotes. Assim, uma pessoa pode pensar que seria melhor se o Departamento de Segurança fosse comandando por uma mãe em alerta. De qualquer modo, escutei muitas histórias a respeito de mães que lidam com crises no trabalho com sangue frio. E por que não? Afinal, elas já enfrentaram os piores desastres em casa!

Sara Eversden, de Chandler, Arizona, uma engenheira sênior de sistemas no campo dos cuidados médicos, com três filhos, descreveu em um *e-mail* a primeira vez que ela viu uma mãe em ação em uma crise nos negócios:

Em um de meus primeiros empregos depois da faculdade, trabalhei para uma grande empresa de consultoria e estava em um cliente com uma gerente sênior, uma mulher que tinha três filhos pré-adolescentes. Cerca de dez minutos antes da apresentação do cliente, fui orientada a fazer uma cópia final das transparências. Eu tinha de fazer as transparências com a pilha de *slides* que tinham o logo do cliente. Adivinhem o que aconteceu? Na pressa, fiz as cópias com o logo de nossa empresa! Era um problemão naquele caso. Eu entrei em pânico, contei à gerente sênior o que havia acontecido e sugeri que fizéssemos a apresentação como estava e que pedíssemos desculpas depois.

Ela não aceitou e foi olhar de novo a copiadora. Decidiu, então, que não tínhamos tempo de fazer as cópias novamente, uma vez que eram 95 delas. Então, rapidamente, localizou a secretária do cliente e calma e educadamente pediu a ela que fizesse as cópias da apresentação com o logo correto. Ela podia estar morrendo de medo por dentro, como eu, mas demonstrou calma e nenhum sinal de pânico.

Não reconheci aquilo quando vi, pois eu só tinha 26 anos e não tinha filhos. Mas agora reconheço que a expressão daquela mulher era de alguém que já tinha passado por calamidades diárias ou crises de diversos tipos com os filhos, e que sabia se manter em pé, encontrar uma solução para o grande problema e manter a cabeça erguida. Após cinco anos como mãe, sei com certeza que poderia, no mínimo, chegar perto da reação que ela teve se tivesse de enfrentar uma situação parecida no trabalho. É isso o que ser mãe faz por você.[28]

Minha história a respeito da administração de uma crise materna tem que ver com Sally Novetzke, embaixadora norte-americana de Malta quando George H. W. Bush e Mikail Gorbachev se encontraram em uma conferência em 1989. Novetzke era responsável pelos detalhes da complexa reunião e, em uma de suas entrevistas para a imprensa, uma correspondente do sexo feminino para o *Washington Post* perguntou a ela: "Este não é seu primeiro emprego de verdade? Como consegue lidar com tudo isso?"

A embaixadora, uma mulher madura que havia conseguido aquele cargo depois de passar anos trabalhando sem salário para o Partido Republicano, olhou para a repórter e respondeu friamente: "Minha cara, com certeza você não criou quatro filhos".

Ajuda de qualquer jeito

> A criação dos filhos ajuda no trabalho e o trabalho ajuda na criação dos filhos. A ideia de que, se você é bom em uma coisa, não é bom em outra, de que, se você é boa mulher de negócios, não é boa mãe, está totalmente errada.
> – Pamela Thomas-Graham,
> presidente e CEO da CNB

A transferência de habilidades da casa para o escritório obviamente também funciona ao contrário, do escritório para a casa. Diversos artigos já descreveram como mães que trabalhavam em escritório antes dos filhos se tornaram *mães administradoras*, comandando a casa como departamentos e organizando os filhos em atividades programadas constantes. Isso não deveria surpreender, porque as mulheres que têm filhos mais velhas, depois de anos trabalhando em empresas e com a disciplina no trabalho, mostram que sua abordagem na criação dos filhos reflete o treinamento já recebido anteriormente. Uma pessoa não deixa seu antigo eu de fora só porque teve filhos. Como Miriam Sapiro, de Washington, D.C., uma ex-negociadora internacional, disse: "Se sou capaz de estabelecer um acordo de paz com partidos concorrentes nos Bálcãs, não é o chilique de uma criança de 2 anos que vai estragar uma agradável tarde".[29]

Pamela Thomas-Graham descobriu que ter três filhos pequenos (dois bebês gêmeos e um menino de 6 anos) é como "Administrar minha empresa... uma das coisas que ajudaram meu marido e eu a nos adaptarmos foi pensar: 'Somos a gerência!' Em casa e no escritório, começamos a analisar as necessidades das pessoas que são imediatas e também a ver quem está bem no momento; quem precisa de orientação agora mesmo e quem não precisa de orientação".

Veronica Lopez, uma extrovertida mãe de 46 anos, com três filhos, de Staten Island, é uma mãe administradora. As crianças a atropelavam, mas ela sobreviveu a esse impacto, aplicando conscientemente, as lições aprendidas na época em que trabalhou como diretora de recursos humanos, na hora de cuidar dos bebês.

Lopez tinha 31 anos e era responsável pelo treinamento e desenvolvimento de funcionários no Manufacturer's Hanover Trust, em Manhattan, quando seu filho nasceu, seguido por gêmeas idênticas dois anos e meio depois. O emprego de meio período que ela havia negociado foi eliminado e de repente, Veronica se tornou mãe em tempo integral de três crianças com menos de 3 anos de idade.

Ela ficou sobrecarregada com a inesperada carga de trabalho. Ela passava as noites acordada, tentando dar conta de enormes pilhas de roupa para lavar, uma pia repleta de louça suja, trocas constantes de fralda e refeições para preparar. A executiva de banco descobriu então que precisava descobrir "como criar uma comunicação eficiente em vez de seguir meus instintos de gritar quando as coisas não saíam conforme o planejado".

Lopez participou de diversas aulas para pais e por fim recebeu um certificado da diocese de Nova York para poder dar as mesmas aulas. A educação de pais tornou-se sua nova profissão. Ela criou um centro de atendimento a pais na Paróquia Holy Rosary, em Staten Island, e há nove anos realiza *workshops* a respeito de técnicas de criação dos filhos. Suas orientações refletem sua experiência em empresas, melhoradas com princípios familiares dos psicólogos humanistas.

A família deve ter início, como em qualquer empresa bem gerida, com uma *missão*, identificando os valores básicos que os pais esperam que os filhos aprendam. Assim, os pais poderão identificar os comportamentos específicos que gostariam de ensinar.

O próximo passo é *esclarecer as responsabilidades dos filhos*. Em seu trabalho em recursos humanos, Lopez tinha de fazer descrições de trabalho e desenvolver procedimentos de modo que os funcionários conhecessem suas responsabilidades. Acredita que as crianças também precisam saber exatamente o que se espera delas. "É importante dizer às crianças especificamente como queremos que elas se comportem e fazer com que elas cumpram o dever", ela me disse.

Lopez concorda que é mais difícil fazer com que as crianças façam o que devem do que cuidar de funcionários, que se motivam com aumentos de salário, bônus, promoções e tarefas mais significativas. "Se você consegue motivar uma criança sem gritar ou perder a paciência, com certeza consegue gerenciar adultos", ela diz. "Não se pode despedir os filhos, por isso é preciso usar de muita psicologia."

Um modo de motivar os filhos é dar a eles *motivos de criança* – explicação cuidadosa a respeito do motivo pelo qual é importante que eles se comportem da maneira correta. Por exemplo: "Quando você recolhe os brinquedos, ninguém pisa neles e eles não se quebram". "Quando você diz obrigado e por favor e se comporta na casa de um amigo, será convidado para voltar." "Se você escovar os dentes, não vai ter cáries."

As crianças também esperam receber uma *promoção* para uma liberdade e independência maiores quando demonstram que podem ser honestas e responsáveis. À medida que demonstram melhor comportamento, podem, aos poucos, ganhar mais privilégios.

A abordagem voltada aos negócios de Lopez a ajudou a comandar uma transição assustadora, passando de funcionária de banco a ORT doméstica: Oficial Responsável por Tudo. Também ilustra o fato de que o trabalho e a família não são duas esferas distintas e separadas, mas duas partes de um todo, uma influenciando, informando e enriquecendo a outra.

A descrição clássica dessa interação é o livro *Cheaper by the Dozen*, um livro escrito por dois dos doze filhos da excêntrica família Gilbreth, em Montclair, New Jersey, durante os anos 1910 e início de 1920. O pai, um especialista em eficiência, e a mãe, uma psicóloga, gerenciavam uma empresa de consultoria para indústrias nos Estados Unidos e na Europa. Esse excepcional casal compreendia totalmente a ideia de que cuidar dos filhos e dos funcionários envolvia muitas das mesmas habilidades, especialmente em famílias grandes. (Em minhas entrevistas, as pessoas com mais de dois filhos diziam precisar de regras e horários rígidos para manter o caos sob controle.)

Conforme a família cresceu, Frank e Lillian Gilbreth decidiram "analisar o novo campo da psicologia de administração e o antigo campo de gerenciar uma casa repleta de filhos" e testar a teoria de que o que funcionava em uma empresa funcionava dentro de casa.

Os Gilbreth organizavam os filhos em equipes de produção que cuidavam das tarefas domésticas e se reuniam para discutir grandes decisões, como comprar um cachorro ou um tapete novo. As crianças eram incentivadas a se candidatar a grandes cargos e eram forçadas a cumprir os termos de seus contratos. Quando Lill, de 8 anos, anunciou que se oferecia para pintar uma cerca comprida por 47 centavos de dólar, ela ganhou o contrato, com as objeções da mãe, que dizia que seu preço era muito baixo. O trabalho demorou dez dias. Ela ficou com bolhas nas mãos e em algumas noites não conseguiu dormir. Mas seu pai insistiu para que ela terminasse o trabalho, para ensinar a ela "o valor do dinheiro e do cumprimento dos contratos". Quando, finalmente, ela conseguiu terminar, aproximou-se dele em prantos.

"Terminei", ela disse. "Espero que esteja satisfeito. Pode me pagar meus quarenta e sete centavos?"

Ele entregou a ela o dinheiro. E disse que ela devia se lembrar de que ele havia feito com que ela terminasse para seu próprio bem. E então pediu que ela fosse para o seu quarto olhar embaixo do travesseiro. Ela correu para o andar de cima e encontrou um par de patins.

Cheaper by the Dozen foi publicado em 1948 e foi um grande sucesso, traduzido para 53 idiomas; em 1950, foi adaptado para o cinema, *Doze é demais*, um filme popular com Myrna Loy e Clifton Webb, com *remake* em 2003, estrelado por Steve Martin. A história dos Gilbreth costuma ser descrita como uma lenda interessante de um cientista excêntrico que comandava seu lar como se fosse uma empresa. Muito pouco era dito sobre a mãe na família. Analisando a história novamente mais de cinquenta anos depois, fica claro que os Gilbreth provavelmente desenvolveram e testaram muitas das suas teorias de administração em casa, aplicando, posteriormente, aquelas que funcionavam em casa com os funcionários das empresas. O incidente com Lucy, por exemplo, pode ter ensinado a Frank Gilbreth tanto quanto ensinou a Lucy a respeito da necessidade de manter o ânimo do funcionário com incentivos generosos por um trabalho bem feito.

Também suspeito que a mãe dessa família merece muito mais créditos pelos princípios organizacionais dos Gilbreth do que recebeu. Um indício disso é o fato de essa mãe de doze filhos ter assumido, sem problemas, o posto do marido depois que ele morreu de um repentino ataque do coração aos 55 anos. Três dias depois da morte dele, ela foi para a Europa de navio para ministrar duas palestras que ele daria em Londres e em Praga, e se tornou a principal mulher engenheira industrial do mundo.

NOTAS

1. Citado em Kristin Rowe-Finkbeiner, "Juggling Career and Home", *Mothering* (março-abril, 2003).
2. Shirley Strum Kenny, "From Parenting, a Presidency", *New York Times*, Education Section (3 de novembro de 1991).
3. Entrevista com a autora, Washington, D.C., 1995 (Kenny).
4. Jeanne Boydston, *Home and Work: Housework, Wages and the Ideology of Labor in the Early Republic* (Nova York: Oxford University Press, 1990), p. 114.
5. Citado por Robin Gerber, autor de *Leadership of Eleanor Roosevelt Way* (Nova York: Portfolio, 2002).
6. Sally Helgesen, *The Female Advantage: Women's Way of Leadership* (Nova York: Doubleday, 1990), pp. 8-10. Para ler uma breve discussão das ideias de Henry Mintzberg, veja Michael Skapinker, "In Search of a Balanced Society", *Financial Times*, 16 de setembro de 2003.
7. Ruderman et al., op. cit., pp. 369-86. Veja também Nancy R. Rothbard, "Enriching or Depleting? The Dynamics of Engagement in Work and Family Roles", *Administrative Science Quarterly*, vol. 46, pp. 655-84, 2001.
8. Helen Fisher, *The First Sex* (Nova York: Random House, 1999), p. 5.
9. C. H. Kinsley et al., "Motherhood Improves Learning and Memory: Neural Activity in Rats is Enhanced by Pregnancy and the Demands of Rearing Offspring", *Nature*, n. 402, pp. 137-38, 1999; K. Tomizawa et al., "Oxytocin Improves Long-Lasting Spatial Memory During Motherhood Through MAP Kinase Cascade", *Nature Neuroscience*, n. 6, pp. 384-90, 2003; J. Wartella et al., "Single or Multiple Reproductive Experiences Attenuate Neurobehavioral Stress and Fear Responses in the Female Rat", *Physiology and Behavior*, n. 79, pp. 373-81, 2003.
10. Entrevista ao telefone com a autora, dezembro de 2003 (Lambert).
11. Citado em Katherine Ellison, "The Mind of the Married Mom", *Working Mother* (fevereiro de 2003).
12. Entrevista com a autora, Los Angeles, fevereiro de 2003 (Pillsbury).
13. Entrevista por telefone com a autora, fevereiro de 2003 (Ruderman).
14. Ruderman et al., op. cit., p. 374.
15. Entrevista com a autora, Washington, D.C., 2002 (Rapoport).
16. Entrevista ao telefone com a autora, 2002 (Bachelder).
17. Conversa com a autora, Dordogue, França, julho de 2003 (Mander).
18. Conversa com a autora, Los Angeles, fevereiro de 2003 (Edwards).
19. Mary Catherine Bateson, "Holding Up the Sky Together", *Civilization*, pp. 29-31, maio-junho de 1995.
20. Helgesen, op. cit., p. 34.
21. Entrevista com a autora, Nova York, dezembro de 2002 (Lazarus).
22. Conversa com a autora, Los Angeles, fevereiro de 2003 (Crouse).
23. Conversa com a autora, Nova York, março de 2003 (O'Brien).

24. Madeleine Kunin, *Living a Political Life* (Nova York: Alfred A. Knopf, 1994), p. 78.
25. Entrevista com a autora, Los Angeles, fevereiro de 2003 (Foner).
26. Entrevista com a autora, Bethesda, Maryland, maio de 2003 (Morella).
27. Abigail Trafford, "Mommy Track – Right to the Top", *Washington Post* (19 de maio de 1989).
28. *E-mail* para a autora, de Sara Eversden, 2002.
29. *E-mail* para a autora, de Miriam Sapiro, 2003.

2

Como reconhecer um bebê

Se você seguir seu caminho pensando que todas as pessoas que encontrar têm cerca de 4 anos de idade, não terá como errar.
– Editora de Nova York

Lidar com crianças de 3 anos é um excelente treinamento para lidar com executivos. Eles conseguem se concentrar por pouco tempo, têm pouca paciência e costumam ficar emburrados.
– Executiva da AOL

"Quando falamos sobre os homens no trabalho, é como se fôssemos as mães deles", uma mulher diz à sua amiga no romance de Allison Pearson, *Não sei como ela consegue*. "Somos as mães", sua amiga, uma investidora, responde. "Eu vejo pessoas na barra da minha saia quando estou no escritório e depois também, quando estou em casa. É melhor você se acostumar."

A habilidade de reconhecer um bebê ao ver um, mesmo que ele esteja disfarçado com roupas de adulto, é um dos maiores ganhos de se tornar pai. Perceber que geralmente pessoas muito importantes podem ser muito crianças por dentro muda drasticamente a maneira como você vê o mundo. Percebi pela primeira vez que analisava o mundo com lentes maternais quando meu filho tinha cerca de 6 ou 7 anos. Certa noite, enquanto assistia à CNN e às notícias da guerra mais recente, James entrou na sala empunhando sua grande espada. Ele estava brincando do que os meninos mais gostam de brincar: "Vou matar esse vilão!" O pensamento foi inevitável: o mundo é comandado por homens grandes que pensam como meninos de 7 anos; que veem as coisas em pontos extremos e que acreditam que partir para a exterminação é a solução.

Inúmeras mães já tiveram essa epifania e comentários extremamente maternais a respeito do comportamento de líderes mundiais não são incomuns. Quantas vezes você escutou alguém dizer, a respeito de um governo ou de uma empresa maluca: "A situação está totalmente fora de controle... não existe supervisão de gente grande".

Quando a psicóloga Marian Ruderman percebeu como seu primeiro filho era direcionado biologicamente, ela começou a pensar: "Talvez, quando alguém age de modo infantil no trabalho, pode ser que eu não tenha feito nada. Talvez essa pessoa esteja sendo guiada por sentimentos que não consegue controlar. Minha filha era muito espontânea e acredito que alguns adultos também o são. Isso tem me ajudado a lidar com pessoas difíceis. Se alguém é difícil, pode ser que simplesmente seja assim; não há motivos para levar isso para o lado pessoal".[1]

Um exemplo clássico de adultos agindo como crianças envolveu Newt Gingrich, um ex-porta-voz com cara de bebê da Câmara dos Representantes. Em 1995, Gingrich admitiu ter forçado o governo federal a se fechar para não ajudar Bill Clinton. Ao que parece, o presidente havia magoado Gingrich porque não o convidou para se sentar a seu lado durante um voo de longa distância, voltando de Israel. Para se vingar, o líder republicano criou um projeto de legislação de finanças com condições que ele sabia que Clinton teria de vetar, forçando os escritórios a fechar as portas.

– É mesquinho, mas acho que é humano – reclamou o poderoso político. Humano, talvez, para uma criança de 2 anos de idade.

Muitas mães não tiveram dificuldade para perceber essa criancice.

– Acho que são menininhos fazendo seus joguinhos – declarou uma funcionária do Centro Federal para Controle e Prevenção de Doenças, em Atlanta.

A congressista do Colorado Pat Schroeder, dois filhos, teve a palavra final. Ela mostrou uma estatueta do Oscar, colocou-a no chão da Câmara e declarou que o sr. Gingrich havia "conquistado o prêmio na categoria de melhor papel interpretado por uma criança" naquele ano.[2]

Um dos perigos na capacidade das mães de desvendar um comportamento imaturo é que ele pode ser tido como condescendente. Talvez exista um toque de satisfação na descrição da autora Alice McDermott a respeito de como a sabedoria das mães se destaca "entre diversas crianças adultas e crianças internas e crianças em recuperação". Ela afirma que aquelas pessoas que passaram "semanas, meses e anos pensando, vivendo e reagindo a todos os sentidos por trás de crescimento, maturidade, recompensa, castigo, dependência, independência, amor... veem nossos apelos, lutas ou dramas a partir de outro ponto e... reagem a cada um deles respondendo de modo seguro: 'Parem, crianças!' ".[3]

Essa imagem da Grande Mãe olhando por nós por cima deixa todo mundo desconfortável e as mães precisam evitar esse tipo de coisa. Mas a verdade é que aquelas que têm sido pais bem-sucedidos e envolvidos provavelmente têm mais condições de reconhecer e lidar com pessoas com desenvolvimento emocional comprometido. Aqui estão algumas das técnicas sugeridas pelas mães trabalhadoras a quem entrevistei.

Procure recorrer ao humor

Uma amiga minha experimentou essa técnica com um colega boca-suja que sempre perdia a paciência e soltava um palavrão. Sempre que ele fazia isso, ela dizia: "Escute, escute, acho que tem alguma coisa aqui!" Ela havia aprendido esse truque fingindo ser uma ave, batendo as asas e dançando, para divertir e distrair seu filho de 3 anos, quando este ficava irritado. Felizmente, o mal-educado de seu escritório ficou tão envergonhado com isso que parou de dizer palavrões.

Ann Moore, CEO da Time Inc., teve uma mãe extremamente competente que transformava os maiores desafios da família em brincadeiras e diversão. A mãe de Moore era esposa de um militar, com cinco filhos, que estava sempre se mudando de estado. Segundo a descrição de sua filha, ela tinha a capacidade de convencer os filhos de que era a coisa mais excitante do mundo deixar os amigos, a escola e os vizinhos para entrar em uma aventura incerta em outra parte do país. Moore, a filha mais velha, se lembra de que cada filho podia escolher a cor do quarto novo. Seu irmão Andy escolhia preto e vermelho. Essas cores nunca se materializavam na parede, mas as crianças acabavam aceitando a mudança.

"Ela era uma general", Moore relembra. "Era mestre em fazer com que uma decisão pouco aceita se tornasse um consenso. Essa lição tem me ajudado muito."⁴

Faça com que pareça ter sido ideia dele

Rita Colwell, diretora da Fundação Nacional de Ciência e mãe de duas filhas adultas, contou que frequentemente utilizava a seguinte técnica em reuniões. Os cientistas americanos costumam ser chauvinistas. Colwell diz que, no início de sua carreira, aprendeu "a ficar calada e a escutar, para depois dizer o que pensa, sem tentar comandar nem dominar. Os homens detestam isso! Geralmente, eu fazia um comentário que recebia o silêncio como resposta. Segundos depois, um homem dizia a mesma coisa de uma forma levemente diferente e todos comentavam: 'Que bela ideia!' Aprendi que poderia fazer o que quisesse se deixasse que eles pensassem que as ideias eram suas".⁵

É uma técnica bem conhecida das mães. Kate Reddy, a heroína do livro *Não sei como ela consegue*, aprendeu a fazer isso lendo os livros de bebê:

> [...] e então Emily entrou na fase terrível dos 2 anos e comprei um livro chamado *Domando sua ferinha*. Foi uma revelação. O conselho sobre como lidar com crianças imaturas e irritadas que não têm noção de limites e estão sempre perturbando a mãe se aplica perfeitamente a meu chefe. Em vez de tratá-lo como um superior, comecei a pensar nele como um menininho mimado. Sempre que ele estava prestes a fazer algo ruim, eu fazia o que podia para distraí-lo; quando queria que ele fizesse alguma coisa, transformava as coisas para que parecesse ideia dele.⁶

Isso traz à mente um velho ditado atribuído a Harry Truman, de que "não existem limites para o que você pode conseguir na vida, desde que você não se importe com quem vai levar o crédito".

Um modo certo de fazer com que alguém pense em algo como se fosse sua ideia própria é estabelecer uma opção. Essa tática é sugerida por Haim Ginott em seu clássico manual de criação dos filhos chamado *Entre pais e filhos*. Se quiser que seu filho coma um legume, por exemplo, ofereça alternativas. Você não diz: "Coma espinafre!" Você diz: "Querido, você prefere espinafre, cenoura ou abobrinha?" A criança escolhe, come e pensa que a decisão foi sua desde o começo. Da mesma forma, nunca faça perguntas que permitam diversas respostas, como por exemplo: "O que quer comer de café da manhã?", abrindo a porta para respostas do tipo: "Bolo e sorvete". Apenas pergunte: "Você quer beber leite no copo ou na xícara?"

Como Ginott explica, isso dá à criança a mensagem de que ela "não recebe as ordens, mas participa das decisões que moldam sua vida".[7]

Esse truque era usado pela rainha Isabel de Castela, no século XV, quando queria que o papa escolhesse o candidato de sua preferência ao posto de arcebispo. Ela enviava ao sumo pontífice uma lista com três possíveis candidatos: seu leal empregado e dois incompetentes completos. O homem aceitava. Gostaria de saber se a esperta rainha aprendeu esse truque lidando com seus cinco filhos, uma das quais, Catarina de Aragão, tornou-se a primeira esposa de Henrique VIII.

Mantenha a calma e saiba quais brigas comprar

As pessoas imaturas costumam ter chiliques, assim como adolescentes e crianças pequenas. Muitas mães me disseram que aprenderam a lidar com isso simplesmente não reagindo. Como Cheryl Bachelder disse: "A calma é sempre o melhor caminho".

Naomi Foner contou-me que entrou no estacionamento de uma gravadora e sem querer pegou a vaga de um grande executivo que não tinha educação e achava que era o dono de tudo, como da vaga do estacionamento. Ele fez um escândalo enorme, digno de uma criança.

Foner disse: "Então pensei: Estou olhando para uma criança de 4 anos. Não adianta conversar com ele. Ele precisa de um tempo para se acalmar". Ela evitou reagir e então recebeu uma ligação de desculpas.

Carole Browner teve de enfrentar muitos desses ataques durante o tempo em que trabalhou na Agência de Proteção Ambiental, na administração Clinton. "Presenciei diversos chiliques de congressistas", ela me disse durante uma entrevista em seu escritório em Washington, onde trabalha como consultora. "Eles me diziam: 'Você *tem* que fazer isso... dê um jeito! Quero isso resolvido!' Eu simplesmente ignorava tudo aquilo... era tão idiota!"

Browner teve de enfrentar uma situação inesquecível com o senador republicano Trent Lott, do Mississippi. Quando foi o líder do Senado, Lott exigiu que ela demitisse uma funcionária, uma pessoa que estava quatro níveis de hierarquia abaixo dela. Ele disse que se ela não fizesse isso, não permitiria que ela alcançasse cargos superiores ao que ocupava na época. (Não havia nenhuma possibilidade de promoção na ocasião.)

Browner, que tinha um filho no ensino fundamental quando esse incidente ocorreu, explicou a Lott que não podia descer e se intrometer em assuntos que não lhe diziam respeito. E então se recusou. Três meses depois, a pessoa em questão pediu demissão voluntariamente e nunca soube do ultimato de Lott. Browner chamou Lott de novo e disse: "Quero que saiba que a pessoa saiu do cargo porque quis, por isso acredito que não haverá problemas com a promoção".

"Como uma criança, Lott estava me testando, fazendo um pedido sem cabimento", ela explicou. "Mas nunca entrei em seu jogo. É uma das coisas que aprendemos com os filhos. Não se entra em qualquer bobagem que aparece. Você deve simplesmente manter-se firme, explicar os limites e dizer não."[8]

Os pais procuram escolher as brigas nas quais entram, guardando a energia para coisas importantes, como o uso de substâncias ilegais. Pauline Schneider, sócia de um escritório de advocacia de Washington, Hunton & Williams, disse que a lição mais importante que aprendeu com a criação dos filhos é "saber quais princípios são importantes o suficiente para serem defendidos cegamente e quando deve ser flexível".

"Você aprende que não tem o que fazer quando as crianças fazem alguma coisa muito boba. Se você reagir, pode se tornar um idiota", Schneider me disse. "Tomo muito mais cuidado com o que digo e com a maneira como me comporto. Muitas vezes, isso já me ajudou, tanto em casa quanto no escritório."[9]

Schneider tem um filho que faz MBA em finanças e uma filha que está fazendo seu doutorado na Duke. Aparentemente, ela conseguiu ser mais razoável com as brigas que costuma comprar graças à sua filha Suzanne, que foi a adolescente rebelde. Schneider relembra que quando Suzanne tinha 16 anos, durante a administração de Reagan, ela e seus amigos eram contra Star Wars. Um dia, ela perguntou à mãe se podia faltar à aula para participar de uma passeata. A mãe disse não, mas algumas horas mais tarde, recebeu um telefonema de urgência no meio de uma reunião com um cliente. Sua filha a desobedecera, fora à passeata e tinha sido presa. Quando ela desligou e retornou à reunião, todos quiseram saber se tudo estava bem e qual tinha sido a emergência.

Schneider respondeu às perguntas, terminou a reunião, foi à delegacia, tirou a filha da cadeia e verificou se as acusações seriam retiradas. No carro, a caminho de casa, "eu fiquei totalmente calada. Ela tentou conversar, mas eu disse 'não quero falar sobre isso'. Talvez eu devesse ter lidado com a situação de modo diferente, mas precisei respirar profundamente para não reagir com exagero... os filhos nos testam. E nos ensinam a ter autocontrole!" Schneider, uma mulher muito bem apessoada, também tinha conflitos com a filha por causa das roupas que ela vestia. "Ela me enlouquecia com seu estilo. Não usava as roupas que eu comprava para ela; em vez disso, comprava peças em brechós. Mas eu não queria interferir em questões como roupa e penteado. Não eram tão importantes para mim como modos à mesa, por exemplo. Por isso, aprendi a relaxar."

Quando Suzanne fez 16 anos, a questão das roupas chegou ao fim. A empresa de Schneider precisava de uma recepcionista de meio período, das 16h às 18h30, todos os dias, e ela perguntou à filha se tinha alguma amiga que pudesse se interessar pelo emprego. A menina disse que talvez ela mesma se candidatasse. "Eu disse a ela que talvez não fosse uma boa ideia, pois não trabalharíamos no mesmo local. Ela insistiu e eu disse: 'Tudo bem, se é isso o que quer. Mas não vou ajudá-la'."

A jovem telefonou e fez algumas perguntas a respeito do trabalho, incluindo que roupas deveria usar. O entrevistador disse que, como ela seria a primeira pessoa que os clientes veriam ao chegar, precisaria causar uma boa impressão. Por isso, teria de se vestir como sua mãe se vestia.

Schneider pensou que aquele comentário poria fim à história, mas, depois de pensar um pouco, sua filha decidiu que queria tentar conseguir a vaga, e então ela e a mãe foram às compras. Elas estavam dentro de um provador de uma loja de departamento bem conhecida e a menina tirou as roupas para experimentar uma peça. Foi quando a mãe viu, pela primeira vez, a tatuagem em seu quadril.

"Eu queria *gritar*", Schneider diz, "mas era um local público! Onde é que se aprende a ter autocontrole?", ela perguntou.

Essa lição foi útil no campo profissional. Schneider de vez em quando ainda, precisa lidar com pessoas que subestimam sua capacidade, por ela ser negra, apesar de ter se formado em direito em Yale (que ela frequentou enquanto criava dois filhos pequenos) e apesar de sua especialidade no campo das finanças públicas. Ela descreveu um incidente ocorrido quando sua empresa estava competindo com outra para se tornar a controladora em um acordo.

> Eu havia feito um esboço da legislação que regia aquele determinado trabalho de transação, e algumas perguntas surgiram. Eu disse: "Acredito que significa A, B e C". O outro advogado resistiu ao que eu disse. Ele insistiu em discutir; na verdade, ele tinha muitos argumentos e estava muito certo de sua posição. Era como uma criança insistindo que estava certa. Você não se impõe, porque sabe que não vai adiantar. Por isso não dei atenção. Mais tarde, ele se aproximou e disse: "Pauline, a respeito daquela legislação. Eu vi..." E eu disse: "Sim, Peter. Escrevi isso".
>
> Hoje, digo a meus parceiros que eles precisam selecionar as brigas que decidem comprar. Não se abre mão em questões éticas ou em assuntos que envolvam nossa reputação. Mas não é preciso discutir por tudo.

Em um encontro de economia nos anos 1980, Margaret Thatcher, que presidia a reunião, confrontou um homem por estar "fora dos padrões". O rapaz se opôs veementemente, e ela permaneceu em silêncio. Depois da reunião, Ronald Reagan perguntou por que ela havia aceitado a objeção, uma vez que, em sua opinião, ela estava certa.

"As mulheres sabem quando os homens estão sendo infantis", ela explicou.

Faça a lição de casa. Sem desculpas!

Muitas líderes mulheres disseram-me que escutam desculpas do tipo: "O cachorro comeu minha lição de casa" de pessoas que parecem não compreender que os adultos também precisam fazer suas tarefas. Assim como crianças que entram em encrenca, um funcionário que pisa na bola geralmente procura uma desculpa: "Você não explicou a tarefa com muita clareza". "Você não me deu orientação suficiente para isso." "Não tive tempo suficiente para realizar o trabalho." "Eu passei a tarefa para outra pessoa, é culpa *dela* se há tantos erros no relatório..."

Quando Patrícia Wald trabalhou como juíza na Corte do distrito de Columbia, ela descobriu que até os juízes federais que ocupavam o segundo lugar mais alto da hierarquia no local não conseguiam realizar seus trabalhos a tempo. Wald disse que havia aprendido com seus cinco filhos que não deveria esperar que algo estivesse pronto quando deveria estar. "Isso serve para os filhos, quando eles têm lição para fazer e também para os juízes, que não dão seus pareceres quando deveriam. Alguns juízes simplesmente *não conseguem fazer isso*. Não conseguem cumprir prazos, mesmo sabendo que outras pessoas dependem deles."[10]

Outras mães com quem conversei disseram que batem o pé e se recusam a aceitar esse tipo de coisa. Ann Moore foi bastante enfática:

> Eu fico chocada ao ver como algumas pessoas pensam que poderiam ter meu trabalho ou realizar o meu trabalho sem fazer suas tarefas. No ensino médio, meu filho teve problemas com suas lições de casa. Duas professoras contaram-me que ele não entregava as lições. Eu tive de explicar a ele que ele tinha de entregar as lições, que não era algo opcional.
>
> É bem claro: se há lição, você precisa fazê-la!
>
> Fico surpresa quando encontro a mesma atitude no mundo dos negócios: a ideia que algumas pessoas têm de que não precisam realmente fazer a tarefa... Sim, você tem de fazer! Gosto de pessoas que não tentam mentir ou enganar nessa questão.

Distribua estrelinhas douradas

Independentemente da idade, todo mundo gosta de ser reconhecido por um trabalho bem feito. Ninguém é velho demais nem conceituado demais para valorizar um elogio, um tapinha nas costas ou um agradecimento público pelo desempenho. Michael Fossaceca, 36 anos, vice-presidente sênior da JPMorgan-Chase, em Nova York, me disse que, nos anos 1980, quando começou a trabalhar no Chase Manhattan Bank, tinha uma gerente de vendas incisiva que já havia trabalhado para a Xerox. Ela era durona e disciplinada e sabia exatamente como motivar as pessoas. Todos os meses, ela realizava uma grande reunião, com centenas de pessoas, e reconhecia o valor do principal vendedor do mês. Essa pessoa se tornava o rei ou a rainha do mês e recebia uma grande coroa, que ficava exposta em um local durante aquele mês.

"As pessoas diziam que aquilo era bobo ou brega", Fossaceca conta. "Mas era um grande motivo de orgulho receber aquela coroa e poder ouvir as pessoas comentando: 'Aquele cara é um bom vendedor; ele é o melhor!' Ninguém admitia, mas todos queriam ganhar a coroa e, quando a perdíamos, queríamos reavê-la. O reconhecimento na frente de seus colegas tinha muito mais valor do que dinheiro... era como aquelas placas douradas que os bancos dão às pessoas quando elas fecham um bom acordo. Apesar de tudo, você fica animado e quer fechar mais um acordo para ganhar mais uma plaquinha para expor em cima de sua mesa."

"Parece como dar a uma criança uma estrelinha dourada", eu disse.

"Pensando bem", Fossaceca repentinamente se lembrou, "aquela gerente de vendas – Pat O'Grady – tinha sido professora de jardim de infância antes de ter trabalhado na Xerox."[11]

Judith Rapoport, psicanalista infantil, compreende por que as pessoas adultas ainda precisam de estrelinhas douradas e de reafirmação de que fizeram um bom trabalho.

> Quando você se torna chefe, torna-se um pai para seus funcionários, simbolicamente falando. Muitas pessoas que trabalham vêm de famílias que não satisfizeram suas necessidades ou que não os valorizam suficientemente. Por isso, afirmações que são inocentes podem ofender ou causar a reação

errada. Se você criou filhos, sabe que precisa reforçar tudo o que diz com frases positivas e carinhosas. É preciso fazer a mesma coisa no ambiente de trabalho. As pessoas trazem suas bagagens do passado e as deixam abertas, liberando amor e ódio que são projetados em seus chefes, assim como você já sentiu amor e ódio por seus pais. Eles veem os chefes como malvados ou bonzinhos, ou as duas coisas em momentos diferentes, e se você já tem filhos, já passou por isso e compreende tudo de maneira melhor. Pode dizer frases afirmativas em críticas ou em correções, por exemplo: "Este relatório está ótimo. Mostra que você pesquisou bastante. Mas gostaria de saber se você pode acrescentar isto e aquilo. Ou mudar assim ou assado. Ou analisar com mais atenção aquela parte..."

Isso funciona infinitamente melhor do que apenas dizer que tudo precisa ser mudado.

Bebês de Hollywood

Nenhum grupo de mães que trabalham tem mais filhos que as confrontem do que as mães de Hollywood. Todo mundo em Los Angeles tem histórias a respeito de diretores que deram chiliques como crianças de 2 anos, atores carentes extremamente preocupados com a aparência, atrizes fazendo birra e se recusando a sair do camarim como crianças que não querem ir à escola. Certa vez, em um feriado em Los Angeles, almocei com produtoras, diretoras e atrizes que se lembravam de ter lidado com pessoas que poderiam usar fraldas. Muitas delas concordaram que as mães têm mais jeito para lidar com os bebês crescidos.

"Ser diretor é como ser uma criança", afirma Lucy Fisher, produtora e executiva que criou três filhos enquanto trabalhava em uma série de filmes de sucesso, como *As bruxas de Eastwick*, *As pontes de Madison* e *Homens de preto*.

> Os bons diretores querem tudo, independentemente de quanto custe. São perfeccionistas, que se importam com pequenos detalhes. Eles sabem que a diferença entre ser bom e ser ótimo está no último 1%. Por isso são espertos, manipuladores, exigentes, até agressivos... qualquer coisa que faça com que alcancem o que querem. Eles lutarão pelo que querem como se

fosse uma questão de vida ou morte, como uma criança faz. Um diretor precisa saber lidar com isso e saber dizer não de um modo que permita à outra pessoa manter sua dignidade. É como ser um pai.

Fisher contou-me a respeito de quando ela supervisionava a produção de um grande filme e estava ao telefone escutando um diretor gritando com ela, uma pessoa conhecida por ser muito mal-humorada. Ele reclamava e berrava palavrões e Fisher disse que, se não tivesse filhos, ficaria totalmente ofendida e furiosa. Em vez disso, esperou ele parar para recuperar o fôlego e disse: "Pode parar com isso já. Já tenho um filho de 2 anos". Isso fez com que ele parasse na hora.[12]

Sarah Pillsbury, produtora, me disse que certa vez estava em um estúdio de gravação no Canadá, tentando produzir um filme e amamentando um bebê ao mesmo tempo. Todos estavam reclamando e ela pensou: "Se eu tivesse cem chupetas, colocaria uma na boca de cada pessoa e iria para casa para cuidar de um bebê de verdade".

Naomi Foner já testemunhou o comportamento infantil de atores de um ponto de vista interessante: como esposa de um diretor.

Em Hollywood, é possível encontrar muitas pessoas que tiveram carências na infância. Uma grande parte das pessoas que se tornam atores estão buscando uma atenção que nunca tiveram. Por isso são extremamente exigentes. Esqueça a justiça: eles querem tudo! Durante as filmagens, a estrutura é muito parecida com a de uma família. O diretor é o pai, apoiado pelo produtor nos camarins. Os atores são os filhos. Como produtora, tive de aprender a ceder meu marido, Stephen, como diretor, para passar um tempo com todas aquelas crianças que precisavam de atenção. Com os atores, sempre acontecem comentários do tipo: "Por que você deu aquilo a ela?" Ou "Por que não posso ter o que ele ganhou?" É exatamente a mesma coisa com crianças.

Em nossa área de trabalho, as pessoas agem assim o tempo todo.

Lucy Fisher disse mais:

Essas pessoas são pagas para expressar seus sentimentos... são as pessoas que mais sofrem, as mais sensíveis e, geralmente, as mais inseguras. Em 90%

das vezes em que as pessoas ficam chateadas, é porque se sentem inseguras. Um dos meus maiores pontos fortes, que vem do fato de eu ser mãe, é que posso ver essa pessoa com carência antes de todo mundo. Posso verificar a questão e consertá-la. Meu ego não entra nisso. A questão do ego está no fato de eu ser uma mulher, mas a parte da mãe é minha capacidade de compreender que não há problema se alguém ficar irritado.

"Estamos em um trabalho muito indulgente", confirma a advogada Melanie Cook, que representa clientes como Keanu Reeves, Ed Harris, Sam Mendes, o diretor de *Beleza americana*, e Scott Rudin, que produziu *As horas*. "Toleramos um comportamento muito ruim de pessoas talentosas que dão lucro."[13]

Burocracia infantil

Katherine Marshall trabalha no Banco Mundial e tem dois filhos, uma filha que se formou em Princeton e um filho que está no ensino médio. Marshall tem pensado muito a respeito das semelhanças entre lidar com crianças e com burocratas e, em certo ponto, quando sua filha era bebê, ela escreveu uma pequena matéria sobre a burocracia infantil.

Marshall estava ensinando seu bebê a ingerir alimentos sólidos quando pensou que seus dois trabalhos – de burocrata e de mãe – tinham muito em comum. Nos dois casos, quando tentava introduzir um novo alimento, era melhor começar com algo morno – nem quente, nem frio. E com certeza sem nada apimentado que pudesse irritar o organismo.

Com bebês e com as burocracias, o *não* familiar deve ser testado lentamente ou misturado com algo que já seja conhecido e apreciado. Nos dois casos, também existe uma tendência de certos sabores serem populares por um breve período, ao contrário de todos os outros. No caso de uma criança pequena, pode ser macarrão e queijo; com um desenvolvimento burocrático econômico, pode ser uma tendência, como os microempréstimos. Isso não é bom – uma dieta balanceada com programas balanceados são melhores.

Os bebês e as burocracias também podem ser beneficiados por algo bom, como legumes ou diversidade. Se você testar esse item não muito popular, eles podem perceber na hora e cuspir. Gritos e chiliques não são raros. Independentemente de você estar cuidando de um bebê ou de uma burocracia, em primeiro lugar precisa servir o alimento e, quando este for recusado, precisa pegá-lo de novo e tentar mais uma vez. Via de regra, quanto mais rapidamente um alimento entrar, mais rapidamente chegará ao destino final. Uma pausa dará ao bebê ou à burocracia tempo para pensar e recusar ainda mais. A persistência costuma compensar, e senso de humor e atitude tranquila também ajudam. Com o tempo, claramente a proficiência aumenta. Quem alimenta o bebê ou lida com o burocrático aprende a entender seu público melhor e aprende quais substâncias causam reações de irritação ou de total rejeição.

O passo final é a limpeza. Aqui, Marshall confessa, ela descobriu que ensinar um bebê a comer alimentos sólidos era mais fácil do que lidar com uma pessoa cheia de manias. Com um pano molhado e uma máquina de lavar, a maioria das evidências de uma refeição sem ordem desaparece. No entanto, tentando apresentar algo novo a uma pessoa difícil, pode-se acabar com mágoa e sentimentos feridos. Aqui, mais uma vez, ter senso de humor ajuda.

"Os paralelos na administração de bebês e pessoas difíceis parecem surpreendentes para a mãe que trabalha", Marshall conclui. "O cuidado com os filhos exige mais habilidades sofisticadas do que algumas pessoas imaginam, enquanto até uma burocracia tem defeitos humanos."[14]

Tem perigo ser mãe no trabalho?

Diante de um comportamento infantil, é inteligente para uma gerente desempenhar o papel de *mãe*, da adulta, com muito afinco? Essa postura pode ser mais do que um pouco arriscada e as opiniões entre as mulheres com quem conversei se dividiram.

Louise Francesconi, vice-presidente da Raytheon, com um filho adulto e um enteado, não faz rodeios ao afirmar o fato de que os homens de seu ambiente masculino costumam agir como bebês egoístas. "O comportamento infantil aparece quando um bebê não é maduro o bastante para pensar nos outros... vemos muito disso nas empresas", Francesconi me disse em uma entrevista por telefone em seu escritório em

Phoenix. "Você vê os homens agindo como tolos. Se eu agisse da mesma maneira, acredito que eles me classificariam como uma 'mulher emotiva'."

Francesconi diz que não se importa que seus colegas a vejam como mãe no escritório quando ela simplesmente se recusa a aceitar tal comportamento.

> Eu digo: "Pare com isso! Ei! Não me importa o que aconteceu ontem com você, pare com isso!" Eles ficam irritados e me chamam de mãe... mas me sinto muito à vontade para usar tudo o que aprendi no ambiente doméstico quando lido com as pessoas aqui...
>
> Por exemplo, faço uma analogia explícita a respeito do bem-estar da empresa e do bem-estar de uma família. Digamos que eu esteja em uma reunião tentando fazer com que as pessoas deem dinheiro para algum projeto. Alguém pergunta: "O que eu ganho com isso?"
>
> Eu respondo: "Tenho certeza de que muitos de vocês são casados e têm filhos. Se a primeiro coisa que dizem ao entrar em casa à noite é 'O que ganho hoje?', todo mundo sabe que a noite vai ser feia! Se é assim que pensam, é melhor que paremos agora. Vamos acabar a reunião..."
>
> Eles podem dizer: "Está bem, mamãe", mas entendem o recado.[15]

Lisa Anderson, reitora da Escola de Assuntos Internacionais e Públicos da Universidade de Columbia, em Nova York, também não tem medo de ser estereotipada como a Mãe Galinha. Ela diz: "Algumas de nós ainda temos o poder, por isso seremos estereotipadas de qualquer modo, e ser Mãe é melhor do que ser esposa ou namorada".

"Conceitualizo a interação de modo diferente em relação aos meus colegas do sexo masculino", Anderson me disse. "Vejo muitos comportamentos, como o *bullying*, e pergunto, como lidar com alguém que faz isso? Digamos que dois professores estejam brigando. Em um caso assim, um ex-reitor dessa universidade se referiu a eles como duas árvores em uma clareira. Mas sempre penso em duas crianças brigando no recreio. Passo muito tempo sendo a inspetora dos alunos."[16]

Anderson tem uma técnica especial, que usa quando precisa impor a lei, que pode ser chamada de *Mamãe disse*.

Eu faço o que minha mãe fazia, uso o exemplo dela, ela que era boa apaziguadora. E digo: "Como minha mãe dizia: 'Só porque todo mundo faz, não quer dizer que está certo' ". Digo isso à minha filha adolescente, e conseguir levar isso ao escritório ajuda. Quando digo que minha mãe dizia isso, não sou eu quem está dizendo. Por isso consigo ser severa, lembrando de minha mãe, sem causar muito ressentimento. Isso faz com que eu consiga estabelecer as regras de modo muito mais tranquilo. Essa técnica do "Mamãe disse" é bem fácil de compreender, não ofende e todos compreendem, por isso não ofende.

Nunca escutei nenhum um de meus colegas do sexo masculino se referir à mãe – ou às lições aprendidas com os filhos. Ou eles não aprendem lições em casa ou não acham adequado. É possível ouvir os homens dizendo: "Essas pessoas estão se comportando como *animais*!"

Eu digo: "Essas pessoas estão se comportando como *crianças*!"

Outra reitora de universidade, Shirley Kenny, avisa que é arriscado tornar-se a figura materna para as pessoas com quem você trabalha. "Pode haver ressentimentos", ela explicou. "De alguma forma, acredito que existe mais ressentimento contra a figura de uma mãe do que contra outros tipos de autoridade."

Pedi a ela que falasse mais sobre esse assunto importante.

"Eles não estão acostumados a lidar com as figuras maternas, por isso você precisa tomar cuidado. Não pode pegar pesado. Ao mesmo tempo, já passamos do ponto de termos de ser como homens."

Kenny deu um exemplo de estilo de administração materno que pode ser ressentido:

> Digamos que um professor queira parar de dar a aula das oito horas. Ele e um homem do departamento da reitoria podem conversar. Vai ser assim: "Tudo bem, você pode começar a dar aulas às onze", e ambos perceberão que ele agora fica devendo uma ao funcionário da reitoria. Ou pode ser assim: "Não, você não pode mudar de aula", e a partir de então os dois entram em um conflito e se tornam inimigos.
>
> Uma mulher com autoridade pode fazer com que um homem perceba que está sendo infantil se estiver tentando sair de um horário inconveniente. As mães trabalham muito com as expectativas. Elas podem ser con-

firmadas ou não, mas os filhos sabem quais elas são e tentarão agradar. Por isso, se uma figura materna de autoridade usar essa técnica, o sujeito pode se sentir diminuído. Ele não tem como ganhar contra uma expectativa de que agirá de modo responsável ou maduro. Ele pode se ressentir com uma figura de autoridade que exija mais dele. Pode se sentir exposto ou envergonhado.[17]

Mais uma vez, talvez ser mãe seja melhor quando o papel for desempenhado com senso de humor. Quando a advogada Jamie Gorelick, advogada-geral na administração Clinton, se tornou presidente da associação de sessenta mil membros do grupo de D.C. – não é um erro de digitação: realmente há mais de sessenta mil advogados em Washington –, um de seus parceiros lhe disse que cuidar da associação seria como ser mãe de uma criança de 3 anos, o que ela fazia na época. Ele deu a ela uma placa com a frase: LEI DE JAMIE: PORQUE EU MANDEI.[18]

NOTAS

1. Entrevista por telefone com a autora (2003, Ruderman)
2. *New York Times* (17 de novembro de 1995), p. B12.
3. Alice McDermott, "What (and Why) Mothers Always Know", *Washington Post* (10 de maio de 1998).
4. Entrevista com a autora, Nova York, novembro de 2002 (Moore).
5. Entrevista com a autora, Washington, D.C, 2001 (Colwell).
6. Allison Pearson, *Não sei como ela consegue* (Rio de Janeiro, Rocco, 2004), pp. 39-40.
7. Haim G. Ginott, *Entre pais e filhos* (São Paulo: Alegro, 2004), p. 88.
8. Entrevista com a autora, Washington, D.C., setembro de 2002 (Browner).
9. Entrevista com a autora, Washington, D.C., setembro de 2002 (Schneider).
10. Entrevista com a autora, Washington, D.C., 1996 (Wald).
11. Entrevista com a autora, Los Angeles, Nova York, dezembro de 2002 (Fossaceca).
12. Entrevista com a autora, Los Angeles, fevereiro de 2002 (Fisher).
13. Entrevista com a autora, Los Angeles, fevereiro de 2002 (Cook).
14. "An Infantile Perspective on Bureaucracy", artigo não publicado por Katherine Marshall.
15. Entrevista por telefone com a autora, novembro de 2002 (Francesconi).
16. Entrevista por telefone com a autora, Nova York, novembro de 2002 (Anderson).
17. Entrevista com a autora, Washington, D.C., 1996 (Kenny).
18. Entrevista com a autora, Washington, D.C., setembro de 2002 (Gorelick).

3
Negociação em que todos ganham e o não irracional

> Ter cem vitórias em uma centena de batalhas não é o ápice da habilidade. Vencer o inimigo sem brigar é o ápice da habilidade.
> – Sun Tzu, general chinês

Os pais são negociadores experientes. Afinal, já conseguiram vencer os melhores do mundo: seus filhos. Os diplomatas que têm filhos admitem isso com facilidade. Jeanne Kirkpatrick, ex-embaixadora americana das Nações Unidas, criou três filhos, e a ex-secretária de Estado, Madeleine Albright, criou três filhas. Ambas disseram que a diplomacia era brincadeira de criança em comparação com a criação dos filhos. Um oficial de alto nível do Departamento de Defesa durante a administração de Reagan, durão, contou-me, certa vez enquanto jantávamos, que negociar com sua filha adolescente fez com que ele aprendesse mais sobre como lidar com os soviéticos do que qualquer outro treinamento que ele tivesse feito. Depois de anos lidando com pedidos do tipo: "Posso ficar acordada até tarde?", "Por que não posso ir ao cinema?", "Posso pegar o carro?", "Por que não posso comprar aquilo?", conversar sobre acordos políticos com um adulto em Genebra se tornou relativamente fácil.

Dizem que Anita Roddick, fundadora da Body Shop, afirma que qualquer mãe que lidou com dois filhos e apenas um doce é capaz de negociar qualquer contrato no mundo.

Qualquer mãe sabe bem disso. Kate Lauderbaugh, de Evanston, Illinois, ex-vice-presidente de tecnologia que atualmente é mãe de duas crianças em idade pré-escolar, diz que conseguir fazer com que seu filho saia de casa e entre no carro é mais difícil do que lidar com 65 profissionais e consultores. "Lidar com adultos maduros é fácil, mesmo que envolva avaliação de desempenho, em comparação com a certificação dos filhos", afirma Lauderbagh.[1]

"Com filhos, negociamos o tempo todo", afirma Lori Okun, sócia da Ernst & Young em Nova York, mãe de duas crianças em idade escolar. "É preciso negociar para que eles tomem o café da manhã, para que saiam para ir à escola, para que façam a lição de casa, para que tomem banho, para que se deitem e – finalmente – para que durmam."A Ernst & Young recentemente enviou Okun a um programa de administração de duas semanas realizado pela Escola de Administração Kellogg, e o primeiro dia foi apenas sobre negociação.

"É claro", Okun disse. "Eu já sabia fazer isso."[2]

As habilidades de negociação nunca foram tão importantes. São exigidas de todas as pessoas, de pais a diplomatas, passando por diretores de empresas. Isso em razão da maneira como as pessoas lidam umas com as outras – nos negócios, no governo, em família –, que vem mudando. Pode ser democracia, pode ser falta de respeito à autoridade, pode ser o que for, mas, cada vez mais, as pessoas simplesmente não conseguem mais receber ordens.

Nas famílias, antigamente, as mães mandavam os filhos fazerem as coisas "porque estavam mandando". Não havia argumentos. O pai voltava para casa e reforçava as regras e a mulher e os filhos obedeciam, porque se acreditava que o "papai sabe mais". Uma hierarquia autoritária era aceita em empresas e em instituições religiosas, como a Igreja Católica, que eram rigidamente controladas de cima a baixo.

Não é mais assim. Hoje, maridos, executivos, empregadores, padres, bispos, primeiros-ministros e até presidentes não conseguem mais simplesmente dizer às pessoas o que elas devem fazer. Os líderes têm de passar grande parte do tempo *convencendo* os outros, em vez de *coagi-los*, a aceitar sua parte no trato.

O historiador Richard E. Neustadt contou uma história sobre os limites da autoridade presidencial em seu clássico livro *Presidential Po-*

wer. No início do verão de 1952, o presidente Harry Truman pensava sobre os problemas que o general Dwight Eisenhower encararia se vencesse a eleição seguinte (o que realmente aconteceu). "Ele se sentará aqui", Truman disse, batendo em sua mesa para dar ênfase, "e dirá: 'Faça isso! Faça aquilo outro!' *E nada vai acontecer*. Coitado do Ike – não vai ser nem um pouco parecido com as coisas no Exército. Ele vai ver que tudo será muito frustrante... fico aqui o dia inteiro tentando convencer as pessoas a fazerem coisas que elas não teriam de ser convencidas a fazer... É para isso que serve o poder de um presidente."[3] Neustadt, pai de dois filhos quando escreveu isso, não comparou as frustrações de um presidente com as de um pai, mas poderia ter feito isso com facilidade.

Essa mudança grande e gradual para longe do autoritarismo nas organizações humanas, a partir das famílias, explica por que diferentes habilidades de negociação se tornaram um assunto muito debatido recentemente. Nos anos 1970, o assunto não era um campo definido de estudo ou treinamento. Quase nenhum curso era oferecido nas universidades. Nos anos 1990, havia planos de negociação e de resolução de conflitos em todas as partes. Eles agora são ensinados na maioria das escolas de direito, de administração e no governo; são oferecidos em grandes empresas e em muitas agências do governo; e fazem parte da grade curricular das escolas públicas.[4] Os livros sobre negociação costumam estar sempre nas listas de livros mais vendidos – o livro de negócios mais vendido de todos os tempos, *Como chegar ao sim*, fala sobre como negociar e também sobre a orientação e o treinamento de executivos, que tem se tornado uma nova indústria.

E o que todos esses livros, orientadores e cursos tentam nos ensinar? É aqui que as coisas começam a ficar interessantes.

Lendo livros sobre bebês em Harvard

Nos primeiros meses após o nascimento de meu único filho, tornei-me uma ávida leitora de livros sobre bebês, aqueles manuais cheios de sabedoria que nos ensinam a criar um filho saudável, feliz, bem ajustado... para não dizer brilhante. Aos poucos, percebi as semelhanças surpreendentes entre os conselhos mostrados nesses livros e o conselho que existia na literatura sobre administração. As técnicas me pareciam muito similares, apesar de os manuais sobre criação dos filhos e os livros de administração não afirmarem que poderia haver dois lados na mesma moeda.

Para testar minha teoria de que as técnicas de administração e de criação dos filhos eram parecidas, inscrevi-me, em meados dos anos 1990, em um seminário de três dias em Harvard, sobre como lidar com pessoas difíceis. O curso foi ministrado por Bill Ury, coautor do livro *Como conseguir o sim* e autor da sequência *Supere o não*, e foi patrocinado pelo Programa de Negociação, um consórcio entre diversas universidades com base em Cambridge, Massachusetts. Entre as mais de 150 pessoas que estavam participando, havia gerentes seniores de grandes empresas, bancos, organizações, agências do governo, ONGs e da área militar. Cada uma delas havia pago quase dois mil dólares para estar ali. Apenas alguns dos presentes eram mulheres.

Quando cheguei ao Pond Hall, na Faculdade de Direito de Harvard, onde o curso era ministrado, Ury estava fazendo um tipo de aquecimento com uma série de perguntas.

"Com quem vocês têm dificuldade para negociar?", ele perguntou à plateia.

"Com advogados", alguém disse. "Agentes." "Compradores." Ouvimos mais uma dúzia de respostas, incluindo "pessoas do sexo oposto" e "crianças".

"Quanto tempo gastam em negociações com essas pessoas?", Ury quis saber. "Se for mais do que 50% de seu tempo, levante a mão." As mãos de quase todos foram levantadas.

"Entre as decisões mais importantes que tiveram de fazer no ano passado, quantos de vocês tiveram de negociar?", ele perguntou. "Quantos aqui diriam que conseguiram negociar pelo menos oito em cada dez decisões?"

Quase todos levantaram as mãos de novo.

Após dizer que a administração moderna é quase sinônimo de negociação, Ury então deu sua principal mensagem: de que a liderança é mais uma questão de barganha inteligente e persuasão do que um exercício incisivo de quem tem o poder.

"O mais importante a ser considerado nesses três dias é pensar no processo... não apenas no resultado. Quero que vocês saiam daqui como negociadores que sabem pensar melhor."

Um homem sentado ao meu lado, que estava realizando o curso pela segunda vez, confirmou que aquela tinha sido a lição mais importante aprendida. "Eu costumava ser muito durão. Meu pai era da construção civil e eu costumava achar que eu tinha de ser durão ou perderia. Tinha algo que ver com meu ego... nada a ver com conseguir resultados."

A mensagem de Ury era de que a negociação pode e deve ser um processo de ganho mútuo, não uma guerra de braços com vencedor e perdedor.[5] Ele enfatizou que o caminho para conseguir um resultado de ganhos mútuos começa quando levamos a sério as outras pessoas e quando respeitamos suas opiniões. O primeiro passo para resolver qualquer conflito é mostrar esse respeito, escutando com respeito e ativamente as preocupações da outra pessoa.

> Cliente: "Comprei essa secretária eletrônica com você há menos de seis meses e agora mal consigo escutar as vozes gravadas. Que porcaria de secretária eletrônica você vende!"
>
> Vendedor: "Certo, deixe-me ver se entendi. Você comprou a secretária eletrônica seis meses atrás... mas agora não consegue escutar as vozes. Você precisa de uma secretária eletrônica que funciona... entendi bem?"
>
> Cliente: "Isso mesmo".
>
> Vendedor: "Vamos ver o que podemos fazer por você".[6]

Raiva desfeita. Passam-se a buscar uma solução que agrade os dois lados.

Já reconheço o conjunto familiar de ideias que comandam as práticas mais comuns de criação dos filhos. Desde os anos 1950, os principais livros sobre o assunto têm se baseado na abordagem que foi popularizada primeiramente no livro *Entre pais e filhos*, do dr. Haim Ginott. Ginott, psicoterapeuta, sugeria que, em vez de dar comandos, os pais deveriam se esforçar para compreender os sentimentos de seus filhos e procurar por uma solução favorável a todos quando o conflito surgisse. O primeiro passo, Ginott aconselhava, era escutar com respeito às preocupações dos filhos. Não se afaste dos sentimentos deles, usando frases do tipo: "Não quero ouvir isso!" Não desvalorize os sentimentos deles, dizendo: "Você não precisa sentir medo!" Em vez disso, repita o que eles disseram corretamente, de modo que eles se sintam compreendidos a respeito do que sentem. A melhor reação a uma criança que está chateada, por exemplo, é *parafrasear* o sentimento dela, com uma afirmação livre de julgamentos, do tipo: "Estou entendendo", como quem diz: "Estou percebendo que você está irritado". Isso confirma o sentimento da criança e ela se sentirá mais segura para expressar o que está sentindo. O pai e o filho podem passar a explorar como ele se sente e o motivo para isso e como podem resolver o conflito ou lidar com o que o está perturbando.

As técnicas básicas de Ginott – evitar confrontos diretos, escutar com atenção, respeitar os sentimentos da criança e procurar por soluções favoráveis a todo mundo – já foram repetidas em inúmeros livros sobre bebês, por exemplo, *Como falar para seu filho ouvir e como ouvir para seu filho falar*, de Adele Faber e Elaine Mazlish, um livro baseado nos *workshops* das autoras com Ginott. Eles se tornaram bastante populares para as mães, como muitas perceberam, como a colunista Jane Brody, do *New York Times*, que eles se aplicam "igualmente às interações com os adultos".[7]

Mas, a julgar pela atenção que receberam, os mesmos conselhos eram novidade para homens que participavam do *workshop*. Conforme Ury foi guiando todos eles nos exercícios sobre como lidar com clientes ou consumidores irritados, eles não sabiam que estavam aprendendo regras que foram ensinadas a mães nos anos 1950, sobre como lidar com os filhos irados. Achei aquela descoberta fascinante e perguntei a Ury sobre ela depois da primeira sessão do seminário. Perguntei: "Você ficaria ofendido se eu comparasse o que você está ensinando ao material apresentado nos livros sobre criação dos filhos?"

Ele sorriu. "É claro que não. Eu li os livros de Ginott e Maslow e tudo sobre psicologia humanista para escrever *Supere o não*."

O que me deixou curiosa, no entanto, era o fato de que Ury parecia estar sofrendo para *não* revelar suas fontes. As autoridades que ele citava eram extremamente machistas: o "estrategista militar da Prússia", Carl von Clausewitz, e o grande general chinês Sun Tzu. Os gerentes de Harvard estavam sendo levados a acreditar que estavam aprendendo as lições de campo de batalha quando, na verdade, absorviam as lições do terapeuta de uma escola de educação infantil. Escutavam frases de *A arte da guerra*, mas nada era atribuído a *Entre pais e filhos*. Em nenhum momento durante suas palestras, Ury mencionou o nome de Haim Ginott. (Em *Supere o não*, há uma única referência a Ginott, que aparece sem nome, descrito como um "famoso psicólogo de crianças."[8])

Ury também não deu crédito a outro importante disseminador das habilidades de comunicação iniciadas por Ginott. Uma das primeiras pessoas a reconhecer que as técnicas de criação dos filhos poderiam ser vendidas a gerentes foi Thomas Gordon, o fundador do Parent Effectiveness Training. No início dos anos 1960, Gordon, um psicólogo que havia estudado com Carl Rogers na Universidade de Chicago, começou a ministrar aulas de educação aos pais em sua comunidade de Pasadena, Califórnia. As classes lotavam e, oito anos depois, em 1970, Gordon publicou *P.E.T. Parent Effectiveness Training: The Tested New Way to Raise Responsible Children*. O livro se tornou um *best-seller* e deu início a um movimento de educação dos pais dentro do país. Quando ele morreu, em 2002, já haviam sido vendidas mais de cinco milhões de cópias, e os cursos relacionados ao livros estavam começando a ser ministrados em quarenta países.

O entusiasmo convenceu Gordon de que ele estava dentro de algo ainda maior do que a criação dos filhos. Diversos pais disseram que ele havia cometido um erro em não dar ao livro o título de *People Effectiveness Training* ("Treinamento de eficiência para pessoas"), porque podiam aplicar as habilidades aprendidas por meio do P.E.T. com qualquer pessoa, incluindo funcionários e sócios no trabalho. Claramente, as técnicas P.E.T. promovidas – escutar ativamente, mensagens com "eu" e resolução de conflitos sem perdas – eram aplicáveis a quaisquer e a todas as relações humanas.

Gordon seguiu e criou programas de treinamento para professores, supervisores, executivos e oficiais do governo. "Demorei tempo demais para ver o paralelo quase exato entre a relação entre pais e filhos e a relação entre chefes e subordinados", ele escreveu. "Mas depois que tantos pais que realizaram o P.E.T. disseram como usavam tudo que aprenderam na aula na empresa em que trabalhavam, finalmente entendi."[9]

Em 1977, Gordon publicou *L.E.T. Leaderhip Effectiveness Training: The No-Lose Way to Release the Productive Potential of People*, outro sucesso que teve onze edições em um ano e meio. O livro novo era uma continuidade na ênfase do P.E.T. sobre as habilidades de comunicação, a questão fundamental do declínio da autoridade no mundo moderno. Como Gordon disse: "Ser líder não o torna um líder de fato", porque os líderes não ganham respeito e aceitação automaticamente. Ele aconselhou seus leitores de que o truque era "influenciar as pessoas sem usar o poder". Ele alertou que tentativas exageradas de dominar simplesmente causam ressentimento e incentivam a rebeldia, tanto nas crianças quanto nos adultos.[10]

Ou como Sun Tzu disse tão bem milhares de anos atrás: "O melhor general é aquele que nunca briga".[11]

Assim como os alunos de Thomas Gordon ficavam surpresos com o fato de suas técnicas de criação dos filhos funcionarem nos negócios, Ury me disse que seus alunos sempre se surpreendiam ao descobrir que os mesmos métodos de enfrentar conflitos no trabalho funcionavam com os membros da família. "Não consigo me lembrar de quantas vezes as pessoas me procuraram depois de uma palestra e disseram: 'Que pena que não trouxe meu cônjuge comigo, ou meu filho adolescente' ", Ury contou. "Posso ver que metade das pessoas na plateia está aplicando isso à sua situação pessoal."

É claro que o que as plateias de Ury não percebiam é que o cônjuge ausente já devia estar usando aquelas técnicas havia muito tempo, com a família.[12]

Uma das poucas mulheres no seminário da Harvard parece ter percebido logo no começo. Kathryn Trickey, a gerente regional de uma empresa de fornecimento de uniformes com sede em Houston, me disse que ela coordenava sete homens no trabalho e dois filhos em casa. Para ela, os paralelos eram óbvios: "Os negócios e as famílias não são totalmente diferentes", ela afirmou, certa do que dizia.

Em uma sessão, assistimos a um vídeo que mostrava uma conversa entre um gerente de produção e um gerente de vendas que rapidamente se tornou uma briga de galos. Trickey aproximou-se de mim e sussurrou: "Essas crianças não estão se entendendo. Vou dar um tapa na bunda dos dois e mandá-los para a cama sem jantar".

Relações diplomáticas

Existe alguma evidência firme de que os pais experientes são melhores negociadores do que outras pessoas? Isso seria difícil, se não impossível, de provar. No mínimo, existem evidências de que as mulheres, com ou sem filhos, são negociadoras *menos eficientes* do que os homens quando *elas estão negociando em seu favor*: por salários mais altos, por tarefas melhores, por promoções e coisas assim. As mulheres de todas as idades têm bem menos chance do que os homens de dar início a negociações salariais e são mais dispostas a aceitar o que é oferecido por possíveis ou atuais empregadores.[13] Aparentemente, a pressão social para que sejam flexíveis prejudica a capacidade de as mulheres defenderem seus interesses. Uma mini-indústria de livros, programas de treinamento e cursos *online* surgiu para ensinar as mulheres a serem mais assertivas em barganhar, principalmente com os empregadores.

Mas, curiosamente, no entanto, quando as mulheres estão representando uma causa que não é delas, elas não se mostram tão frágeis. Agentes de serviço estrangeiro da Noruega, da Suécia, dos Estados Unidos e do Reino Unido disseram que alcançaram habilidades de negociação valiosas ao lidar com os filhos. E alguns dos negociadores mais bem-sucedidos dos Estados Unidos são diplomatas com filhos.

Doral Cooper, economista que foi negociadora do Acordo de Livre Comércio entre Estados Unidos e Israel, estava lidando com uma negociação quando sua filha Bergen nasceu. (Ela já tinha um filho de 3 anos.) Uma hora depois de a menina nascer, enquanto Cooper ainda estava na sala de recuperação, ela recebeu um telefonema de um opositor israelense.

"Sei que este é um momento ruim para telefonar", ele disse, desculpando-se, "mas a proposta de aquisição do governo norte-americano não serve para nós."

"E eu, tola, disse: 'Tudo bem, vamos discutir esse assunto'", Cooper me contou. "Meu marido estava ali de pé, com cara de tédio."

Vinte anos depois, Cooper disse estar convencida de que, por algum motivo – sexo, cultura ou experiência com os filhos –, as mulheres são negociadoras mais diplomáticas do que os homens. Não é por acaso, segundo ela, que metade dos funcionários da Representação Americana do Comércio seja formada por mulheres.

"Uma negociação internacional bem-sucedida não pode ser adversária, ou benéfica para um lado e prejudicial para o outro. Os dois lados precisam sair ganhando alguma coisa ou pelo menos sem perder."

Cooper acredita que as mulheres estão mais acostumadas com compromissos, melhores em não exigir o bolo todo e mais compreensivas em relação ao que o outro lado tem de ter para fechar um acordo. "As mulheres são muito melhores em se colocar do outro lado, entendendo o que ele quer."

Em 1987, quando seus dois filhos tinham 6 e 4 anos, Cooper abriu mão de seu cargo cheio de pressão como negociadora, deixando de lado o estresse e a necessidade constante de viajar, e abriu uma empresa de consultoria de negociações internacionais afiliada a uma grande empresa de advocacia de Washington. Dez de seus doze funcionários são mulheres e todas aquelas que têm mais de 35 anos são mães.

"Ajuda muito", ela diz. "Elas sabem o que é importante e o que não é; elas não se levam muito a sério; conseguem lidar com crises; e todas sabem que às vezes é bem mais fácil lidar com clientes com acordos multibilionários do que lidar com filhos."

A história mais comovente que já escutei de um pai-diplomata foi contada por um pai, Harold Saunders, oficial aposentado do serviço estrangeiro, que negociou o histórico acordo de paz entre Israel e Egito em 1979. (Esse acordo devolveu o Sinai e a Faixa de Gaza ao Egito em troca do reconhecimento egípcio do estado de Israel.)

Na opinião de Saunders, apesar de os Estados-nações terem certas características institucionais, "Não podem ser considerados totalmente distantes dos seres humanos que politicamente influenciam, criam, realizam e mantêm sua política". Em outras palavras, lidar com estados é, no fundo, lidar com pessoas. Se você sabe alguma coisa sobre negociação com pessoas, vai saber lidar com as relações internacionais – apesar de Saunders não gostar da expressão "relações internacionais".

"Estou boicotando essa frase", ele me disse durante um almoço em Washington, muitos anos atrás. "Ela carrega todo o peso da política antiga de poder. Eu digo '*relacionamentos* internacionais'."

Saunders acredita que as relações entre as nações precisam ser analisadas por lentes totalmente novas e menos abstratas. Ele diz que "quem pensa ou age no contexto de construir, alimentar, mudar e conduzir um relacionamento com outro país agirá diferentemente de quem está fazendo jogos de poder em um tabuleiro de xadrez estratégico".

Essas opiniões foram profundamente influenciadas pela experiência pessoal do veterano diplomata. Em 1973, sua esposa morreu quando seus dois filhos tinham apenas 9 e 7 anos. Saunders continuou sendo o único pai dos dois por dezessete anos, e ainda os ajudava a passar pela dor da perda quando se envolveu nas negociações entre o presidente egípcio Anwar Sadat e o primeiro-ministro israelense Menachem Begin. Ele me disse que sua compreensão do pesar, em especial, que "é tão estruturada no passado judeu", o ajudou a entender os medos israelenses e a convencer os líderes deles de que eles podiam fazer uma troca de terra por paz. Saunders disse não ter certeza de que ele poderia ter feito aquilo se não tivesse a experiência como pai.

Esta é uma nova visão de um negociador diplomático habilidoso: uma figura paterna empática e reconfortante. E, até hoje, o acordo que Saunders firmou continua em pé, apesar da violência que devora o Oriente Médio.

Alguns pesquisadores acreditam que uma habilidade de lidar com os relacionamentos é mais característica das negociadoras do sexo feminino. Leonard Greenhalgh, professor de administração na Faculdade de Administração Amos Tuck, em Dartmouth, concluiu, com seus estudos a respeito das diferenças entre gêneros nos estilos de negociação, que os homens costumam concentrar-se em vencer nas negociações; em derrotar o oponente, ao contrário de construir um relacionamento. As mulheres tinham mais o hábito de tratar os negociadores dentro de um contexto de relacionamentos contínuos, nos quais os dois lados continuam dependendo um do outro.[14] Isso pode refletir a maior responsabilidade que as mulheres têm de manter os relacionamentos dentro de uma família. São elas quem, geralmente, procuram manter as coisas em paz entre as pessoas que precisam viver sob o mesmo teto, que acordam todas as manhãs e seguem adiante, independentemente das diferenças.

No livro *Relacionamentos estratégicos*, Greenhalgh enfatiza o valor dessa capacidade de gerenciar relações correntes nos negócios. Assim como muitos outros que já estudaram o que os gerentes fazem, ele afirma que os executivos eficientes não direcionam nem controlam, mas negociam e gerenciam redes internas de trabalho de profissionais e de redes externas de fornecedores, cliente, regulamentadores, acionistas e concorrentes, entre outras. Os relacionamentos, em resumo, são tudo.[15]

Em outras palavras, se você está acostumado a gerenciar relacionamentos em casa, já tem conhecimento sobre como gerenciar os relacionamentos nos negócios e em assuntos internacionais. Em todos os casos, o trabalho tem muito mais a ver com entrar em acordos e derrubar disputas dentro de uma família do que com uma partida de xadrez ou um duelo.

O não irracional

Os pais têm outras habilidades de negociação? Soube de uma tática que poderia ajudar a corrigir a falsa impressão de que as mulheres são negociadoras muito mais flexíveis do que os homens. Karen Mills, uma investidora financeira, com três filhos, e esposa do presidente do Bowdoin College, chama essa técnica de *não irracional* (como quando, no fim de suas energias, você grita "NÃO!").

"O não irracional é uma habilidade de negociação muito valiosa", Mills me disse. "E só se tornou parte de meu repertório quando me tornei mãe."[16]

Mills lembra-se de um momento em 1993 quando ela descobriu o poder do não irracional. Ela estava com quase 40 anos, e tinha uma filha de 2 anos e meio, um bebê e estava grávida do terceiro filho. Mills tinha sido membro da geração das supermulheres: formada na Harvard em 1975 e especificamente no curso de administração de Harvard em 1977. Ela relembra: "Nós éramos a geração do 'podemos tudo': 'Não somos diferentes dos homens', 'Podemos fazer tudo tão bem quanto eles... ou melhor', 'Não precisamos de nenhum tratamento especial...' " Ela foi trabalhar para a General Foods, depois para a McKinsey e, em meados de 1980, estava bem estabelecida. Ela se esforçava naquele ambiente competitivo e de altas exigências, mas era uma "moça muito boa" com seu estilo de negociação. "Eu pensava: 'Sou uma pessoa razoável, quero explicar cuidadosamente a todos vocês todos os bons motivos pelos quais não podem fazer A ou B' e assim por diante." Muito educada e comportada.

Mas, naquela determinada negociação de 1993, ela estava no ápice de sua vida como mãe de primeira viagem, sem dormir e cheia de estresse. Depois de passar acordada boa parte da noite com um de seus filhos, ela estava cansada, irritada e sem vontade de ser civilizada.

Por isso, quando o outro lado começou a discussão com uma lista de exigências – queremos isso, queremos aquilo – ela disse: "Não!" Quando eles continuaram dizendo que queriam aquilo e aquilo outro, ela gritou: "Não! De jeito nenhum!" Independentemente do que eles diziam, sua reação era gritar: "Não! De jeito nenhum! Podem esquecer! Podemos ir para casa!"

A outra equipe pediu um tempo e saiu da sala. Em poucos minutos, eles voltaram e todos concordaram com as exigências dela. Ela conseguiu vencer.

"Durante toda a semana, minha filha terrível de 2 anos estava fazendo com que eu só dissesse não", Mills conta.

– Quero ficar acordada até tarde.
– Não!
– Quero mais biscoitos.
– Não! Está na hora de dormir!
– Não vou dormir!

"Eu tinha sido mentalmente treinada para dizer não. Eu estava cansada e irritada e aqueles caras estavam me pressionando e irritando ainda mais. Eu tinha me acostumado a dizer não e vinha naturalmente. Naquele momento, aprendi o valor do não irracional."

Depois de alguns anos, Mills, que agora gerencia a Solera Capital, sua empresa de investimento financeiro, estava ministrando palestras na Escola de Administração de Harvard. Quando contou sua história, um dos professores mais famosos comentou: "Isso é fascinante. Quando os homens aprendem o não irracional?"

Uma mulher interrompeu e disse: "Eles nascem com ele!"

NOTAS

1. *E-mail* para a autora, de Kate Lauderbaugh, 2002.
2. Entrevista com a autora, Nova York, outubro de 2002 (Okun).
3. Richard E. Neustadt, *Presidential Power* (Nova York: John Wiley & Sons, Inc., 1960), pp. 9-10.
4. William Ury, *Getting to Peace* (Nova York: Viking, 1999), p. 104.
5. Outros perceberam que esse processo de dar e receber é a essência da liderança. Como escreveu Garry Wills: "A grade liderança não é um jogo de soma zero. O que é dado ao líder não é retirado do seguidor. Os dois recebem dando. Esse é o grande mistério de grandes líderes populares, como Washington, Lincoln e Roosevelt", Garry Wills, *Certain Trumpets* (Nova York: Simon & Schuster, 1994), p. 34.
6. William Ury, *Getting Past No* (Nova York: Bantam Books, 1991), pp. 39-40.
7. Jane E. Brody, "Well-Chosen Words Point Children to Right Track", *New York Times* (16 de dezembro de 2003).
8. *Getting Past No*, p. 53.
9. Thomas Gordon, *P.E.T Parent Effectiveness Training: The Tested New Way to Raise Responsible Children* (Nova York: New American Library, 1970), p. xiv.
10. Thomas Gordon, *L.E.T. Leader Effectiveness Training: The No-Lose Way to Release the Productive Potential of People* (Nova York: Bantam Books, 1977), pp. 8-15.
11. *Getting Past No*, p. 111.
12. Diversos consultores de administração disseram que seus clientes usam seus ensinamentos em casa e os educadores de pais dizem que as pessoas que realizam essas aulas costumam ser promovidas depois de aplicarem técnicas de paternidade no escritório. Veja Linda Culp Dowling e Cecile Culo Mielenz, *Mentor Manager, Mentor Parent* (Burneyville: ComCon Books, 2002).
13. Abbt Ellin, "When It Comes to Salaries, Many Women Don't Push", *New York Times*, 29 de fevereiro de 2004, citando "Women Don't Ask: Negotiation and the Gender Divide", de Sara Laschever e Linda Babcock (Princeton University Press, 2003). O artigo da *Times* também citou um estudo de 2003, realizado por Lisa A. Barron, professora-adjunta de comportamento organizacional da Escola de Administração da Universidade da Califórnia, em Irvine.
14. Sally Helgesen, op. cit., pp. 247-48.
15. Leonard Greenhulgh, *Managing Strategic Relationships: The Key to Business Success* (Nova York: The Free Press, 2001).
16. Entrevista por telefone com a autora, 2002 (Mills).

4
A importância de saber ouvir

> Temos dois ouvidos e uma boca.
> Assim, deveríamos ouvir duas vezes mais do que falamos.
> – Máxima dos índios americanos

"Liderar é considerar. Não é um conselho de tolo, mas de sábio." Assim disse um famoso jornalista alemão, dando conselhos aos homens norte-americanos que comandam as políticas internacionais. Como vimos, dar atenção às preocupações dos outros é a base para todas as negociações. *Ouvir* também é uma das habilidades que os pais mencionam com mais frequência quando precisam responder o que mais aprendem na criação dos filhos. Poucos pais parecem ter perdido essa mensagem, explícita em tantas revistas, livros sobre crianças e aulas de educação aos pais, de que ouvir com respeito é o segredo para ser um bom pai. Realmente, não se pode ser um bom pai sem ouvir o que o filho tem a dizer e a mesma coisa pode ser dita a respeito dos líderes em todas as profissões.

Quando pedi à governadora texana Ann Richards para descrever como seus vinte anos como dona de casa, cuidando de quatro filhos, havia afetado seu estilo de liderança ela disse: "Acredito que a coisa mais importante foi: em uma família, ninguém pode sair da mesa sem sentir que foi *ouvido*. Chamamos esse consenso de *construção*, ou de *gerenciar por consenso,* mas na verdade significa que todos devem acreditar que foram *ouvidos*... ao lidar com seus filhos, você tem consciência dos sentimentos deles e isso é transferido para a administração de muitas pessoas".[1]

Escutando o eleitorado

Na política, a habilidade de ouvir nunca foi tão importante. Estamos vivendo uma época de orgulho étnico, de sensibilidades, de sentimentos feridos. Os especialistas em terrorismo afirmam que um dos principais fatores na criação de um terrorista é a sensação que ele tem de não ser ouvido. Não ter poder é não ter voz. O pecado político original é *desrespeitar* uma pessoa – é não mostrar respeito por ela, por sua identidade étnica, por seu gênero, pelo que ela tem a dizer. "O que todo grupo político dos Estados Unidos quer – está quase definido o que quer dizer *ser* um grupo político – é ser levado a sério", Henry Louis Gates, de Harvard, escreveu. O cientista político Charles Taylor chama isso de "política de reconhecimento". Significa *escutar*.

Ser ouvido aparentemente tem um efeito poderoso e positivo nas pessoas. Experimentos laboratoriais realizados por psicólogos sociais sugerem que quando os líderes de um grupo solicitam as opiniões da minoria, ou quando um grupo é instruído a solicitar a opinião de todos os envolvidos, o grupo tem um desempenho melhor do que os grupos em que a minoria não foi consultada.[2] Um líder que não compreende o efeito de escutar para o moral corre o risco de fracassar e de perder toda a capacidade de liderar.

Veja o que Ann Richards tem a dizer a respeito da importância de saber ouvir para os eleitores.

Quando a política é feita no governo ou na lei, quando qualquer povo cuja vida será afetada não participa das decisões, as reações não são boas. Por exemplo, quando fui membro do conselho do condado de Travis, em Austin, eu tinha de tomar decisões a respeito do sistema hospitalar. Meu marido tinha opiniões convictas sobre o assunto e, enquanto falava, percebi que ele só havia ido a um hospital na infância. Eu já tinha ido ao hospital muito mais vezes do que ele, afinal tinha quatro filhos e outros fatos me levaram a visitar hospitais. Ali estava a opinião muito convicta de alguém que, essencialmente, não tinha experiência nenhuma em hospitais. Uma pessoa com aquela experiência deveria ser a primeira pessoa a ser ouvida a respeito dos problemas.

Se você tiver uma decisão a tomar a respeito de retardos mentais, chame os pais de crianças com síndrome de Dow, e as decisões serão diferentes. Os "especialistas" chamados para discutir um assunto geralmente são estudiosos; não são pessoas que tiveram experiência com a questão. Por isso eles deixarão de fora uma dimensão importante. Aprendi com meus filhos a ouvir a experiência das pessoas antes de tomar decisões que podem afetá-las...

Por isso, a presença das mulheres, e especialmente a presença de mulheres com filhos, é essencial quando decisões a respeito de cuidados com as crianças são tomadas, assim como as questões sobre assistência médica, educação, saúde mental, impostos, guerra e paz... essa escola à qual vamos, de criar famílias, é muito importante em qualquer diálogo a respeito da política pública.

Helen Miller, representante de estado de Fort Dodge, Iowa, ganhou uma posição na Assembleia Legislativa convencendo o público de que uma mãe competente e enérgica conseguiria compreender as preocupações das pessoas melhor que ninguém. Miller passou trinta anos como esposa de um médico das Forças Armadas, viajando pelos Estados Unidos e pela Alemanha enquanto criava duas filhas, que hoje têm 33 e 22 anos, e um filho de 30. Quando seu marido se aposentou do serviço militar, o casal negro decidiu começar uma vida nova em uma pequena cidade na zona rural de Iowa, o quinto estado com maior número de pessoas brancas dos Estados Unidos. Fort Dodge, na época, tinha 27 mil habitantes, incluindo oitocentos negros. Com os Miller, eram 802.

Helen, uma pessoa receptiva e sincera, disse que, aos 53 anos, "fui para a cidade e me envolvi em tudo". Três anos depois, ela estava envolvida no museu de arte da região, no abrigo de jovens, na biblioteca, na penitenciária, e ainda comandava um programa de enriquecimento artísticos para crianças em risco. Não demorou muito para que o comitê democrático central do estado perguntasse se ela queria comandar a assembleia legislativa. Em 2002, ela concorreu e venceu, com 65% dos votos.

Antes da eleição, um eleitor descrente perguntou o que ela, uma novata, "tinha a oferecer" aos eleitores.

"Eu disse a ele: 'Uma atitude positiva'. Ele perguntou: 'Pra que serve isso?'"

"Pra que serve isso? Isso é tudo!",³ respondi.

Miller tem mestrado em biblioteconomia e um pouco de experiência de trabalho; entre outras coisas, ela trabalhou como mediadora na Suprema Corte de Washington, D.C., durante um período em que sua família vivia na capital do país. Mas a experiência que ela levou a seu trabalho como legisladora foi a de mãe e dona de casa. E a habilidade mais relevante que ela aprendeu sendo mãe, ela me disse, foi a de ouvir e resolver conflitos.

"Todo mundo sempre me diz que sei escutá-los", ela disse durante um café na cafeteria de um prédio antigo do capitólio em Des Moines. "Bem, se você acorda num sábado de manhã e tem uma filha no ensino médio que quer ir ao *shopping center*, um menino de 13 anos que quer andar de bicicleta e uma menina de 6 anos que quer ir a um *show* de fantoches – tudo ao mesmo tempo –, você vai ao *show* de fantoches, depois anda de bicicleta e depois vai ao *shopping*, sem parar de dirigir o dia todo, falando, falando, falando e tentando deixar todo mundo feliz. Os meus três filhos eram diferentes, os três queriam coisas diferentes ao mesmo tempo e ainda tinha o marido para completar... aprendi a ouvir muito, muito bem!"

"Agora recebo telefonemas de pessoas que querem coisas que não são de minha responsabilidade. As pessoas dizem sentir que escuto o que elas têm a dizer. Acredito que precisamos escutar os eleitores. Nesse negócio, o cliente sempre tem razão."

Miller diz que ela escuta lobbystas – outro grupo de pessoas que quer atenção – um pouco a contragosto. "Sou perturbada por eles o tempo todo; eles estão sempre por perto, sorrindo e dando risadinhas... Você *sabe* que se não tivesse o cargo que tem, eles não estariam agindo assim."

Como governadora do Texas, Ann Richards indicou diversas mulheres como Helen Miller a cargos oficiais e literalmente mudou a cara do governo. Cinquenta por centro de suas indicações eram compostas por mulheres, mais do que o recorde presidencial de 44% de Bill Clinton. Em determinado ponto nos anos 1980, havia tantas mulheres em cargos políticos importantes no Texas, incluindo as prefeituras de Dallas, Houston, San Antonio e Corpus Christi, que, quando a rainha Elizabeth e o príncipe Charles visitaram o estado e foram recebidos pelos oficiais na sede do governo, Charles disse: "Meu Deus, é um matriarcado!"

Escutando o cliente

Geraldine Laybourne, diretora da Oxygen Media, me disse: "Este é o maior desafio nos negócios hoje: quem vai escutar o cliente. Se você teve filhos, você tem bastante prática nisso".

Laybourne literalmente construiu sua carreira escutando os filhos e reagindo ao que eles queriam. Quando se tornou gerente de programas do canal a cabo Nickelodeon, em 1980, trouxe consigo a convicção de que um dos problemas com a televisão para crianças era que ninguém perguntava às crianças o que elas queriam assistir. Ela perguntou e seus dois filhos se tornaram seus primeiros colaboradores.

"No início da vida do canal Nick, eu precisava ouvir o que as crianças gostavam e o que tinham a dizer", Laybourne me disse durante uma conversa ao telefone. "Antes de criarmos um departamento de pesquisa, meus dois filhos assistiam a todos os programas que eu comprava. Eu tinha caixas de fitas em meu escritório, levava um monte delas para casa e nós nos sentávamos no sofá e passávamos cerca de vinte horas assistindo àquelas fitas em um fim de semana. Eles diziam: 'Por favor, mamãe, chega de televisão!' "[4]

Depois de se tornar presidente da Nickelodeon e da Nick at Nite, Laybourne criou grupos de atenção às crianças, algo que nenhum outro canal de TV havia pensado em fazer. Os comentários das crianças a ajudaram a criar programas de sucesso, como *Double Dare*, o primeiro programa de jogos para crianças, e a prova de que creme de barbear e gosma verde eram capazes de atrair milhões de telespectadores. Muitos outros sucessos surgiram, incluindo *Rugrats*, *Doug* e *The Ren and Stimpy Show*. Juntos, os programas da Nick conquistaram o mercado de crianças entre 6 e 15 anos. Laybourne, posteriormente, contou a um jornalista que nunca havia sonhado que escutar crianças de 8 anos poderia mudar sua vida.

Em meados de 1990, a Nickelodeon havia alcançado mais de vinte milhões de crianças todos os meses, e a revista *Time* classificou Laybourne como uma das 25 pessoas mais influentes nos Estados Unidos. A estimativa de lucro do canal era de quase cem milhões de dólares por ano. Um dos empreendimentos mais rentáveis da TV foi, literalmente, uma casa que uma mãe construía ouvindo os filhos.

A ironia não passou despercebida a Laybourne. "Nos anos 1980, as empresas de TV a cabo contratavam mulheres não porque acreditavam que elas eram boas nos negócios, mas porque achavam que passariam uma boa imagem", ela me contou. "Ninguém nunca pensou que a Nickelodeon se tornaria um bem tão rentável."

Uma das principais executivas do canal, Pamela Thomas-Graham, da CNBC, não tem a plateia infantil, mas presta atenção na reação de seus filhos aos programas da TV. Graham me contou que seu filho de 6 anos, Gordon, gosta muito de *Kudlow & Cramer,* uma dupla de analistas financeiros que divide um programa. Gordon não se interessa exatamente pelas dicas de investimento, mas percebe que os dois homens se divertem com uma conversa animada e cheia de energia. De acordo com Graham, o ritmo da comunicação é o que chama a atenção do menino. Parece que chamar a atenção de um menino de 6 anos é um bom modo de medir o valor de entretenimento de um programa adulto.

Pelo menos mais uma executiva melhorou a empresa ouvindo, nesse caso, outras mulheres. Quando Ann Moore assumiu a posição de editora da revista *People* em 1991, a empresa Time Inc. ainda era um clube do Bolinha e a hierarquia empresarial via a *People* como um veículo de público duplo (homens e mulheres). Um editor já havia descrito a *People* como uma revista "em preto e branco". Mas Moore não teve vergonha de admitir que a maioria dos leitores era formada por mulheres e ela acreditava saber melhor sobre o que as mulheres queriam. Entre outras coisas, ela acreditava que as mulheres prefeririam ver os vestidos e as pessoas na revista em cores. Assim, com muitas objeções, ela transformou o layout todo da *People,* dando cores e, como esperava, as vendas foram alavancadas.

Quando o cliente é uma mãe

O sucesso de Moore ilustra como é mais fácil entender e atender seus clientes quando eles se parecem com você. Um cara que adora bicicletas pode ser quem venderá motos Harley-Davidson. Um ávido caçador será melhor negociando armas. Apenas quem joga golfe será bom vendendo tacos de golfe. Da mesma maneira, uma mulher que já gerenciou a unidade de produção chamada *lar* claramente terá mais sorte vendendo produtos do que o sujeito que nunca lavou os pratos. As mulheres realizam 83% de todas as vendas, incluindo 94% de produtos domésticos, 82% de produtos alimentícios, 75% de remédios de compra livre, 60% de automóveis, 51% dos produtos relacionados a turismo e compras de eletrônicos e – prepare-se – 80% de cortadores de grama![5] Estima-se que os lares com crianças em idade pré-escolar gastem mais de cem bilhões de dólares por ano.

Esse é um argumento para justificar a posição das mulheres e das mães, em especial, dominando todos os negócios que vendem e comercializam produtos para o lar. Como uma executiva entrevistada pelos pesquisadores do Centro de Liderança Criativa disse: "Sou uma consumidora e por acaso trabalho em uma empresa que vende produtos dos quais a defensora sou eu, por assim dizer. Posso não ser uma consumidora comum em razão do meu salário e de minha posição, mas... se quer agradar o consumidor, aquele quem toma as decisões em casa, você deve procurar agradar às pessoas que pensam... como eu".[6]

Deb Henretta, da Proctor & Gamble, é um bom exemplo de uma consumidora que conseguir fazer com que sua empresa tivesse acesso a consumidores como ela mesma. Henretta, que tem três filhos, deixou sua marca nas fraldas.

Em 1999, a marca Pampers de fraldas estava com problemas. Já tinha sido a líder mundial em venda de fraldas no mundo, mas vinha perdendo mercado por diversos anos. A Proctor & Gamble, a fabricante, decidiu contratar uma mãe para gerenciar os negócios.

Henretta tinha 38 anos na época, com filhos de 9, 7 e 2 anos. Ela nunca tinha trabalhado em algum lugar que não fosse a Proctor & Gamble e havia estabelecido sua reputação gerenciando com sucesso a famosa marca Tide da empresa, entre outras. Mas ela não tinha tido a chance de sair da parte das "roupas para lavar", como ela diz. Seu trabalho como gerente-geral dos negócios norte-americanos de cuidados com bebês da Proctor & Gamble foi uma grande oportunidade.

O negócio de cuidados com bebês sempre tinha sido gerenciado por homens e guiado pela tecnologia. As fraldas são feitas de papel e plástico e a indústria de papel, como os produtos florestais em geral, costuma ter muitos homens e ser guiada pela tecnologia. Os caras tinham orgulho de seus produtos altamente complexos, que conseguiam reter líquidos e manter os bebês sequinhos, o que é ótimo, se formos parar para pensar. No entanto, como Henretta disse muito bem em uma entrevista por telefone, a Pampers estava "perdendo alguns outros benefícios não técnicos".[7]

Ela viu o problema imediatamente. Seu filho menor ainda usava fraldas, por isso ela tinha em casa um mercado de testes e muita experiência como consumidora. Ela sabia que alguns concorrentes haviam trocado as abas de fechamento das fraldas por velcro e haviam deixado de usar a cobertura de plástico e adotado outra, de tecido macio ao toque. Em um de seus primeiros dias no emprego, ela me contou que estava "sentada na sala, olhando para as fraldas de plástico com aquela fita grudenta, e pensando: 'Eu compraria isto?' Eu estava perdendo na estética".

Uma de suas primeiras decisões foi adotar abas de fechamento mais silenciosas e uma folha de fundo de tecido para a Pampers. Rapidamente, as vendas aumentaram. A Pampers continuou ganhando fatias do mercado graças a mais uma inovação de Henretta. Ela percebeu que os livros sobre bebês são repletos de descrições dos estágios de desenvolvimento infantil e que cada vez mais produtos infantis, de alimentos a brinquedos estão sendo vendidos em grandes quantidades em diferentes estágios de desenvolvimento. Um produto é feito para bebês, outro para crianças um pouco maiores, outro para a criança mais independentes e assim por diante. "Por que não fazer a mesma coisa com as fraldas?", ela pensou. Além disso, agora há tipos de fraldas Pampers específicos para recém-nascidos, para crianças que estão começando a se locomover sozinhas, e para crianças mais independentes que já usam roupa de baixo de verdade em vez de "fraldas de bebês".

Henretta resume sua inovação como "sair da fábrica e entrar na casa dos consumidores". Graças a seu sucesso, ela foi promovida de novo e agora é presidente da Global Baby Care da Proctor & Gamble e está na lista de revista *Fortune* das cinquenta mulheres mais importantes dos negócios norte-americanos.

Cheryl Bachelder, a ex-CEO da KFC (Kentucky Fried Chicken) e uma marketeira muito conhecida, é outra executiva cujo sucesso se deve, em grande parte, ao conhecimento do que "as mães querem" e do que "as crianças querem". No início de sua carreira, Bachelder gerenciou a divisão Life Savers da RJR Nabisco, que incluía o Bubble Yum. "Eu não teria como saber que as crianças estavam comendo alimentos azuis, como gelatina, se eu não tivesse meus filhos", ela diz, "e isso me deu a ideia de fazer um chiclete azul, que se transformou em um grande sucesso... as mães têm ótima intuição a respeito do que vender para crianças e ser mãe é uma grande vantagem, se você estiver envolvida no desenvolvimento de novos produtos ou na comercialização."

Quando ela passou a ser CEO da KFC, Bachelder descobriu que a empresa não usava grupos de atenção com mulheres havia anos, apesar de 80% das decisões a respeito do jantar nos Estados Unidos serem feitas pelas mães. Ela mudou isso rapidamente.

Escutando seu pessoal

Ouvir seus colegas é tão importante quando ouvir os clientes, especialmente para os administradores. A reitora Shirley Strum Kenny afirma que as pessoas costumam entrar em seu escritório com problemas que elas querem que ela resolva, como acontece com as crianças. "Conforme elas descrevem o problema", Kenny disse, "se você apenas ouvir, vai escutá-las dizendo a você como resolveriam sozinhos. É uma habilidade dos pais."

Michael Fossaceca, diretor da JPMorgan Treasury Services, tem uma frase de Colin Powell emoldurada em sua parede: "Quando as pessoas deixam de procurá-lo para falar de problemas, você deixa de ser um líder".

"A mesma coisa acontece com as crianças", diz Fossaceca, pai de duas meninas pequenas. "Quando os filhos deixam de comunicar os problemas, você deixa de ser um pai. Uma grande parte de seu trabalho como pai ou como gerente é resolver problemas e remover obstáculos. Se eu disser às pessoas que quero tudo do meu jeito, elas não se aproximarão de mim. Quero alimentar um diálogo aberto. Quero que se sintam confortáveis em dizer: 'Papai – ou Mike –, isso não é justo'."

Judy Blades, vice-presidente executiva da The Hartford e uma das mulheres mais importantes na indústria dos seguros, aprendeu a mesma lição em casa. Crescendo em uma grande e conservadora família católica, ela viu que havia muitas coisas para as quais seus irmãos não podiam contar aos pais. Uma de suas irmãs solteiras chegou até a engravidar e disse a Judy que faria um aborto porque não podia contar o ocorrido aos pais.

"Decidi naquele instante que eu queria ser a primeira pessoa que meus filhos procurariam quando tivessem um problema. Eu dizia a eles que não havia nada que eles não pudessem me contar e que resolveríamos tudo juntos. Esse tipo de união também é essencial nos negócios. Dizem que sou muito receptiva e tenho muito orgulho disso. As pessoas de seu convívio precisam sentir que você está pronto para ouvi-las. Se meus subordinados não sentissem que podem contar comigo, nunca seríamos uma empresa de alto nível." Sendo a pessoa responsável pelos negócios comerciais, pessoais e de seguros da The Hartford, Blades logo aprendeu que, assim como não conseguimos mandar um filho fazer o que queremos simplesmente porque queremos, também não podemos agir da mesma forma com os vendedores. Certa vez, ela chamou toda a sua equipe para o escritório que mantinha em sua casa, em Hartford, por exemplo, e disse que eles tinham de aumentar os preços. Sua mensagem, essencialmente, foi: "Isto é o que esperamos que vocês façam – agora podem fazer!"

Não aconteceu.

E então Blades percebeu que, quando saía da empresa para visitar os quarenta escritórios, a aceitação aumentava. Quando ela teve uma conversa séria com o grupo de vendedores e explicou os custos altos do atendimento hospitalar e os preços dos remédios, além dos altos números de processos, sua família finalmente entendeu a necessidade de ter mais benefícios. Como ela havia se esforçado para expressar as razões da empresa e reagir às preocupações do grupo de vendas, eles tiveram as ferramentas de que precisavam para justificar os aumentos aos clientes e consumidores.

"É preciso explicar suas ações e depois ouvir e receber *feedback*, em vez de falar com autoridade", Blades me disse. "Isso funciona bem melhor com todos."

Pelo menos mais uma pessoa com quem conversei descobriu que, depois de ter filhos, havia se tornado muito mais clara em suas comunicações com os subordinados. Marian Ruderman, do Centro de Liderança Criativa, na Carolina do Norte, me disse que, assim que teve seu bebê, seu trabalho de assistência a crianças se tornou a relação mais importante de supervisão de sua vida. Uma assistente é para uma mãe o que um grande banco internacional é para a economia global: importante demais para errar. Como Ruderman disse: "Eu não queria que ela cometesse *nenhum* erro. E o inglês não era sua língua nativa. Por isso eu deixava bem claro o que queria... tornei-me muito clara em minhas comunicações. Gerenciando aquela situação de cuidados com os filhos, aprendi habilidades muito importante no gerenciamento de outras pessoas".

Pode não ser coincidência o fato de que as quatro gerentes do sexo feminino mostradas no influente livro de 1990, *The Female Advantage,* fossem habilidosas na arte de ouvir. As quatro executivas usavam a habilidade de ouvir com respeito como elemento intrínseco em seu estilo de administração, tanto para reunir informações quanto para fazer com que as pessoas em suas empresas se sentissem valorizadas. A autora Sally Helgesen descobriu que todas as quatros tinham um estilo de administração lateral, utilizando uma estrutura de rede que as ligava a todos os pontos da empresa. Essa rede dava melhor subsídio a elas do que teria sido possível em hierarquias mais tradicionais. Helgesen chamou esse estilo de não hierarquia de *vantagem feminina*, mas, uma vez que todas as suas analisadas eram mães, ela poderia chamá-lo de *vantagem maternal*.

Por exemplo, Francis Hesselbein, ex-diretora-executiva da Girl Scouts, acreditava piamente que apenas um líder que realmente ouvisse as pessoas poderia esperar fazer brotar o melhor de dentro dela. Adotava uma política de pedir a toda funcionária solteira da Girl Scouts – de recepcionistas a gerentes – que escrevessem suas sugestões. "Não importa se é para que compremos uma tostadeira para o sétimo andar", ela disse, "mas elas precisam saber que alguém se importa."[8] Hesselbein, uma viúva que tem um filho adulto, colocou-se à disposição das pessoas para ouvir o que elas tinham a dizer. Em vez de usar seus funcionários como escudo contra encontros indesejados, Hesselbein via os visitantes como canais que traziam a ela informações de dentro da empresa. "Tive a sorte de ter três secretárias. Assim, podia manter contato com mais pessoas", ela diz.

Dorothy Brunson, dona de diversas emissoras negras de rádio e televisão, e a única mulher negra que tem uma emissora de TV, costumava escutar as pessoas para pegar dicas sobre como lidar com elas. Uma mulher que conseguia usar diversas personalidades em diferentes situações, desde atrair um cliente a discutir um preço menor diante do aumento nos programas de música gospel, Brunson costumava escutar para entender qual aspecto de si mesma ela deveria mostrar para ganhar a maior vantagem.[9]

Nancy Badore, da Ford Motor Company, era mãe de uma criança pequena quando trabalhou como diretora no Centro de Desenvolvimento Executivo da Ford, a unidade responsável por retreinar os dois mil principais gerentes da indústria de carros na mesma época de uma reorganização empresarial. Nos anos 1980, a Ford desmantelou camadas da hierarquia empresarial e instituiu uma abordagem de equipe com foco na qualidade e na orientação aos clientes. Badore, uma psicóloga com Ph.D., era muito habilidosa para fazer com que diretores de antigas divisões escolares escutassem as ideias desenvolvidas no chão de fábrica pelas novas equipes de gerenciamento. Depois disso, passou a criar programas feitos para garantir que a alta administração na grande empresa prestasse atenção em suas ideias e nas sugestões dos funcionários com mais experiência direta nas operações diárias. Ao reinventar a cultura empresarial da Ford para torná-la mais reativa, fez com que a empresa saísse de uma situação de quase falência.

De acordo com Helgesen, o ponto crucial da revolução administrativa da Ford estava em "pedir aos líderes que tinham sido apenas orientadores que *escutassem* o que as pessoas tinham a dizer".[10]

Deb Henretta acredita que as mulheres costumam escutar mais os outros do que os homens. Ela diz que isso não é uma habilidade inata das mulheres, ou algo que elas aprendam com a criação dos filhos, mas pode refletir a maneira mais cuidadosa que as mulheres têm para agir como fazem nos níveis predominantemente masculinos das empresas. Uma mulher precisa tomar cuidado para não machucar ninguém, envergonhar-se ou para que não seja vista como agressiva ou ameaçadora.

Independentemente das origens, esse comportamento tem pontos fortes escondidos. Henretta percebeu que as pessoas a ouviam com mais atenção quando ela procurava compreender seus pontos de vista antes de colocar suas próprias ideias na mesa.

> Nos primeiros dias, tive de falar um pouco mais alto, mas eu sempre verificava se havia escutado as opiniões de todos e se havia levado tudo em consideração antes de formar minha opinião. Se você age assim, tem mais chances de conseguir uma resposta melhor do que quando pensa sem ter isso em mente. Sei que essa abordagem me beneficiava, porque, quando eu falava, falava com muito conhecimento. Era mais fácil implementar minha visão, porque eu já havia incorporado as opiniões das pessoas nela. Se as pessoas sentem que contribuíram para a construção de um objetivo, elas também se sentem mais parte dele e serão muito mais apoiadoras e produtivas. A abordagem necessária para essa visão é essencial e a maneira que muitas mulheres encontram de alcançá-la é mais eficiente do que outras abordagens.

Escutar os colegas – uma forma de terapia

Em seu livro recente, *Disappearing Acts: Gender, Power and Relational Practice at Work,* Joyce K. Fletcher, da Faculdade de Administração Simmons, de Boston, afirma que escutar os colegas dentro de uma organização pode ser um elemento importante para manter o moral e a produtividade. A pesquisa de Fletcher baseou-se em uma observação muito detalhada dos dias de trabalho das engenheiras da Digital Equipment Corporation (DEC), uma empresa de alta tecnologia perto de Boston que agora faz parte da Hewlett-Packard. Uma das engenheiras explicou como ouviu a reclamação de um colega de trabalho:

> ... quando um homem quer conversar muito sobre alguma coisa, ele não procura outro homem... ele procura uma mulher. Conheço homens em meu ambiente de trabalho que, apesar de eu saber que não gostam de mim, conversam comigo quando querem desabafar sobre assuntos pessoais... como os problemas de fertilidade que ele e a esposa têm enfrentado... E conheço muitas mulheres que me contaram que os homens as procuram para

conversar. Não é preciso dizer nada, apenas ouvir... isso não me custa nada, na verdade, só preciso ouvir. Mas às vezes parece uma grande responsabilidade, porque mesmo que você não esteja interessada, tem de escutar.[11]

Essa engenheira via sua capacidade de escutar como um *trabalho*; um trabalho que tinha de ser feito porque melhorava a qualidade de vida dentro do escritório.

Fletcher chama isso de *ouvir como terapia*. E, realmente, lembra o trabalho de terapeutas, conselheiros, padres e mães, todas as pessoas que escutam os problemas dos outros, mostrando que suas preocupações estão sendo levadas a sério, oferecendo um pouco de *feedback* construtivo, fazendo com que elas saiam mais fortes do que quando chegaram. É um trabalho árduo, porque quem ouve sempre pega um pouco da dor de quem despejou seus problemas. Essa transferência de carga é exatamente o que faz com que quem fala se sinta melhor e o motivo pelo qual, muitas vezes, nem mesmo os seus melhores amigos são capazes de ouvir seus problemas.

As engenheiras aprenderam essa estratégia enquanto eram mães, quando tiveram a experiência de fazer a mesma coisa por seus filhos? Ou elas escutavam porque, como sugere Henretta, as mulheres em empresa dominadas por homens geralmente acham que escutar é ser flexível, mesmo que não queiram? Já foi observado que a capacidade de ouvir é uma característica dos grupos mais fracos, uma maneira de agradar ou monitorar as intenções de um grupo superior. Independentemente do motivo, os estudos revelam que os homens, o sexo que costuma ser o predominante socialmente, costumam falar muito mais do que as mulheres, e as mulheres costumam escutar muito mais em grupos mistos.

(Mas em casa, é claro, as mulheres ocupam boa parte do tempo. Um piadista escreveu que ver sua mãe sem palavras era um acontecimento tão grandioso quanto a abertura do mar Vermelho.)

Fletcher não explorou a hipótese de que a maternidade havia influenciado a prática de escutar dos engenheiros, mas ela afirma que isso pode ser aprendido com a experiência de modo geral, quando cuidamos dos outros, tanto dos filhos quanto de outros dependentes. Ela rejeita a ideia de que isso se baseia na relativa falta de poder das mulheres. Em seu modo de ver, as mulheres da DEC conscientemente realizavam essa função essencial na empresa porque sabiam que melhorava a moral e a produtividade, mesmo quando também percebiam que não seriam reconhecidas por seus esforços.

Escutando seus filhos

A história mais emocionante de como a disposição de uma mãe escutar fez com que ela se tornasse uma profissional melhor foi contada por Linda Chavez-Thompson, vice-presidente executiva da AFL-CIO. Chavez venceu na vida com dificuldade, tendo nascido no oeste do Texas em 1944, filha de agricultores. Terceira entre oito filhos, ela teve de sair da escola no segundo ano do ensino médio. Casada aos 20 anos, teve sua primeira filha, Maricela, aos 21. Logo depois, ela começou a trabalhar para um sindicato regional de construção como secretária bilíngue e, logo, estava trabalhando na AFL-CIO, coordenando campanhas de alívio em desastres, organizando e criando alternativas para os trabalhadores na câmara legislativa. Antes dos 30 anos, Chavez havia se tornado representante da AFSCME (Federação Americana de Trabalhadores dos Estados, Condados e Municípios), um trabalho que exigia constantes viagens e muito tempo longe de sua família.

Durante os cinco anos que ela passou com a AFSCME, a mãe de Chavez praticamente criou Maricela. Mesmo depois que Chavez pediu demissão de seu emprego cheio de exigências e conseguiu um trabalho menos pesado, com salário menor para ter mais tempo para sua família, sua filha continuava irritada com suas ausências frequentes e, por um longo período, permaneceu mais apegada à sua avó. Durante uma entrevista na sede da AFL-CIO, no centro de Washington, D.C., Chavez se lembrou daqueles primeiros anos com uma sensação notável de arrependimento.

"Foi irônico", ela me disse. "Ali estava eu, a representante do sindicato, com reclamações à administração pelo bem dos funcionários, e então ia para casa, onde eu era a administração e minha filha era a funcionária com reclamações! Eu lidava com a administração de dia e à noite enfrentava uma menina de 7 anos que me administrava... Meu conceito era de que eu era a boazinha, mas terminei sendo a vilã."[12]

A experiência claramente deu a Chavez um nível de autoconsciência que os representantes do sindicato e os pais ausentes costumam não ter. E ela aprendeu coisas valiosas com sua filha irritada e diferente:

> Maricela é uma pessoa muito paciente. É muito diferente de mim. Sou uma máquina. Sou o tipo de pessoa que assume o controle, que não faz rodeios. Eu acreditava que meu trabalho envolvia representar minha posição de membro e eu não me importava com quem pensava o que sobre mim ou quem não gostava de mim, desde que eu estivesse fazendo meu trabalho. Eu sempre fui antagonista. Eu exigia, fazia pressão, gritava com o outro lado e tudo isso... Minha mãe desejaria lavar a minha boca com sabão todos os dias se tivesse me ouvido!
>
> Maricela sempre me dizia: "Você é impaciente demais, mãe. Você consegue fazer um monte de cosias, mas sempre tem que fazer na hora! Você conseguiria fazer mais coisas se desse um passo para trás e pensasse nas coisas antes de se precipitar"
>
> Eu prestei atenção no que ela disse. Pensei que, talvez, se eu esperasse um pouco em determinadas situações, não me precipitaria tanto. E um dia, eu cheguei em casa e disse: "Adivinhem o que aconteceu? Hoje eu segui o que a Maricela me sugeriu!"
>
> Eu estava em uma negociação por um colega que seria suspenso por dois dias por responder a um supervisor. Minha primeira vontade foi gritar e pular e fazer o inferno com o supervisor. Mas não fiz isso. Dei um passo para trás e perguntei se poderíamos conversar por cinco minutos.
>
> Saímos da sala e o funcionário perguntou: "O que estamos fazendo?"
>
> "Nada", eu disse. "Só estou dando a mim mesma um pouco de tempo para pensar. Quero analisar bem como abordaremos essa situação."
>
> "O que você vai fazer?", ele perguntou. Ele queria que eu fosse grosseira com aquele supervisor.
>
> "Não sei." Eu estava pensando.
>
> Por fim, eu disse: "Certo, você se lembra exatamente do que o supervisor disse a você?"
>
> "Sim."
>
> "Você se lembra de como isso o fez se sentir?"

"Sim, fiquei irritado e me senti ofendido. Foi uma humilhação."

"Há quanto tempo você faz esse trabalho?"

"Vinte e dois anos."

"Então você passou de operador um para operador dois e depois operador três, ele insultou sua capacidade de realizar seu trabalho, você ficou com vergonha e se sentiu humilhado. Por isso, naturalmente, você deixou as emoções tomarem conta. Agora, vamos entrar e contar a eles isso."

Voltamos e pedi ao supervisor e ao diretor da empresa para que me deixassem contar o que houve. Ali estava um sujeito de 50 anos, com um histórico limpo, que tinha sido agredido, tido sua dignidade ferida. É claro que ele respondeu! Algum supervisor tem o direito de destruir a dignidade dos trabalhadores de sua equipe? Insultar um trabalhador faz parte da descrição de seu trabalho? Eu estava defendendo a atitude dele.

E deu certo! O cara cumpriu uma suspensão de dois dias e recebeu uma advertência, mas a advertência foi retirada de seu registro seis meses depois. Eu havia dado um passo para trás como minha filha disse que eu deveria fazer e venci!

Aprendi com minha filha. Ela me ensinou a ter um pouco mais de paciência, a pensar e olhar antes de saltar.

NOTAS

1. Entrevista com a autora, Washington, D.C., 1998 (Richards).
2. Jane Mansbridge, "Feminism and Democracy", *The American Prospect*, novembro de 1991, p. 134.
3. Entrevista com a autora, Des Moines, Iowa, 2003 (Miller).
4. Entrevista por telefone com a autora, 1996 (Laybourne).
5. Tom Peters, *Reimagine!* (Nova York, Dorling Kindersley, 2003), pp. 172, 175, e Margaret Hefferman, "The Female CEO ca. 2002", *Fast Company* (agosto de 2002).
6. Marian N. Ruderman e Patrícia J. Ohlott, *Standing at the Crossroads*, p. 118.
7. Entrevista por telefone com a autora, 2002 (Henretta).
8. Helgesen, op. cit., pp. 21-22.
9. Idem, op. cit., p. 243.
10. Ibidem.
11. Fletcher, op. cit., pp. 74-75.
12. Entrevista com a autora, Washington, D.C., 2002 (Chavez-Thompson).

5
Praticar a paciência

> A inteligência nada mais é do que uma
> grande capacidade de ter paciência.
> – Conde Georges-Louis Leclerc de Buffon,
> naturalista francês

As crianças vivem em um sistema de tempo diferente. O relógio delas é mais devagar do que o nosso. Vivem de acordo com o que vivem, não de acordo com o tempo que vivem. Isso pode ser muito difícil de os pais modernos se acostumarem, pois elas têm a necessidade de fazer com que cada minuto conte.

Lembro-me de como foi difícil para mim, no início, seguir esse tempo das crianças; saindo das pressões diárias de uma redação para o ritmo tranquilo do dia de uma criança pequena. Respirando profundamente enquanto esperava James aprender a amarrar os sapatos; esperando no consultório do pediatra, onde apenas o tempo do médico vale dinheiro; esperando na fila da biblioteca, enquanto a velhinha solitária papeava com a atendente; e esperando enquanto James contava, nos mínimos detalhes, a história de um desenho infantil, daquela maneira maravilhosa com que a mente de uma criança opera. Foi difícil superar a sensação de que eu estava perdendo tempo, como se a vida em si fosse uma perda de tempo.

Viver no fuso horário de uma criança desenvolveu em mim músculos que eu não sabia ter, como o músculo que impede a vontade de conseguir terminar alguma coisa a todo segundo, e os músculos que forçam você a ficar sentada e parada, em vez de ficar tirando o pó. Outros jornalistas me disseram que eles também precisaram respirar profundamente e aprender a ter paciência para lidar com seus filhos pequenos, um grupo que não tem respeito pelas pressões exercidas sobre suas mães que vivem para cumprir prazos. Soledad O'Brien, coapresentadora do *American Morning,* da CNN, e mãe de duas meninas pequenas, me disse que a maternidade ensinou a ela que: "Às vezes, você precisa seguir o ritmo de outra pessoa".

"Com uma criança pequena, quanto mais você tenta apressá-la – para que se vistam, para que se deitem, para que comam logo –, mais contraproducente a situação se torna. Você precisa diminuir o ritmo e entrar no passo deles. Aprendemos isso principalmente quando Sophia estava aprendendo a usar o vaso sanitário. Não tem como apressar isso. Todas as noites, depois de vestir todas as camadas de roupa e de estar quentinha embaixo dos cobertores, ela dizia: 'Mamãe, preciso fazer xixi'. Retirávamos todas as peças de roupa, íamos ao banheiro e, nove em cada dez vezes, ela não fazia. Então, por fim, na última vez, nós fomos e ela sentou no penico. Ela havia aprendido! E eu também aprendi. É preciso ter paciência se quiser que as coisas aconteçam."

Pense bem

Lisa Anderson senta-se em sua sala que dá vista para o *campus* da Universidade de Columbia e ri ao se lembrar das reações que percebeu quando se tornou a primeira mulher a ocupar a cadeira do Departamento de Ciência Política, em 1993. Seus dois meninos tinham 3 e 8 anos na época. "Todos me perguntavam por que eu tinha aceitado se tinha filhos em casa. Eu dizia: 'Oh! Esse trabalho é ótimo, porque ainda estou acostumada a me colocar no lugar das pessoas'. Eu queria dizer que nunca tinha sido tão paciente quanto estava sendo naquela época. Quando eu dizia isso, havia certa hesitação enquanto as pessoas pensavam na resposta e, então, era possível vê-los concluindo: 'Pra que se ofender? É verdade!'"

"Ser diretora do departamento significa lidar com as pessoas enquanto elas enfrentam grandes transições na vida, como aposentadoria ou a dúvida ao aceitar uma proposta de emprego para que vivam na cidade de Nova York. Em qualquer uma dessas transições, muita ansiedade pessoal vem à tona. As pessoas ficam malucas! É muito fácil ficar impaciente com isso. Você pode dizer: 'Você não deve permitir que a ansiedade tome a decisão por você', você pode dizer às pessoas que elas podem lidar com a situação sozinhas... mas, geralmente, elas só precisam de alguém que lhes segure a mão, como uma criança que aprende a andar de bicicleta. Então você mostra a elas que as transições pessoais são sempre difíceis e as ajuda a passar por elas.

Sou indulgente, tenho uma paciência com as pessoas que não teria tido se não tivesse passado pela minha própria experiência de transição. Não acho que isso, necessariamente, faça de mim uma administradora *melhor*, mas me torna mais generosa."

Anderson descreve o tipo de trabalho que ministros e conselheiros costumam fazer, que é ser paciente enquanto as pessoas pensam em seus problemas antes de tomarem uma decisão ou chegarem a uma conclusão. Por isso, não é surpreendente para mim encontrar mulheres na atividade religiosa que disseram que a paciência necessária na maternidade parece muito com a vocação religiosa. Catherine R. Powell, pastora da ordem episcopal de Washington, D.C., já foi ministra em uma paróquia em Salem, Massachusetts. Quando ela chegou, a congregação ainda estava se "recuperando", como ela disse, de 35 anos de liderança autoritária de um pastor muito tradicional. Em sua primeira reunião com o conselho paroquial (os líderes da igreja), ela viu que todos estavam totalmente calados. Eles literalmente não tinham capacidade de se comunicar depois de terem sido dominados por tantos anos.

Powell usou as habilidades que havia aprendido sendo mãe, incluindo seu conhecimento sobre o desenvolvimento infantil. Começou com suas táticas da escola de educação infantil, como pedir a todos que formassem um círculo e perguntar a cada um suas opiniões a respeito de diversos assuntos. "Comecei a ensinar a eles como 'usar as palavras', da mesma maneira que ensinamos as crianças pequenas a expressarem seus pensamentos", ela me disse durante um almoço perto da escola das filhas, onde ela agora trabalha.

O grupo logo teve de enfrentar uma decisão difícil. Um jovem membro da congregação tentava firmar-se como pintor e perguntou à igreja se poderia fazer uma exposição de seus trabalhos. Powell disse que conversaria sobre isso com o conselho paroquial e pediu a ele que enviasse alguns quadros para que fossem analisados. Ele chegou com diversas telas de mulheres com aparência estranha, com olhos enormes no lugar dos seios.

"Se fosse uma decisão que coubesse a mim, eu teria dito não", Powell me disse, mas ela deixou o grupo decidir. Eles discutiram o assunto por um tempo. Por fim, concordaram que os quadros não eram os objetos mais adequados para uma igreja, mas também concordaram que o artista era um cara bacana. Por que não incentivá-lo? Assim, aquela igreja conservadora e de classe trabalhadora, expôs os quadros e fez uma festa para o artista iniciante, que foi um grande sucesso. "Aquelas pessoas me surpreenderam muito", Powell disse, ainda maravilhada.

Ela acredita que o processo bem-sucedido do grupo na tomada de decisões refletia o que ela havia aprendido como mãe. Como ela disse, "Em uma família, quando um problema surge, é preciso 'pensar'. Não se pode apressar para 'resolver'. Você pensa durante um tempo, até conseguir uma solução. É como a paciência, mas na verdade é mais do que paciência – é uma *confiança* de que as coisas se desenvolverão. Isso é algo que os pais aprendem. Por exemplo, minha filha mais velha tinha alguns problemas de aprendizado, que acabou superando. Isso me ensinou como é errado tirar conclusões a respeito do que uma criança consegue fazer ou não. Ela pode estar tendo problemas e então, de repente, tudo se encaixa. Ela chegará a você, muito animada com um livro que, dois anos antes, ela detestava ou não conseguia ler... Aquele conselho paroquial era exatamente assim... como pai, você aprende a ter fé no processo de desenvolvimento".[1]

Resignação zen

Paciência é uma palavra simples que descreve a força que uma pessoa tem de reunir para enfrentar as frustrações ao lidar com uma criança doente, resmungona ou irritada. Talvez *autocontrole* ou *resignação zen* sejam expressões mais adequadas para designar o que é preciso para ser aquele ponto concentrado no olho de uma tempestade emocional. Um amigo me fez incluir neste livro o desespero que toma conta de você quando um filho vomita na sua cama no meio da noite, ou quando começa a chorar sem parar, e você não consegue fazer nada para escapar do desastre existencial. Você lida com aquilo; é o que faz, porque tem de fazer, mas é nesses momentos que você pensa: "Se consigo isso, consigo qualquer coisa! Posso enfrentar qualquer outra coisa que a vida me trouxer".

Lori Okun, da Ernst & Young, descreve uma noite em que ela chegou em casa e encontrou sua filha de 6 anos aos prantos, cansada por não mais conseguir controlar suas emoções. A babá não sabia qual era o problema e saiu de casa deixando Okun, cansada depois de um longo dia no escritório, com a criança chorosa. Todos sabemos quais eram os sentimentos da mãe naquele momento:

"Eu queria estrangular...", Okun me disse. "Eu me esforcei ao máximo para ficar calma, para tentar acalmá-la, para me controlar sem perder as estribeiras. Os adultos são chatos, reclamam quando as costas doem, manipulam as pessoas e tudo o mais, mas consigo lidar com isso. Tudo isso é fácil perto de acalmar uma criança."

O alto nível de autocontrole necessário para praticar esse tipo de paciência e tolerância se reflete nessa história da atriz Lindsay Crouse a respeito de sua filha Willa:

> Quando Willa tinha 5 anos, vivíamos em Vermont. Eu estava prestes a ter Zosia, minha filha mais nova. Certo dia, eu me esforçava para fazer com que Willa vestisse sua roupa de neve. Ela estava resistindo e eu estava passando por um momento difícil, por estar grávida, e senti essa raiva. Eu só queria dizer: "Você vai fazer isso ou não vai sair para brincar o dia todo!" Mas eu me controlei e conversei com ela de modo razoável, dizendo: "Querida, comprei essa roupa especialmente para você por um preço muito bom e olha só! Ela é rosa, sua cor favorita!"
>
> Ela olhou para mim e disse: "É para meninas? Você comprou essa roupa em uma loja?"
>
> "Sim, querida, por que está perguntando?"
>
> "Pensei que fosse o tipo de roupa que os homens malvados usam quando a polícia os prendem."
>
> Ela havia visto aquilo na TV e estava assustada. Naquele momento, comecei a construir meu estilo materno; ver como eu fazia aquilo e ver se

estava me saindo bem. Foi quando comecei a obter confiança como mãe. A lição que tirei desse incidente foi perceber que em qualquer momento a criança está fazendo o melhor que pode. Seu trabalho é tentar entender o que isso quer dizer.

Você certamente pode extrapolar isso, trabalhando com adultos. Certa vez, eu estava em um filme e eu e o diretor tínhamos opiniões diferentes do personagem que eu estava interpretando. Eu resistia, relutava, ouvindo opiniões. Nunca me ocorreu, até lembrar daquele incidente com Willa, que eu podia tirar alguma coisa da ideia de alguém a respeito do papel. Por isso, passei a escutar em vez de resistir.

Imaginei a seguinte técnica: imaginei que meu personagem tinha uma vida em três dimensões que vinham antes e que continuariam depois da cena que estávamos filmando. Imaginei que a cena era apenas uma interrupção daquela vida. Isso me ajudou a tirar o peso da cena. Em vez de insistir em fazer as coisas da minha maneira, ou em vez de me retrair, pensei: "Se eu prestar atenção e ouvir o diretor, alguma coisa virá disso". E o que veio foi uma visão ampliada do personagem.

Agora ensino essa qualidade de adaptação em minhas aulas. Leciono para diretores de universidades na Faculdade de Cinema USC, ensinando a trabalhar com atores, e leciono para atores em minha casa. Digo que eles devem aprender a se adaptar de diversas maneiras a fazer as coisas. E muito disso eu aprendi com meus filhos.

Por exemplo, em outro momento, eu estava fazendo um sanduíche de manteiga de amendoim e geleia para Zosia, quando ela tinha cerca de 3 anos, e o cortei em diagonal. Ela se encolheu no chão, chorando. Pensei: "O que está acontecendo? Hum, não costumo cortar os sanduíches dela em diagonal". Por isso, perguntei: "Você está chateada com a maneira como cortei o sanduíche?"

"Sim!" (chorando)

Mais uma vez, uma escolha da mãe. Eu podia fazer com que ela o comesse ou poderia fazer outra coisa. Ou eu poderia dizer o que disse: "Certo, farei outro para você e comerei este".

É apenas uma adaptação porque alguém está chateado.[2]

Reserve tempo para explicar

Okun é uma entre diversas mulheres da Ernst & Young que trabalha quatro dias por semana e ela obviamente gosta do ambiente familiar da empresa.[3] Quando eu estava saindo do escritório, vi uma camiseta à mostra em uma estante. Na parte da frente, com letras grandes, estava escrito A EVOLUÇÃO DA AUTORIDADE, e por baixo havia quatro pegadas: de um macaco, de um ser humano, de um sapato de homem e outra de um salto alto.

Okun acredita que o que ela chama de *fator paciência* é uma das vantagens que ela, como mãe, leva a seu trabalho com clientes.

Estou acostumada a encontrar maneiras criativas de convencer as pessoas a fazer as coisas. Em casa, preciso contar às crianças o que preciso delas de três ou quatro maneiras diferentes. Por exemplo, minha filha mais velha está na primeira série e eu frequentemente preciso fazer com que ela pare e faça sua lição de casa. Em primeiro lugar, eu digo: "Faça sua lição de casa".

"Não!"

E então tento: "Vamos analisar estas novas palavras".

"Não!"

Por fim, penso em algo do tipo: "Oh! Veja! Você pode ver que as palavras se encaixam aqui... que quebra-cabeça divertido!"

E ela se interessa em fazer a lição de casa.

A mesma coisa acontece com um cliente. Posso abordar um assunto e se ele não pegar na primeira vez, preciso dar mais detalhes. Por exemplo, sou especializada em serviços financeiros. As empresas de finanças com que trabalho têm modelos quantitativos que oferecem bons valores para seus produtos, como derivativos. Para ter certeza de que os modelos são razoáveis e corretos, você precisa pedir que alguém de fora da empresa os analise. Em primeiro lugar, talvez seja preciso que eu explique por que eles precisam ter validação de modelo independente. Primeiramente, posso tentar dizer a eles o que significa ter validação independente. Eles perguntarão: "Por que precisamos disso?" Então, explicarei que eles precisam documentar suas ideias, de forma que os outros as entendam. Eles dirão: "Por que, por que, por que, Laurie?" Precisarão de diversas boas explicações antes de concordar, porque estão pensando, de fato, em: "Isto vai nos custar muito dinheiro". Acontece a mesma coisa com as crianças. Por que, Laurie? Por que, mamãe?

Nancy Drozdow, uma consultora da Filadélfia que tem uma filha de 10 anos e dois enteados crescidos, concorda que a paciência com os filhos pode ser usada no mundo dos negócios. Ela cita como exemplo o pai cujo filho tem dificuldade em matemática.

"É uma *luta* descobrir como esmiuçar um problema de matemática de modo que os filhos consigam entendê-lo, passo a passo. É uma luta de querer ajudar, sem saber exatamente como ajudar, mas pacientemente prendendo-se ao fato e à surpresa de quando a criança finalmente compreende.

Essa experiência de trabalhar com um filho pode ser valiosa quando trabalhamos com subordinados. Por exemplo, quando há um novo papel para que eles desempenhem e eles não fazem ideia de como fazer isso, um supervisor não pode simplesmente mandar que façam. Ele não pode dizer para que o funcionário simplesmente aumente sua rentabilidade em 10% e pronto. Ele precisa explicar por que os novos objetivos foram estabelecidos e mostrar como eles podem ser alcançados. Existe um período de orientação que precisa ser vencido. É exatamente a mesma coisa que acontece ao se esmiuçar um problema de matemática."

A empresa de Drozdow, que ajuda as empresas a criar estratégias de negócios, descobriu que as empresas costumam não oferecer esse tipo de orientação a seus funcionários quando eles reorganizam ou adotam uma nova estratégia:

> Vemos que quando uma equipe cria uma nova estratégia para, por exemplo, competir de modo mais eficiente, e precisa colocá-la em ação, a ideia de reunir as pessoas e colocá-las a par se perde, geralmente. Vejo isso o tempo todo – as pessoas que criam a estratégia acreditam que todo mundo vai entender quando anunciarem a ideia, como se todos estivessem lendo sua mente.
>
> É aí que entramos. Nós os ajudamos a fazer uma nova abordagem dar certo, fazendo com que ela se torne real para as pessoas que precisam disseminá-la. Isso envolve explicar o propósito da nova estratégia, explicando

que, se você faz as coisas dessa maneira, coisas boas acontecem... Enfatizamos que precisamos dizer a todos os nossos funcionários, como caixas de banco e outros, que se eles fizerem as coisas de um modo diferente, realmente verão uma diferença.

Isso é simples de perceber. Mas, ao mesmo tempo, é difícil. É preciso tempo e paciência. É muito mais fácil ser superior e simplesmente mandar as pessoas agirem de determinada maneira. Em empresas que tiveram muitas dificuldades em anos anteriores e que podem estar perdendo dinheiro, que costumam ser aquelas desenvolvendo novas estratégias, os executivos podem ter a sensação de que não têm o luxo do tempo. Eles tiveram dificuldades com essa abordagem porque leva tempo. É difícil fazer com que as coisas aconteçam com a rapidez com que eles gostariam que acontecessem. Essas empresas podem voltar ao estilo de administração de controle e de ordem de antigamente.

As empresas estressadas, assim como os pais estressados, se voltam para métodos mais primitivos.

É por isso que precisamos dizer que nem todos os pais, nem mesmo todos os pais bons, alcançam a paciência. (Lembre-se no *não irracional*.) Apesar de Soledad O'Brien me dizer que a paciência foi uma das lições que ela aprendeu com seus filhos, ela também está em um negócio de extrema pressão e parece que também aprendeu uma forma de impaciência com os filhos.

"Meu filho pequeno me ensinou a dar pequenos ultimatos para fazer com que as pessoas tomem atitudes", O'Brien disse. "É preciso estabelecer limites ou dar ordens a uma criança pequena, como 'não bata na sua irmã' ou 'não coloque comida nos cabelos'. Agora, uso a mesma técnica no trabalho. Preciso sair do escritório às cinco da tarde, porque minha babá precisa ir para casa. Por isso, deixo claro que preciso estar com os roteiros prontos antes desse horário. Se as coisas não estiverem prontas, preciso ser avisada... vocês precisam dar um jeito! Agora, deixo claro o que é meu problema e o que *não* é meu problema. Se o roteiro não estiver pronto, é problema seu! Antes de ter filhos, era mais difícil para mim estabelecer regras e ser clara a respeito do que eu precisava."

Sandra Day O'Connor não gostou da ideia de que os filhos ensinam paciência. "Eu sempre fui impaciente", ela me contou durante uma conversa em seu escritório na Corte Suprema. Seu marido, sentado a seu lado, concordou. "Com três filhos, ela tinha de ser organizada", ele disse, gesticulando com um golpe de caratê. Entendi a mensagem e, certamente, os filhos dela também.

Atitude paciente

Um comentário final a respeito dos usos da paciência pelos líderes políticos.

Muitos livros já foram escritos a respeito de como o sábio exercício da paciência requer prática. "Nossa paciência alcançará mais do que nossa força", disse Edmund Burke, o britânico do século XVIII que se opôs à guerra contra os colonizadores americanos. O general francês Charles de Gaulle foi um exemplo do líder paciente, com sua histórica habilidade de dizer *non*; simplesmente, recusar-se a assumir uma atitude que ele considerava estúpida diante de uma grande pressão. Essa força permitiu a De Gaulle simplesmente dizer não ao passado colonial da França na Argélia, retirando as forças francesas e resistindo a unir-se à aliança da OTAN, desafiando os Estados Unidos. De Gaulle ensinou que a grande liderança às vezes significa *não* fazer alguma coisa, ou fazê-la em oposição à ação pelo bem da ação. Ele foi um mestre da paciência, desaprovando o velho ditado de que "a paciência é uma virtude sempre encontrada nas mulheres e nunca nos homens".

NOTAS

1. Entrevista com a autora, Washington, D.C., março de 2003 (Powell).
2. Entrevista com a autora, Los Angeles, fevereiro de 2003 (Crouse).
3. Ernst & Young é uma das mais conhecidas empresas de contabilidade dos Estados Unidos. Em 1996, a empresa começou a tomar passos para manter as mulheres, permitindo que as funcionárias com filhos pequenos trabalhassem menos horas, mantendo a carreira. Agora, não é incomum que uma mãe seja promovida a sócia enquanto continua trabalhando quatro dias por semana. A porcentagem de mulheres em nível de sócias, reitoras e diretoras é de 15% – ainda baixo, mas cresceu em relação aos 7% de 1996.

6

Empatia: o Q.E.

Para ter certeza de que seus filhos receberão cuidados, as mulheres desenvolveram uma capacidade forte de sentir e expressar empatia.

– HELEN FISHER,
antropóloga, em *The First Sex*

Durante minhas entrevistas, fiquei surpresa com o número de pessoas que me disseram ter se tornado muito mais empáticas depois de terem filhos. Acreditavam que seu Q.E., *quoeficiente de empatia*, aumentou depois de elas se envolverem intimamente nos cuidados de uma criança. A empatia costuma ser definida como a sensibilidade aos sentimentos dos outros e a habilidade de reagir de modo simpático e adequado. Diversas pessoas se referiram à capacidade melhorada de sentir empatia como *coragem*, a coragem de dar o suficiente de si mesmo para se conectar com outra pessoa em um nível profundo.

A coragem da empatia

Gillian Moorhead é uma ex-diretora de teatro que agora atua preparando pessoas para depor em processos. Ela é contratada por empresas de advocacia para orientar réus e testemunhas sobre como causar a impressão mais convincente no júri. Isso vai desde conselhos a respeito do que vestir a técnicas para assumir um personagem.

Durante anos, Moorhead, uma mulher ágil e confiante na casa dos 40 anos, acreditou que suas habilidades nessa área vinham de sua experiência no teatro, orientando as interpretações feitas pelos atores. Mas, cada vez mais, ela percebe que seu trabalho tem sido muito enriquecido pela experiência de ter se tornado mãe, especialmente por ser mãe de dois adolescentes. (Ela tinha uma filha de 14 anos e um filho de 12 quando conversamos.)

Percebo agora que meu trabalho com as testemunhas não difere muito de quando me sento à mesa da cozinha com minha filha, quando ela me diz que está se sentindo muito sozinha na escola. Eu me reúno com testemunhas que geralmente estão passando por momentos terríveis de suas vidas. Um homem, por exemplo, um professor, estava enfrentando dois anos na prisão por supostamente abusar de um aluno dentro da sala de aula, e sua carreira toda foi destruída.

Ao trabalhar com réus assim, olho dentro de seus olhos e procuro encontrar uma verdade interior, descobrir o que de fato pode os estar incomodando. Apenas se as pessoas procurarem profundamente e entrarem em contato com as verdades mais profundas, elas podem se tornar boas testemunhas para si mesmas. É exatamente a mesma coisa que você faz com seu filho adolescente. Você senta com ele, acreditando em sua bondade essencial, tentando atingir o centro do problema que ele enfrenta.

No caso do professor, por fim, ele me contou o que havia acontecido de fato. Ele havia dito a uma menina, na frente da sala toda, que, se ela não fizesse sua tarefa, as pessoas pensariam que ela era burra. Ele a humilhou na frente de seus amigos.

Os alunos já tinham descoberto que ele era homossexual, vinham fazendo gracinhas e, depois desse incidente, a menina e uma amiga inventaram a história. Decidiram dizer que o professor estava molestando um dos meninos. E como o professor sentia vergonha do que tinha dito, porque não queria admitir ter sido um professor ruim, estava enfrentando uma prisão! Eu disse a ele: "Você está sendo julgado injustamente porque humilhou aquela menina!"

Agora ele tem uma chance de ser inocentado, porque descobrimos o motivo da história. Antes, não havia motivo para aquelas crianças terem inventado uma história. Descobrimos isso na *verdade* dele, não na verdade de seu advogado nem na da escola. Para mim, foi como descobrir momentos de verdade de seu filho. Foi preciso muita paciência, coisa que só uma mãe tem. Sei que sou melhor nisso agora do que era dez anos atrás, quando meus filhos tinham essa idade.¹

Moorhead acredita que agora leva a seu trabalho o mesmo tipo de controle emocional que tem com seus filhos: consegue enviar um sinal emocional à outra pessoa de que ela continua sendo digna de amor, independentemente do que tenha feito, e que pode ser perfeitamente honesta sem medo de ser rejeitada. Em outro caso criminoso recente, sua equipe estava defendendo uma médica negra, alta e que se impunha. Seu próprio advogado, um homem branco do sul, descreveu sua cliente a Moorhead como difícil e arrogante. Ela era uma pessoa que, aparentemente, era difícil de amar e, talvez, difícil de defender. Mas, agindo de acordo com sua teoria, originada de sua experiência com seus filhos, de que não é possível fazer com que uma pessoa se abra se você não a ama, Moorhead começou a conversar com a mulher sobre religião. Logo ficou claro que tudo havia mudado para aquela mulher quando ela descobriu sua fé religiosa. Por isso, Moorhead contou a ela a respeito de uma experiência recente em sua igreja, onde ela encontrou um enorme alívio de algo que a perturbava depois que membros da congregação colocaram as mãos sobre ela e oraram por ela.

"Ela se sentia vista e ouvida naquele banco de testemunhas, e nossa conversa lhe deu a coragem emocional de colocar-se inteira no tribunal", Moorhead me disse. "Quando ela entrar no tribunal, não vai ser capaz de mostrar a eles quem ela é, uma curandeira. Ironicamente, se eu tivesse perguntado ao advogado se podia conversar com ela sobre fé, ele teria dito não!"

Moorhead tem certeza de que não adquiriu essa capacidade de tocar as pessoas no teatro, que abandonou quando sua filha mais velha tinha 7 anos. Ela explicou que, no teatro, "Existe uma verdade mágica no meio de cada cena... as peças são construídas momento a momento, de um momento emocional a um momento de tomada de decisão e a outro. Esses momentos só dão certo quando algo muito honesto acontece entre as pessoas. Eu era boa em tirar isso dos atores, mas conseguia esse resultado forçando, exigindo, mandando e assim por diante. Eu não os amava o suficiente para conseguir resultados de outras maneiras.

Eu era impaciente, mandona e muito egoísta, no sentido de só me preocupar comigo mesma, e não com eles.

Por causa da maternidade, sei isso sobre as pessoas: que todas elas têm uma essência que podemos amar. Tenho mais abertura e acessibilidade e a coragem de correr riscos emocionais. A maternidade me fez corajosa!"

Para alguns pais, infelizmente, a coragem de se conectar com os outros em um nível profundo não vem com o fato de terem um filho, mas quando perdem um. Depois da morte de seu filho de 14 anos, o rabino Harold Kushner escreveu um livro de grande sucesso chamado *Quando coisas ruins acontecem às pessoas boas*. "Sou uma pessoa mais sensível, um pastor mais eficiente, um conselheiro com mais empatia por causa da vida e da morte de Aron, mais do que conseguiria ser", ele escreveu em 1981. "E eu abriria mão de todos os ganhos em um segundo se pudesse ter meu filho de volta. Se eu pudesse escolher, deixaria de lado todo o crescimento espiritual e a profundeza que encontrei em meu caminho graças às minhas experiências, e voltaria a ser como era quinze anos atrás, um rabino comum, um conselheiro indiferente, ajudando algumas pessoas e incapaz de ajudar outras, e o pai de um menino alegre e esperto."[2]

Mas Kushner não teve escolha. Ele teve de aceitar a sabedoria que lhe veio de modo tão doloroso.

Patty Dietch, uma enfermeira da área de psiquiatria no leste do Canadá, disse que teve uma experiência parecida depois de perder seu filho de 18 anos em um terrível acidente de carro cinco anos e meio atrás. Dietch está escrevendo uma tese de mestrado com o título "Vivendo na presença de sua ausência", na qual ela explica como, depois da morte do filho, ela conseguiu usar mais empatia em sua profissão. Assim como Moorhead, ela descreve essa capacidade como coragem. Talvez seja a coragem obtida por não ter nada a perder.

"Formei-me no curso de enfermagem trinta anos atrás", ela me disse durante uma entrevista por telefone, de sua casa na área rural de New Brunswick. "E durante anos pensei que estivesse levando a mãe que existe dentro de mim para o meu trabalho. Durante minha primeira entrevista de emprego, por exemplo, eu estava com a manga suja de banana amassada e disse ao entrevistador que meu bebê iria à empresa na hora do meu almoço. Pensei que estava levando a maternidade ao trabalho comigo. Mas agora sei que só fiz isso de verdade depois que Jeremiah morreu."

> Depois do acidente, precisei me reinventar. E aos poucos meu trabalho mudou. Meus ouvidos se abriram mais, tornei-me mais atenta ao que estava sendo dito realmente, mais reativa à linguagem corporal. Estava ouvindo com meu coração e não apenas com a cabeça. Antes, em meu trabalho, eu sempre me preocupava com a abordagem ou modelo que funcionariam no caso e assim por diante. Depois, comecei a usar a sabedoria que veio de dentro. Eu estava mais destemida.
> Por exemplo, trabalho com adolescentes. Vivemos em uma comunidade pequena e, um dia, uma menina de 16 anos entrou, e ela conhecia meu filho. Seu pai era alcoólatra, sua mãe estava envolvida com um homem agressivo, e ela tinha sofrido abusos dos 11 aos 13 anos. Ela estava muito irada e me disse que tinha destruído a casa do pai. Ele dissera que cobraria dela o dinheiro para consertar os estragos.
> Eu olhei para ela e perguntei: "Querida, você chora?"
> Caminhei lentamente na direção dela e, de repente, ela estava em meus braços, soluçando. Pensei: "Quem amou esta menina? Ninguém".
> Jeremiah, certa vez, me disse: "Se todo mundo tivesse uma mãe como você, o mundo seria melhor". Isso foi um presente muito grande. Tenho levado isso comigo e tenho retirado coragem disso. Penso: "Foi a única coisa que fiz direito". As partes mais criativas de mim mesma estavam envolvidas em meu papel de mãe e agora posso levá-la aos outros.[3]

A empatia é inata?

Alguns pesquisadores acreditam que as mulheres nascem com empatia. No livro *Diferença essencial*, Simon Baron-Cohen afirma que "em média, as mulheres espontaneamente mostram mais empatia do que os homens".[4] Como prova disso, ele cita o fato de as mulheres conseguirem pontuação mais alta do que os homens em um teste para descrever o que uma pessoa está pensando ou sentindo quando veem uma foto de seus olhos. Em outro questionário, as mulheres, em média, costumam valorizar a empatia e a intimidade nas amizades enquanto os homens costumam valorizar mais os interesses compartilhados.[5] Diferenças sexuais parecidas têm sido detectadas imediatamente depois do nascimento. Experimentos com bebês de um dia de vida mostraram que as meninas olham por mais tempo para o rosto das pessoas, enquanto os meninos olham por mais tempo para um móbile.[6]

As mães também demonstram estilos de criação dos filhos com mais empatia. As mães costumam segurar um bebê mais na posição de cara a cara, permitindo que eles troquem informações emocionais. As mães adaptam o modo de falar com mais frequência para ajudar uma criança a compreender o que estão dizendo. E costumam aceitar melhor a escolha do filho na hora de brincar, enquanto os pais costumam impor as brincadeiras.[7]

Acredita-se que a habilidade feminina relativamente maior de ter empatia se codesenvolveu com o investimento paternal primário. O investimento feminino de tempo e energia na criança é extremamente alto nos macacos e nos seres humanos, e a atitude maternal com mais empatia também costuma ser mais alta nos seres humanos e grandes macacos do que em outros mamíferos. Uma mãe que tem empatia consegue satisfazer melhor as necessidades e a entender os sentimentos de seu bebê e tem menos chance de ser negligente, dando a seus filhos, assim, maior chance de sobrevivência.[8]

Muito mais pesquisa precisa ser realizada nessa área (entre outras questões, é difícil ver como o comportamento das adolescentes umas com as outras pode ser caracterizado como altamente empático). Por enquanto, é suficiente dizer que muitas mães e alguns pais afirmaram que sua capacidade de demonstrar empatia foi acionada ou aumentada depois da experiência de dar à luz e a criar um filho. A prática constante do cuidar parece ser a origem.

Como Leslie Gaines-Ross, da Burston-Marsteller, disse: "Quando uma criança não consegue falar, você precisa entender o que ela está comunicando a você... isso lhe dá a capacidade de ler os sentimentos e também os fatos. Uma sociedade dominada pelos homens ignora coisas que não sejam fatos e números, mas a comunicação entre seres humanos envolve muito mais do que isso.

Você sabe quando desenvolve esse senso em relação a seus filhos, de que quando uma coisa parece não estar certa, geralmente não está? Suas habilidades intuitivas ficam afiadas. Principalmente com os bebês, que não conseguem falar, é preciso perceber os sinais não verbais. De modo parecido, sou muito sensível aos sentimentos e ao humor dos meus colegas. Nas reuniões de nossos funcionários seniores, consigo perceber a linguagem corporal, o tom de voz e assim por diante, e sei quando alguma coisa está errada. Na semana passada, por exemplo, um funcionário foi visitar um cliente e este nos disse que a química não era boa, que eles prefeririam não trabalhar com aquele cara. Numa reunião que ocorreu depois, o sujeito ficou em silêncio. Chamei-o mais tarde e perguntei se havia algo de errado. Ele me disse que não tinha conseguido lidar bem com a sensação de que as coisas com aquele cliente não tinham sido boas e então percebi que ele estava *magoado*. Como uma criança. Ele estava demorando muito para conseguir superar aquela sensação de dor".[9]

Lisa Anderson, reitora em Columbia, também me disse acreditar que era muito mais rápida do que a maioria dos reitores em perceber sinais emocionais a respeito de problemas que não eram verbalizados. Quando entrevista um candidato para uma vaga em seu departamento, por exemplo, ela consegue entender o subtexto emocional nos comentários, a parte que eles não ousam dizer ou não conseguem articular. O candidato pode estar falando sobre a carga de aprendizado, por exemplo, mas ela sente que ele, na verdade, está pensando: "Será que consigo viver em um apartamento em Nova York? Onde meus filhos estudarão? Onde podem atravessar a Broadway?..."

"Continuo e falo sobre a parte pessoal da vida na universidade. Pergunto a eles: 'Você se sentiria mais à vontade vivendo em um bairro residencial?' Isso, em parte, porque é uma experiência que vivi; não tenho esposa em casa, por isso tenho de lidar com esses assuntos. Alguns dos homens aqui também passam por isso, eles dividem as tarefas em casa, mas não têm certeza de que é 'profissional' falar sobre coisas pessoais."

A mãe cheia de empatia que trabalha fora

Os especialistas em administração conhecem bem o fenômeno da *mãe que trabalha*, uma mulher mais velha que colabora com as pessoas quando precisam de ajuda, que as ajuda a resolver seus problemas interpessoais e que alivia os conflitos; todo o trabalho de apoio que mantém as coisas num ritmo tranquilo dentro de uma empresa. Gaines-Ross, por exemplo, sabe bem que é vista como o tipo de mãe-confessionário, talvez porque muitos de seus colegas de trabalho sejam bem mais jovens e não tenham filhos.

"As pessoas conversam comigo sobre assuntos que as incomodam e eu as ajudo a resolvê-los por outros canais. Uma pessoa muito irritada procurou-me há pouco tempo, dizendo que queria sair. Contou-me por que estava saindo e despejou uma lista de motivos pelos quais a empresa a havia decepcionado. Ajudei-a a aliviar essa raiva. Mostrei que todas as empresas, assim como todas as famílias, são pelo menos um pouco disfuncionais. Não existe família perfeita nem empresa perfeita. Eu disse: 'Veja o que a empresa ofereceu a você: um bom início à sua carreira, experiência em seu currículo', e assim por diante. Eu disse que é importante sair deixando as portas abertas; nunca se sabe quando as circunstâncias mudam e você pode querer voltar."

A mãe que trabalha fora pode se ver com dois empregos: aquele pelo qual ela recebe um salário e outro, aquele que é esperado que ela faça. Ela está, na verdade, oferecendo à empresa o mesmo tipo de apoio emocional e com empatia que as mães oferecem em casa. E, apesar de este trabalho ser igualmente importante, costuma não ser valorizado. O trabalho pode ser a cola emocional que gruda as partes essenciais da organização, mas continua invisível e sem recompensas.

Este é, exatamente, o serviço que as engenheiras da DEC realizaram para a empresa nos anos 1980 e 1990. Muitos anos atrás, entrevistei uma ex-funcionária da DEC que descreveu o processo. Ela explicou que quando um projeto era cancelado, por exemplo, as gerentes criavam algo equivalente ao pesar. Elas conversaram com os membros da equipe, ajudavam a analisar a perda do processo, lidavam com os sentimentos feridos e assim por diante, até que as pessoas se sentissem melhores e conseguissem voltar normalmente ao trabalho. Eles reconheceram que os funcionários desapontados eram como crianças que tinham sido magoadas e precisavam de um pouco de carinho.

Os gerentes do sexo masculino, por outro lado, costumavam passar imediatamente para um novo projeto, sem passar por aquele trabalho emocional. Os sentimentos feridos continuavam sem ser abordados até que aparecessem em outro lugar na forma de moral baixa, trabalho ruim ou queda de produtividade. Ainda assim, o trabalho feminino ou, talvez mais adequadamente, o trabalho maternal, que permitia que esses sentimentos fossem expressados e absorvidos, nunca era reconhecido nem analisado.

A especialista em administração Joyce Fletcher examina por que essas práticas relacionais costumam ser desvalorizadas em empresas dominadas por homens, apesar de elas servirem para os interesses da empresa. Ela acredita que isso se deve ao fato de que os homens pensam que as mulheres que se ocupam em mostrar empatia estão apenas sendo boazinhas e simpáticas, mas não inteligentes. Uma chefe do sexo feminino que se dedica a conversar com um funcionário que perde uma reunião ou um superior que compreende os sentimentos de um subordinado pode ser visto como carinhoso em vez de alguém preocupado com a produtividade. Da mesma maneira, a orientação e o incentivo às pessoas costumam ser vistos como sinais de comportamento maternal, e não como boa prática de negócios. E quando uma gerente do sexo feminino tenta fazer com que as pessoas pensem que algo foi ideia delas para que consiga convencê-las, sua atitude pode ser tida como evidência de que ela não tem grande visão estratégica.

Em resumo, cegados pelo pensamento estereotipado, os homens podem ver uma mãe que trabalha em uma empresa quando o que existe na frente deles é uma executiva eficiente e esperta.

Esta é, obviamente, uma situação sem vencedores para muitos gerentes competentes. Fletcher me contou a respeito de uma executiva do sexo feminino na DEC que era engenheira sênior e líder de projetos em uma tarefa técnica. Ela trabalhava diretamente subordinada a um homem que deveria ser o supervisor, com a responsabilidade de resolver todas as diferenças pessoais e outros problemas de relacionamento. Mas os membros da equipe preferiam levar seus problemas a ela e não a ele. Durante um tempo, ela aceitou, mas logo percebeu que, se continuasse a fazer aquilo, não seria promovida, porque aquela responsabilidade de cuidar dos problemas das pessoas estava tomando grande parte do tempo de que ela precisava para se dedicar a suas outras responsabilidades.

Ela tentou afastar-se do papel de apaziguadora/solucionadora/mãe. E todos reagiram indignados. Ela ouviu comentários do tipo: "Qual é o seu problema? Está naquela época do mês?"[10]

Seu trabalho de empatia não era muito valorizado por seu supervisor do sexo masculino, mas ela também foi criticada por *não* realizá-lo. É um território muito familiar para a maioria dos pais. Lembro de uma amiga que, certa vez, reclamou que ela e o marido podiam passar seis noites por semana em casa e, na sétima, quando se arrumavam para sair, os filhos reclamavam: "Puxa, mamãe, você *nunca* fica em casa!"

Empatia criativa

Atores, diretores, roteiristas e jornalistas costumam dizer que têm acesso a uma gama maior de emoções por serem pais. O produtor televisivo John Romano, que escreveu e produziu diversos programas de sucesso, incluindo *Hill Street Blues*, admite que não sabia que as meninas eram pessoas antes de ter filhas. "Eu *adorava* as meninas, mas as via como as Outras", ele explicou durante uma entrevista em seu estúdio em Hollywood. "Por ter filhas e por cuidar delas e ver tudo que elas passam, você percebe que está lidando com um ser humano completo."[11]

(O comentário de Romano lembrou-me daquele escritor em um filme para quem perguntavam como ele era capaz de criar personagens femininos tão realistas. Ele respondeu: "É fácil. Simplesmente pense em um homem e então tire a razão e a responsabilidade".)

Romano usou de modo muito produtivo a sua sensibilidade quando foi um dos produtores de um programa chamado *Party of Five*, em que um casal com cinco filhos morre, e os filhos precisam se virar sozinhos. Ele teve de escrever cenas para meninas adolescentes e, por ter filhas, sabia a profundidade dos sentimentos e da raiva daqueles personagens. "Foi uma cura para aquela condescendência que geralmente surge quando escrevemos sobre adolescentes", ele me disse.

Outra roteirista, mãe de dois filhos, que trabalha com Romano em *American Dreams*, resumiu: "Ter filhos é uma experiência totalmente nova que você não consegue imaginar. A única maneira de imaginar isso é vivendo. Como roteirista, isso é muito valioso".

Isso é igualmente valioso no jornalismo. Percebi que Katie Couric demonstrou grande empatia em suas entrevistas com as viúvas do World Trade Center. Couric havia perdido o marido, que morreu de câncer, e conseguiu conversar com viúvas que estavam passando por aquela dor como se literalmente sentisse aquela dor.

Soledad O'Brien, a perspicaz âncora de televisão, não passou por uma tragédia pessoal desse tipo, mas também sente uma empatia especial pelos pais pesarosos, agora que ela tem filhos. O'Brien teve de entrevistar quatro ou cinco casais com filhos desaparecidos, incluindo os pais de Elizabeth Smart, a adolescente de Salt Lake City que foi raptada de seu quarto, certa noite, por uma pessoa e felizmente foi encontrada sem ferimentos muitos meses depois.

"Quando você tem filhos, você olha para esses pais e só consegue pensar em perguntar: 'Como você consegue sair da cama de manhã? Como não pôs fim à sua vida?'", O'Brien comentou. "Antes de ter filhos, é claro que eu sabia que devia ser terrível perder um filho, mas ter seus filhos abre sua mente para uma nova variedade de sentimentos. Você compreende totalmente pelo que eles estão passando."

Para uma atriz, a empatia maternal pode trazer uma dimensão extra à compreensão que a pessoa faz de um personagem. Lindsay Crouse, que foi indicada ao Oscar por seu desempenho em *Um lugar no coração*, certa vez fez o papel de uma policial em um episódio do programa *NYPD Blue*. Seu personagem era o de diretora da polícia, responsável por gerenciar a polícia à paisana da cidade. Ela era um tipo de mãe, uma figura simpática a quem as pessoas recorriam quando precisavam conversar, e que sabia quando tirar uma pessoa de seu disfarce antes que ela acabasse no submundo do crime.

Quando Crouse chegou ao estúdio e foi se vestir, em sua arara de roupas havia dois ternos sob medida. Ela soube imediatamente que aquelas peças eram do personagem errado, que podia vestir algo mais informal e comum. Sua opinião foi levada em conta e ela conseguiu vestir um suéter em suas cenas.

A produtora de filmes Lucy Fisher salvou um grande projeto do fracasso graças a seu conhecimento como mãe. Uma das primeiras coisas que ela fez quando se tornou vice-presidente do Sony's Columbia TriStar Motion Picture Group, em 1996, foi dizer às pessoas que participavam da produção de *Jerry Maguire* que elas tinham de demitir o ator-mirim que estava escalado para ser o filho de Renée Zellweger. Fisher se lembra de ter dito ao diretor Cameron Crowe: "Você trabalhou por quatro anos e tudo vai ser arruinado... O filme depende de Tom Cruise se apaixonar pelo menino, mas o garoto sequer olha nos olhos de Cruise..."

"Eles disseram: 'É tarde demais, nós já filmamos três dias'. Mas respondi: 'Não tem problema, vamos refilmar, porque você pode fazer melhor do que isso'."

Eles encontraram um novo ator e o filme foi um sucesso.

Empatia e poder

Empatia é um elemento essencial na liderança política e uma característica de todos os grandes líderes de verdade. O maior exemplo na vida pública norte-americana provavelmente é Franklin Delane Roosevelt, que ganhou empatia depois de ter sofrido uma paralisia causada pela poliomelite em 1921. De acordo com o escritor Garry Wills, o problema de Roosevelt permitiu que ele estabelecesse um forte elo emocional com uma nação que tinha sido atingida pela pobreza e pelo desespero da Depressão. Roosevelt compreendeu o que significava dizer: "A única coisa da qual precisamos ter medo é do medo em si". Ele lançou uma série de projetos do governo para fazer com que o país sentisse esperança de que dias melhores estavam por vir. O público, segundo Wills, nunca soube da real gravidade da limitação de Roosevelt, "mas sabia o bastante para sentir que se ele conseguisse continuar como continuou, feliz apesar da perda, eles também conseguiriam".[12] A perda e a empatia, nesse caso, produziram um líder perfeito para as épocas difíceis. (Podemos nos perguntar se a frase "Sinto sua dor", de Bill Clinton, foi um esforço consciente de reviver a maravilhosa conexão de Roosevelt com os eleitores. A empatia de Clinton, que teve origem em parte em sua infância tomada pela perda, também foi politicamente eficiente.)

A empatia é igualmente importante nas relações internacionais. Robert McNamara, um dos planejadores da Guerra do Vietnã, especulou no documentário *Sob a névoa da guerra*, vencedor do Oscar, que foi falta de empatia por parte dos líderes americanos que fez com que os Estados Unidos se tornassem tão envolvidos naquele conflito sangrento. De acordo com McNamara, que foi secretário de defesa na administração dos presidentes Kennedy e Johnson, os homens do poder simplesmente não compreendiam os sentimentos e as razões dos vietnamitas. Um fracasso na empatia foi responsável pelas mortes de milhões de pessoas e pelo maior desastre político estrangeiro da história norte-americana – fazendo com que uma pessoa se perguntasse onde estavam nossos líderes maternos quando precisávamos deles.

Mas, de modo mais leve, McNamara também revelou que a habilidade do presidente Kennedy de mostrar empatia ao líder soviético Nikita S. Krushchev durante a crise dos mísseis cubanos ajudou a salvar o mundo da guerra nuclear. Colocando-se no lugar de Krushchev, Kennedy decidiu que os russos queriam encontrar uma forma de vencer a guerra sem perder a boa reputação. Assim, o presidente americano ignorou o conselho dos chefes da junta norte-americana para bombardear Cuba e a guerra foi evitada.

O diretor Errol Morris tirou das lembranças vívidas de McNamara lições para os líderes mundiais. A primeira é "ter empatia por seus inimigos". A empatia é especialmente necessária em uma guerrilha, quando o inimigo de uma pessoa pode ser o povo contra quem ela está lutando. Fiquei surpresa com a observação de um jornalista a respeito da situação no Iraque no fim de 2003. Em um país que não estava nem em paz nem em guerra, ele escreveu: "O poder de ataque e as boas intenções seriam menos importantes do que aprender a perceber os sinais".[13] Entender as pessoas – seus pensamentos, emoções, ressentimentos e sonhos – havia se tornado mais crucial para a habilidade pós-guerra do que todos os atiradores F-16, navios AC-130 ou as duas mil bombas que o dinheiro podia comprar.

As mães seriam melhores para entender esses sinais? Os líderes políticos com experiência direta de criação dos filhos são mais capazes de demonstrar empatia do que as outras pessoas? A pesquisa a respeito disso é tão esparsa quanto o número de mulheres que ocupam altos cargos e as poucas que os ocupam não incentivam essas generalizações. Margaret Thatcher, mãe, certamente foi uma das líderes modernas com menos empatia na Grã-Bretanha. Mas, apesar dela, alguns pesquisadores descobriram que as mulheres da política de modo geral costumam sustentar mais compromissos sociais do que os homens.[14] Um estudo realizado pelo Centro para a Mulher e a Política Americana da Universidade Rutgers, por exemplo, concluiu que as legisladoras do sexo feminino, independentemente de sua orientação política, eram mais propensas do que os homens para falar da prioridade das políticas públicas, ajudando crianças, famílias e cuidando da saúde. Muitos legisladores do sexo masculino defendem as mesmas causas, mas como Madeleine Kunin, ex-governadora de Vermont, escreveu em sua autobiografia, as mulheres costumam trazer um nível maior de intensidade a esses assuntos porque já os viveram.[15]

Um indicador da diferença entre legisladores dos sexos masculino e feminino é analisar o registro de votos das mulheres republicanas no Congresso, que geralmente discordaram de seus colegas homens sobre assuntos de importância para mães e filhos. Connie Morella, de Maryland, que passou dezesseis anos na Câmara dos Representantes, é um dos melhores exemplos. Morella copatrocinou a legislação para dar valor ao trabalho não remunerado em casa, foi uma das maiores incentivadoras do Ato de Violência contra as Mulheres e defendeu ferrenhamente o apoio federal às creches. Quando seu primeiro filho tinha 2 anos e meio, ela teve de voltar a trabalhar como professora de escola pública e soube logo de cara como era importante o cuidado de qualidade para as mães que trabalhavam fora. Mais tarde, ela deu início a um programa bipartidário de creches no Congresso e conseguiu instituir uma lei que permitia às agências federais oferecer creches às suas funcionárias e fazer com que os *campi* de universidades subsidiassem creches para as alunas de baixa renda.

Morella também colocou suas convicções em prática em seu próprio escritório, diferentemente de algumas outras mulheres do Congresso. No início dos anos 1990, depois de sua assistente Cindy Hall ter um bebê, Morella não apenas deu a Hall uma semana de trabalho de quatro dias, mas também chamou eletricistas e pediu para que fosse instalada fiação suficiente para que a bomba de sucção de leite pudesse ser usada. Os eletricistas de Capital Hill nunca tinham recebido uma chamada como aquela.

"Leite é alimento!"

Uma das histórias mais engraçadas que ouvi a respeito da empatia em uma mãe poderosa veio de uma conhecida que era executiva sênior na Bechtel, a grande empresa de construção com sede em San Francisco. Durante anos, ela havia postergado ter filhos, mas, quando os gêmeos nasceram, repentinamente teve consciência de todos os obstáculos para a maternidade na Bechtel. Ali estava ela, em seu glamouroso escritório, loucamente bombeando leite enquanto sua secretária afastava as pessoas que tentavam entrar. "O que fazem as secretárias?", minha amiga cheia de empatia perguntou. "Como elas conseguem ter privacidade?"

Ela fez algumas perguntas e descobriu que as mulheres em níveis mais baixos na empresa se escondiam dentro dos armários de vassouras, embaixo das escadas ou em outros cantos escondidos para conseguir extrair leite em relativa privacidade. Ela pensou que algo precisava ser feito e enviou um memorando à pessoa responsável por essas coisas, sugerindo que fosse reservado um espaço apropriado onde as mães pudessem extrair leite.

Essa pessoa enviou um *e-mail* em resposta, rejeitando essa ideia, propondo que elas fizessem o que tinham de fazer dentro do banheiro.

"No banheiro!", foi a resposta furiosa dela. "Não acho que você deveria escrever uma coisa dessas. O leite materno é alimento! Está sugerindo que suas funcionárias preparem alimentos no *banheiro*?"

Um espaço adequado para as mães que estavam amamentando logo foi criado.[16]

NOTAS

1. Entrevista por telefone com a autora, maio de 2003 (Moorhead).
2. Harold S. Kushner, *When Bad Things Happen to Good People* (Nova York: Schocken Books, 1981), p. 133.
3. Entrevista por telefone com a autora, 2002 (Dietch).
4. Simon Baron-Cohen, *The Essential Difference* (Nova York: Basic Books, 2003), p. 2.
5. Idem, op. cit., pp. 32-33.
6. Idem, op. cit., pp. 55-56.
7. Idem, op. cit., p. 54.
8. Idem, op. cit., pp. 127-28.
9. Entrevista por telefone com a autora, 2003 (Gaines-Ross).
10. Entrevista por telefone com a autora, 2003 (Fletcher).
11. Entrevista com a autora, Los Angeles, fevereiro de 2003 (Romano).
12. Wills, op. cit., pp. 32-33.
13. George Packer, "War After the War", *The New Yorker* (24 de novembro de 2003).
14. Irene Tinker, "Quotas for Women in Elected Legislatures: Do that Really Empower Women?" (artigo não publicado, 2003), p. 17.
15. Kunin, op. cit., pp. 85, 363.
16. Comunicação pessoal, San Francisco, 2001 (Treat).

7
Valorizar as diferenças

"Seguir o bebê" é melhor do que "seguir o livro".
– Penelope Leach,
especialista em criação dos filhos

Diversos pais de diversos lugares do mundo me disseram que aprenderam a valorizar e a ser mais tolerantes com as diferenças individuais depois de terem filhos diferentes uns dos outros. Uma executiva que tinha uma família muito heterogênea, incluindo enteados e filhos adotados, disse que eles ensinaram a ela que não existe maneira certa de fazer as coisas. Assim, ela se tornou conhecida como a pessoa em sua empresa que conseguia trabalhar com todo mundo.[1]

Todo mundo é bom em alguma coisa

Louise Francesconi, da Raytheon, conseguiu enorme sucesso no mundo masculino de contratos de defesa. Assim como diversas mães executivas que entrevistei, incluindo Ann Moore, Shelly Lazarus, Jamie Gorelick e Deb Henretta, Francesconi costuma aparecer na lista das cinquenta mulheres mais poderosas dos negócios norte-americanos da revista *Fortune*. Uma das principais regras que ela segue como gerente, ela me disse, veio da experiência de ter dois filhos muito diferentes.

Quando conversamos por telefone em 2003, Francesconi tinha um enteado, de 31 anos, e um filho, universitário, de 19 anos. "Um é muito esperto, o orador da turma, e o outro é comum", ela me disse. Contou que o desafio era fazer o que a escola não havia feito: ensiná-los a compreender no que eles eram bons, *porque todo mundo é bom em alguma coisa.*

"Trabalhamos para fazer com que eles pensassem em si mesmos como um conjunto de habilidades", Francesconi conta, "e se concentrassem e desenvolvessem seus pontos fortes. Assim, o filho que sempre se esforçava nos estudos não se sentia um fracassado. Ele sabia quais eram seus pontos fortes, incluindo uma forte ética de trabalho. Ele descobriu o que o anima, e quando você percebe isso em seu filho, você incentiva. Você rega a planta."

Francesconi acredita que esclarecer seus próprios pontos fortes tem sido um dos motivos de seu sucesso. Ela diz: "Recusei trabalhos que não regavam minha planta". Passou 24 anos de sua carreira na Hughes Aircraft, onde começou trabalhando em um emprego de verão enquanto seu pai trabalhava ali. Tornou-se presidente da Hughes Missile Systems Company, que se fundiu com a Raytheon em 1998. Quatro anos depois, ela foi nomeada presidente dos sistemas da empresa, o maior do mundo.

"Com os filhos e no emprego, o trabalho é o mesmo", diz a fabricante de armas. "É fazer com que as pessoas *conheçam* a si mesmas e se sintam bem consigo mesmas. Uma capacidade de fazer isso – ter essa conversa em casa e no ambiente de trabalho – é parte essencial de ser um bom líder. Uma das principais coisas que levo a meu trabalho é minha capacidade de fazer com que as pessoas tenham a certeza de estarem no emprego certo. Uma coisa que tem me chocado ao longo dos anos é o número de pessoas que não parece saber em que são boas. Posso atuar como mentora e ajudá-las a descobrir seus pontos fortes."

Ela citou o exemplo de uma jovem negra do sul com educação altamente técnica. Ela havia passado de emprego a emprego de acordo com o local onde a empresa queria que ela estivesse, não onde ela se sentia bem.

"Ela se sentia muito perdida. Finalmente, aproximou-se de mim e disse: 'Louise, preciso de uns conselhos de carreira'. Assim, dei-lhe uma tarefa. Pedi que escrevesse todas as coisas nas quais se sentia bem-sucedida; todas as coisas que ela fazia melhor do que ninguém. Pedi que não escrevesse sobre trabalhos, apenas sobre habilidades. Quando ela voltou, consegui me sentar com ela e analisar a lista e explicar como aquele trabalho pediria aquelas habilidades ou o que o emprego acrescentaria a ela, com aqueles pontos fortes. Ela está começando a ver que tem um pouco de controle sobre sua carreira, o que será muito melhor para ela e para a empresa."

Linda Juergens não poderia estar em uma área mais diferente do que Louise Franscesconi. Juergens é diretora executiva da Associação Nacional dos Centros de Mães, uma organização de apoio às mães com sede em Levittown, Nova York. Ela também acreditava que as diferenças entre seus dois filhos melhoraram sua capacidade de avaliar os pontos fortes e únicos das pessoas. Independentemente de você estar trabalhando com mães ou mísseis, a lição útil é a mesma: "Você aprende muito sobre a natureza humana quando cria um ser humano", de acordo com Juergens.

Suas duas filhas são extremamente diferentes uma da outra. Uma fala de maneira calma e é tímida, como Linda, e a outra é muito mais aventureira, assertiva e desafiadora. "Elas me fizeram repensar minhas opiniões a respeito das diferenças de gêneros", Juergens disse. "Se minha segunda filha fosse um menino, nós teríamos pensado que ela é como é por ser de outro sexo." Juergens e seu marido, assim como Francesconi, foram forçados a aprender a lidar com duas personalidades muito diferentes, cada uma com seu conjunto de pontos fortes e fracos. Foi um excelente treinamento para lidar com as diferenças nos adultos.

Em seu primeiro emprego, Juergens teve de lidar com um grupo de voluntários. Nessa situação, ela explica: "Você não pode forçar ninguém a fazer nada, por isso precisa avaliar os pontos fortes de cada pessoa. Precisa descobrir o que elas fazem de bom e o que vão gostar de fazer. Você precisa ter certeza de que o trabalho que elas podem fazer bem é o trabalho que podem fazer sem supervisão".

"Por causa das diferenças entre minhas filhas, sinto-me mais à vontade com o fato de que as pessoas têm pontos fortes e deficiências muito difererentes", Juergens disse. "Elas me ensinaram a abordar as pessoas de modo mais positivo, a me concentrar no que elas podem fazer, sem me apegar no que elas não podem fazer. Acredito que antes de ter filhos eu não era tão tolerante nem flexível. E não consigo pensar em nenhuma situação em que a habilidade de ser flexível não seja algo bom."[2]

A psiquiatra Judith Rapoport tem dois filhos, que agora estão na casa dos 30 anos, que também têm temperamentos muito diferentes. O primeiro deles é mais parecido com Rapoport e seu marido: um aluno muito bom, que encara seu trabalho com seriedade, bem-sucedido em tudo o que faz. Stuart, o segundo filho, nunca tentou vaga em Harvard nem em Yale, como afirma Rapoport. Mas ele sempre teve uma personalidade tranquila, muita disposição e muito do que agora chamamos de *inteligência emocional*.

"Ele se tornou um modelo para todos nós", ela disse. "Conhece o ditado 'Deixe as flores desabrocharem'? Nosso segundo filho nos ensinou muito sobre isso. Aprendemos muito sobre as diferentes maneiras pelas quais as pessoas conseguem ser bem-sucedidas na vida. Às vezes, quando meu marido e eu falamos sobre um novo funcionário, um de nós diz: 'Acabei de contratar um Stuart'. Com isso, nos referimos a afirmação com boas habilidades básicas, mas que, acima de tudo, traz muito valor a uma equipe em termos de entusiasmo e ajuda a todos para trabalharem de modo harmonioso... as crianças fazem com que percebamos os diversos caminhos diferentes de se viver a vida. Você não deve querer as melhores personalidades em uma equipe. Mas precisa daquelas mais facilitadoras."

Rapoport conseguiu destaque com um trabalho bem feito a respeito da hiperatividade e o comportamento obsessivo-compulsivo das crianças. Atualmente, ela tem estudado o comportamento de crianças em estágios muito iniciais de esquizofrenia e tem uma equipe de cientistas recém-saídos da universidade que trabalha em seu laboratório. Ela vê uma relação entre incentivá-los em suas carreiras e a sensação boa de doar-se que ocorre quando criamos um filho. Ela aprendeu com o filho Stuart a valorizar os Stuarts de seu mundo, as pessoas com quem é divertido trabalhar e com quem é divertido estar. Ela sente que isso a tornou uma gerente de equipe melhor e uma mentora melhor.

Outros educadores confirmam que a ideia de que "todo mundo é diferente" é especialmente valiosa. A rabina Margaret Wenig, professora de homilética, a arte de preparar e pregar sermões, da Hebrew Union, da cidade de Nova York, diz: "Meus filhos tinham personalidades muito distintas. Seria um absurdo esperar que eles fizessem os mesmos progressos no mesmo ritmo... levei isso a meus ensinamentos. Agora, passo uma folha para os alunos depois de todas as aulas perguntando se eles ficaram sem entender alguma coisa, algo que possa prejudicar seu desempenho na escola. Digo que estou disposta a me reunir com eles, individualmente, para garantir que eles saiam da sala quando precisarem... meus filhos me forçaram a tratar meus alunos como indivíduos, não como uma classe".

É possível aprender essa importante lição lecionando. A executiva de TV Gerry Laybourne contou-me que a percepção que ela tinha das diferenças individuais surgiu de sua experiência como professora Montessori. "Venho da educação básica, onde era uma professora de classe livre", ela explicou, "e minha filosofia de administração teve base nos mesmos princípios: descobrir o que há de bom em todas as pessoas ao seu redor e ajudá-las a expressar ou a alcançar. Isso é muito diferente da abordagem que criaria uma estrutura empresarial, analisaria sua base de habilidades e depois encontraria as pessoas com aquelas habilidades para encaixá-las.

Os pais perguntam: 'Em que esse filho é bom e como posso ajudá-lo a desenvolver esse talento?' Sendo um pai... você fica do lado de seu filho, torcendo por ele. Se puder transferir esse sentimento para as pessoas que trabalham para você, você é um gerente."

Flexibilidade

Essa máxima dos pais – de que todos são diferentes e de que as diferenças devem ser respeitadas – foi dita pela primeira vez por Stella Chess e Alexander Thomas, um casal de psiquiatras infantis e pais de quatro filhos, que viram, surpresos, que cada um dos filhos "nascia diferente". Sua pesquisa mostrou que nenhuma criança é *um quadro em branco*, no qual os pais poderiam acrescentar os traços de personalidade que desejassem. Cada criança tem sua personalidade única, e os bons resultados dependem muito de quão bem os pais se adaptam às características especiais de seus filhos. O segredo foi o que Chess chamou de "flexibilidade". Se as expectativas e exigências combinam com as capacidades e temperamentos dos filhos, então o bebê terá um excelente desenvolvimento.[3]

Nas empresas, é um pouco diferente. Obviamente, as capacidades e os objetivos do indivíduo precisam estar em sintonia com as necessidades do empregador e com a missão geral. Ninguém consegue ser bem-sucedido se suas habilidades ou objetivos não estiverem de acordo com as necessidades e objetivos da empresa. Assim, um gerente precisa respeitar e saber como utilizar os talentos únicos de cada empregado. Como diz Herb Kelleher, presidente da Southwest Airlines e um dos mais admirados CEOs nos negócios norte-americanos: "Sempre pensei que uma pessoa não deveria ter de mudar sua personalidade quando começasse a trabalhar. Por isso, decidimos contratar boas pessoas e permitir que elas fossem elas mesmas... as pessoas trabalham melhor e de modo mais produtivo quando gostam do que estão fazendo".[4]

Marcus Buckingham, famoso guru da administração, diz às plateias sempre a mesma coisa: o segredo para melhorar os talentos de seus melhores funcionários é ter a disposição de tratar todos os funcionários como indivíduos. Os empregados não são peças substituíveis e os bons gerentes, de acordo com Buckingham, compreendem que as pessoas são quem são, não quem o chefe espera que sejam. Como pais competentes, os melhores gerentes incentivam os talentos que existem e não tentam transformar as pessoas em algo que elas não são.

Consultor da Gallup e coautor, com Curt Coffman, do livro *Primeiro, quebre todas as regras!*, Buckingham oferece essas dicas, entre outras, para chefes:

- Aproveite a diversidade com sua força de trabalho. Concentre-se nos *pontos fortes* das pessoas e não em seus pontos fracos.
- Não promova pessoas se elas adoram seu trabalho atual e o fazem bem. Muitos chefes recompensam funcionários maravilhosos com uma promoção para um trabalho diferente. Por que não dar a eles um bom aumento de salário e reconhecimento, se eles estão felizes com a condição atual?
- Reconheça que as habilidades *de relacionamento* dos gerentes são cruciais. O desempenho de um funcionário está diretamente ligado à relação que ele tem com seu superior. (Em outras palavras, sua flexibilidade.[5])

Aqui, eu gostaria de contar uma história.

Quando nosso filho estava no ensino médio, ficou bem claro que ele não seria um aluno exemplar. Ele tinha dificuldades para ler e suas dificuldades o colocaram em um ciclo interminável de testes, aulas de reforço e ansiedade antes das reuniões escolares, além de reclamações e estresse em casa. Ele começou a ficar cada vez mais desligado da escola e desiludido com todas as coisas relacionadas ao mundo acadêmico. Ao mesmo tempo, começou a se tornar cada vez mais criativo. Havia transformado seu quarto em uma nave espacial, com um teto com papel alumínio, paredes roxas e um monte de luzes piscantes. Suas roupas eram uma mistura de estilos: casacos de pele e jaquetas de veludo, além de calças de pele falsas, de poliéster e vinil. (Certa vez, quando encontrei uma menina da escola dele em uma festa, perguntei se ela havia visto a calça prateada de James. "Eu conheço todas as calças de James", ela respondeu.)

Ele começou a compor música no computador e a gravar vídeos experimentais. Nesse momento, meu marido disse: "Por que estamos nos prendendo aos pontos fracos dele? Vamos passar a ver suas qualidades".

O menino era diferente – de nós e da maioria de seus colegas de sala –, então por que queríamos colocá-lo em uma forma? Começamos a incentivá-lo a fazer as coisas pelas quais *ele* se interessava. Compramos o equipamento de vídeo de que ele precisava e permitimos que ele, com a permissão da escola, realizasse cursos profissionalizantes em edição de filmes com sistema AVID e de composição de música em MIDI. Quando terminou o ensino médio, já era um competente editor e cinegrafista e recebia trabalho de produtores de filmes independentes da cidade.

Ele tirou um ano entre o ensino médio e o superior para realizar trabalho autônomo com dois produtores de documentários e encerrou aquele ano com uma viagem à Grécia e à Turquia para filmar um documentário de sua autoria. Nem todos os nossos amigos compreenderam. "Quem está pagando pela viagem?", perguntavam as pessoas que tinham gasto quatro vezes mais em um semestre de faculdade para os filhos. "Em que programa James está?", outro conhecido perguntou.

"James tem o próprio programa", meu marido respondeu com orgulho.

James agora está na universidade em Montreal, um cineasta em formação e, melhor ainda, um jovem autoconfiante que conhece muito do mundo e de si mesmo. Não sou especialista em pessoas, mas a experiência de James me convenceu de que a única maneira de fazer com que as pessoas deem o passo seguinte na competência ou na confiança é quando podem dar esse passo sozinhas, com nosso incentivo e nosso apoio.

"É muito fácil orientar os filhos para o que *nós* desejamos a eles, mas quando paramos de transmitir essas vontades e passamos a ouvir, nossos filhos começam o que *eles* desejam", afirma Shaunna Sowell, engenheira que cuida de uma divisão de um bilhão de dólares da Texas Instruments, em Dallas, no Texas. "Antes, cometi o erro de empurrar e direcionar meus filhos em direção a um objetivo. Conforme fui ficando mais inteligente, passei a entender que meu trabalho era ajudar a revelar a beleza dentro deles. Meu trabalho é ajudá-los a entender que são únicos; diferentes de todas as outras pessoas do mundo, e diferentes de mim."[6]

Em outras palavras, o que o sr. Rogers sempre disse estava certo: "As crianças são melhores nas coisas que fazem bem".

E os adultos também.

NOTAS

1. Conversa ao telefone com a autora, outubro de 2002 (Patrícia J. Ohlott), citando um dos participantes em seu estudo acerca da liderança feminina para o Centro de Liderança Criativa, Greensboro, Carolina do Norte.
2. Entrevista por telefone com a autora, janeiro de 2002 (Juergens).
3. Ann Crittenden, "Babies Are Born Different", *McCall's*, setembro de 1984; citando o livro de 1965 de Stella Chess, *Your Child is a Person*. As conclusões finais do estudo Chess-Thomas foram publicados no *American Journal of Psychiatry*, em 1984.
4. Richard Smith e James M. Citrin, *The 5 Patterns of Extraordinary Careers* (Nova York: Crown Business, 2003), p. 64.
5. Polly LaBarre, "Marcus Buckingham Thinks your Boss Has an Attitude Problem", *Fast Company*, edição 49 (agosto de 2001), p. 88.
6. Conversa por telefone com a autora, outubro de 2002 (Sowell).

8
Desenvolver capacidades humanas

> A liderança não tem a ver apenas com delegar poder; envolve *desenvolver capacidades humanas*. É exatamente isso o que fazemos quando criamos nossos filhos.
>
> – Shaunna Sowell,
> vice-presidente, Texas Instruments

O *fortalecimento* das pessoas, por meio de motivação, orientação e incentivo para que deem o melhor de si, frequentemente era mencionado como uma abordagem da administração que veio da prática de criação dos filhos. Era a habilidade mais explicitamente maternal citada pelos pais. E o que Shaunna Sowell chama de *desenvolver capacidades humanas* também é um ponto característico do melhor tipo de liderança.

James MacGregor Burns, o grande pai da teoria da liderança, desenvolveu um conceito que ele chamou de liderança *transformadora*. É o tipo inspirador e de mudança da vida na liderança que tira as pessoas de suas preocupações diárias e as inspira a procurar por algo acima do autointeresse limitado. "O fato de as pessoas poderem ser levadas para *dentro* do que elas têm de melhor é o segredo da liderança transformadora", Burns escreve.[1]

A liderança transformadora é bem diferente da coerção ou da retenção simples de poder. A maioria das relações entre líderes e seguidores, chefes e funcionários e, nas culturas tradicionais, entre pais e filhos, são semicoercivas ou *transacionais*, uma troca de uma coisa por outra: impostos por serviços públicos, votos por empregos, trabalho por salários, obediência por apoio. Essas trocas são o pão com manteiga de todos os dias da maioria de nossas interações com autoridade. Mas alguns líderes vão além e são capazes de perceber e articular as necessidades mais profundas das pessoas, suas aspirações e valores. Eles valorizam as pessoas e conseguem convencer seus seguidores de que juntos podem alcançar um nível superior. Abraham Lincoln, Susan B. Anthony, Martin Luther King e Nelson Mandela foram líderes de transformação de grande importância. Assim como o jovem Napoleão, que resumiu tudo da melhor forma: "Um líder é um negociador de esperança".

A analogia com o bom pai é óbvia. O que é um pai senão um negociador de esperança? O que pode ser um ato maior de transformação do que transformar um bebê chorão e babão em um adulto pensante, apaixonado, trabalhador e respeitoso? Claramente, os pais que conseguem isso, que ajudam o filho a desenvolver seu potencial ao máximo, são os líderes originais de transformação. As mães fortes, nas palavras da especialista jurídica Patricia Collins, têm o poder transformador de "influenciar as pessoas". Até mesmo Burns viu isso, referindo-se à relação pai-filho como "o ato inicial de liderança". Ele considerou "o falso conceito de liderança como apenas comando ou controle", que ele disse refletir um conceito masculino. "Conforme a liderança passa a ser vista adequadamente como um processo de líderes que se envolvem e mobilizam as necessidades e aspirações humanas dos seguidores, as mulheres serão mais reconhecidas como líderes e os homens mudarão seus estilos de liderança."[2]

Não é muito comum, nos dias de hoje, exaltar o poder ou as qualidades de liderança das mães, com medo de reforçar a ideia de que o papel mais alto e mais adequado para as mulheres é a maternidade – o velho poder por trás da ideia do trono, com ênfase no *atrás*. Mas pegue qualquer biografia e você verá que todos os grandes homens tiveram pelo menos uma pessoa dedicada – geralmente sua mãe – que o transformou em quem ele é. A lista de "filhos maravilhosos da mamãe" inclui grandes nomes da indústria, da política e do campo militar, como John D. Rockefeller, Franklin Roosevelt, general Douglas MacArthur, Frank Lloyd Wright, Yitzak Rabin, Bill Clinton, general Wesley Clark e Jack Welch, o ex-CEO da General Electric Co., que disse que sua mãe foi sua mentora, maior confidente e o grande motivo de seu sucesso.

Mesmo entre os nomes do esporte, a mãe costuma ser o mais influente dos pais. Bud Selig, executivo da liga de beisebol, diz que sua mãe, uma professora, fez nascer nele o amor pelo esporte quando o levava a jogos, desde os 3 anos de idade. E o psicólogo de atletas Robert Rotella contou para o meu marido que muitos dos melhores jogadores de golfe dos Estados Unidos disseram a ele que foram suas mães, e não seus pais, as pessoas mais responsáveis por seu sucesso. Chegou a hora de reconhecer que ser mãe ou pai é um dos papéis mais fortes e profundamente satisfatórios que uma pessoa pode ter na vida. Nenhum outro cargo de liderança oferece algo como a oportunidade de influenciar outra pessoa – para melhor ou pior.

Assim, o que exatamente os pais conscientes que são administradores fazem para influenciar pessoas? Quais ferramentas usam para incentivar colegas de trabalho e funcionários? Como ajudam uns aos outros a atingirem seu potencial máximo? Aqui estão algumas coisas que os pais administradores dizem que fazem para incentivar o desenvolvimento de capacidades humanas.

Use o reforço positivo

Brian Baxter, presidente da Baxter's Books, uma loja grande em Indianápolis especializada em livros de negócios, afirma que, quando seus clientes perguntam qual é o melhor livro de negócios na loja, ele mostra um exemplar de *The Little Engine that Could*, na seção de livros infantis.

"Você se lembra do que o trenzinho disse?", Baxter pergunta. " 'Acho que consigo, acho que consigo.' Viva assim, trabalhe assim e você será um sucesso."

Os melhores pais *acreditam* em seus filhos. Eles compreendem que o reforço positivo é uma profecia que se cumpre sozinha. Se você disser a seu filho com frequência que ele pode fazer qualquer coisa, ele vai acreditar. A maioria das pessoas ótimas que conheço tiveram pelo menos um dos pais que deu a elas esse tipo de confiança. Meu marido é uma delas. A mãe dele não apenas dizia ao querido filho único que ele poderia ser o que quisesse quando crescesse, mas servia chá a ele num copo duas vezes maior do que o das outras pessoas. Ele entendeu a mensagem. Muitos anos depois, quando estava abrindo uma nova empresa, um executivo interrompeu sua entusiasmada explicação dos planos com uma pergunta: "John, qual é a base de sua confiança?" Ele parou e se lembrou do copo grande.

Diversos estudos confirmaram esses *efeitos de expectativa*, também conhecidos *efeitos Pigmaleão*. Quando professores, técnicos esportivos, juízes e supervisores esperam que as pessoas tenham um desempenho muito bom, ele melhora de fato. As altas expectativas por parte dos professores podem aumentar as notas dos alunos em 30%. Expectativas altas também podem melhorar até o desempenho de ratos. Em um conjunto de estudos, um grupo de ratos teve um desempenho 65% melhor aprendendo a caminhar por um labirinto do que outro grupo de animais idênticos, depois de os pesquisadores receberem a informação de que os animais do primeiro grupo eram muito espertos e os do segundo eram menos inteligentes.[3]

Os grandes líderes, como grandes professores e pais, demonstram sua crença nas pessoas. "Um bom líder, como um bom pai, acredita que as pessoas têm um desejo inato de ser valorizadas ou bem-sucedidas", afirma Shaunna Sowell, da Texas Instruments. "E nosso trabalho como líder é ajudar a retirar as barreiras externas e internas dessa luta pela excelência. Este é um papel de orientação, não de verificação. Eu o comparo com o estilo de comandar e controlar, que acredita que as pessoas têm de *provar* seus valores."

O reforço positivo é especialmente importante no governo e no setor sem fins lucrativos, porque é uma das poucas ferramentas motivacionais que os gerentes têm. Jamie Gorelick disse que percebeu isso quando se tornou a segunda oficial de maior importância no Departamento de Justiça. "Minha filha precisa de muito reforço, assim como meus funcionários. Isso ficou claro na Justiça. Não tínhamos as ferramentas que as empresas têm, como dinheiro e benefícios, por isso tínhamos de motivar as pessoas apenas com a personalidade. Mas conseguimos, copiando o comportamento, inspirando, atraindo crenças mútuas, por meio do elogio e da aprovação – todas as mesmas ferramentas usadas pelos pais."

Articule valores, visões e uma missão comum

> Se como líder ou pai você não conseguir articular uma direção clara, você não tem seguidores.
> – Judy Blades, vice-presidente sênior, The Hartford Financial Services Group

Além de demonstrar a crença na capacidade de as pessoas melhorarem, os bons pais e bons líderes mostram o caminho. Como diz Shaunna Sowell, "o papel principal de um pai é ensinar *valores* ou nossa expectativa de como você vai se comportar em sua luta para ser excelente. Isso é igualmente importante em uma empresa, em que seus membros se esforçam para conseguir sucesso. A *visão* de liderança é a cola que mantém o grupo unido. Todos podemos ter estilos e abordagens diferentes na vida, mas em uma família ou empresa bem-sucedida, haverá valores divididos em comum".

De acordo com Sowell, que gerencia oitocentos funcionários, todas as empresas de alto desempenho têm um ambiente de visão compartilhada e trabalho em equipe, e todas, não por acaso, falam a língua da família. Isso aconteceu no Projeto Manhattan, o programa de testes para a construção da primeira bomba atômica; na famosa Lockheed Skunkworks, que produziu muitos dos equipamentos da Guerra Fria, incluindo o famoso avião U-2; e nas primeiras equipes da Disney. A liderança de todos esses grupos criou um senso de camaradagem, como uma família em uma missão contra coisas impossíveis, e em um tempo relativamente curto todos conseguiram alcançar objetivos extremamente ambiciosos.

Segundo Sowell, não importa nem mesmo o que a visão específica da família ou da empresa diz. Os pais podem enfatizar o valor da conquista, da criatividade, da entrega e do auxílio aos outros, ou a devoção a uma causa religiosa. Mas é raro encontrar um pai que não tenha sonhos para seus filhos; ou, ainda mais raro, que incentive os piores instintos de seus filhos.

Da mesma maneira, uma empresa pode envolver quaisquer coisas: um produto superior, uma preeminência técnica, serviço comunitário, ótima produtividade ou lucro excepcional. Mas, independentemente da visão, ela tem de representar *algo* que seja um chamado para que as pessoas sejam melhores e expressem seu melhor aspecto. Hoje, estamos vendo o que pode ocorrer quando as empresas não têm visão e não oferecem um propósito que transcenda o interesse pessoal de cada funcionário. Os líderes empresariais que não têm sonhos para seus funcionários além do autodesenvolvimento são como pais ruins que não ensinam moral. Ambos deixam a desmoralização e os danos em seu caminho.

Sowell e muitos outros pais nos negócios que entrevistei acreditavam que, como pais, tinham uma compreensão especialmente clara da necessidade de visão. Mike Fossaceca contou-me que, em sua família tradicional católica, "havia um objetivo em comum. Estávamos todos seguindo na mesma direção, em busca de boa educação, diversão, apoio e assim por diante. É a mesma coisa no trabalho. Você precisa ter essa sensação de objetivo em comum com que todos estão comprometidos. A liderança não tem que ver com recompensas, salário, dinheiro. Resume-se a querer deixar orgulhosos pai, mãe e chefe. É isso o que motiva as pessoas. É como a minha filha de 4 anos, que mal pode esperar voltar da escola para me mostrar todas as coisas que fez durante o dia. Fazer com que eu fique orgulhoso é o que a motiva".

Convença os outros a adotar essa visão

A melhor maneira de fazer com que as pessoas assumam essa visão é permitir que desempenhem um papel em sua criação. Na prática, isso pode ser feito com a sinalização de que todos estamos juntos e juntos podemos fazer o que precisa ser feito.

"Uma das coisas que aprendi com meus filhos é que a energia positiva traz mais resultados do que a energia negativa", afirma Cheryl Bachelder. "'Vá limpar seu quarto ou vou te matar' não funciona tão bem quanto: 'Vamos reservar uma hora no domingo para que eu o ajude a limpar seu quarto'.

No trabalho, isso pode ser chamado de *responsabilidade dividida*. Deixo claro que não tenho todas as respostas, por isso precisamos pensar juntos e encontrar uma estratégia e seguir adiante. Essa maneira participativa de gerenciar ensina a responsabilidade pessoal, porque o chefe não vai resolver o problema para você.

Tive três reuniões de orientação hoje – reuniões com meus executivos – e você ficaria surpreso ao ver com que frequência o vice-presidente entra e pergunta: 'O que quer que eu faça?' respondo: 'Quero que você gerencie! Pare de se fazer de criança!'"

Mike Fossaceca suspeita de que se tornou um líder de verdade na JPMorgan-Chase quando permitiu que seus vendedores se tornassem acionistas em um empreendimento comum. "Quando comecei a trabalhar aqui, o ponto de virada ocorreu depois de cerca de cinco meses. As coisas estavam bem, as pessoas me aceitavam, mas eu não havia transmitido uma visão especial."

"Foi dada uma ordem; reuni os vendedores que gerenciavam as diversas divisões da empresa e disse a eles que tínhamos de alcançar um crescimento de 10% nas vendas naquele ano. Geralmente, o índice de crescimento é de 3% ou 4%, e estávamos com 5% ou 6% na época. Sugeri que deixássemos cada equipe de departamento estabelecer seus objetivos. Reunimos todos os vendedores em um dia e passamos o tempo formando equipes. Cada grupo falou sobre seus produtos, seus pontos fortes e fracos, suas possíveis oportunidades e assim por diante, de modo não estruturado. Então, perguntei a eles o que conseguiríamos alcançar em termos de crescimento se fizéssemos tudo sobre o que falávamos? Deixei que eles dissessem o que pensavam ser capazes de fazer, mas se eles decidissem por um objetivo que fosse menor do que o objetivo de 10% que a empresa havia estabelecido, eu teria grandes problemas!" (Fossaceca disse que ninguém na administração havia dado a ele uma chance de dizer qual índice de crescimento *ele* acreditava ser adequado para seu portfólio.)

"De forma anônima, eles tinham de diminuir o índice de crescimento que acreditavam poder, realisticamente, conseguir e decidiram por um objetivo de 12%. Apenas duas equipes haviam estabelecido um objetivo de menos de dois dígitos. Então pedi a eles que pensassem em maneiras de lidar com os principais pontos que permitissem que eles alcançassem o crescimento, e eles pensaram. Naquele ano, passamos um pouco daqueles 12%."

Fossaceca acredita que isso foi seu início como líder: "Na minha mente, as coisas mudaram depois disso. As pessoas passaram a me ver de fato como o cara que as estava gerenciando. O mais interessante é que aquele não era um dos resultados pelos quais eu estava esperando".

Enquanto gerenciava a Nickelodeon, Gerry Laybourne era especialista em chamar todos para participarem da missão da empresa. Quando assumiu o canal infantil em 1984, encontrou uma empresa perdendo dinheiro e com um futuro incerto. Ela entrou em contato com um especialista em administração que lhe deu o seguinte conselho: concentre-se em tornar a Nickelodeon um lugar bom para as pessoas trabalharem. Em parte, ela fez isso incentivando todos a terem boas ideias, independentemente do cargo ocupado, e dando valor a quem demonstrava criatividade. O primeiro programa criado em sua gerência, *Double Dare*, foi pensado pela recepcionista e por dois produtores de promoção. Ele se tornou um sucesso e, em cinco ou seis meses, as ações da Nickelodeon mais do que dobraram, com poucos gastos.

Essa abordagem participatória tem se mostrado altamente eficiente nos Estados Unidos. Em *As cinco atitudes para uma carreira espetacular*, com base em pesquisas e entrevistas com dois mil executivos, James M. Citrin e Richard A. Smith, da empresa de pesquisa Stuart Spencer, descobriram que "o grande sucesso é alcançado quando tornamos as pessoas ao nosso redor bem-sucedidas". Citrin e Smith afirmam que os melhores líderes praticam "a liderança benevolente". No trecho que parece ter sido escrito para Laybourne, Bachelder e Fossaceca, eles definem o líder benevolente como alguém que "aumenta o desempenho por meio da facilitação. Ela elimina barreiras para os subordinados e gerencia com autoridade, mesmo que às vezes pareça ser um membro do grupo".[4]

Infelizmente, muitas organizações ainda ignoram esse conhecimento, incentivando uma ética competitiva e feita para todos os homens, o que costuma dificultar para que os gerentes criem uma estratégia de participação benevolente. Nesses ambientes, a especialista em administração Joyce Fletcher sugere algumas maneiras sutis de fazer o que ela chama de *fortalecimento mútuo*, de torná-lo mais visível.

Ela descreve um líder de equipe que fez uma apresentação sobre administração em seu projeto de equipe usando o pronome *nós*. A mulher, posteriormente, foi chamada de canto e recebeu a informação de que deveria deixar de usar o *nós* ou nunca seguiria em frente. Assim, na próxima vez em que a engenheira foi chamada para descrever os esforços de sua equipe, ela continuou usando "nós" em vez de "eu", mas avisou que estava usando aquele pronome de propósito, indicando que havia criado um esforço de colaboração capaz de reunir talentos e a iniciativa de muitas pessoas com ótimos resultados. Assim, ela chamou atenção para suas habilidades de gerente que conseguia inspirar as pessoas para realizar um trabalho de qualidade, enquanto, ao mesmo tempo, chamou atenção para a importância do esforço de colaboração, dando crédito a todos que haviam contribuído.[5]

NOTAS

1. James MacGregor Burns, *Leadership* (Nova York: Harper Torch-Books, 1979), p. 462.
2. Burns, op. cit., p. 50.
3. Sharon Begley, "Expectations May Alter Outcomes Far More than We Realize", *Wall Street Journal* (7 de novembro de 2003).
4. William J. Holstein, "The Case for a Benevolent Chief Executive", *New York Times* (24 de agosto de 2003).
5. Fletcher, op. cit., p. 122.

9
Abrir mão

> ...devemos permitir que nossos filhos enfrentem as dificuldades, encontrem soluções para problemas complicados e ganhem experiência sozinhos. Pode parecer difícil, mas existe uma forte sensação de satisfação quando uma pessoa tem certeza de sua capacidade de superar uma dificuldade...
> — Eleanor Roosevelt,
> em "Building Character"[1]

O passo final e mais importante no fortalecimento dos outros é aprender a deixá-los livres. Fazer isso com os filhos é um exercício de entrega. Você precisa deixar seus filhos crescerem e partir, não apenas uma vez, mas diversas vezes em todos os estágios cruciais do desenvolvimento. Essas *perdas necessárias*, como a autora Judith Viorst as chama, são apenas isto: o desfazer inevitável dos laços e restrições que não mais são necessários, de modo que conexões novas e mais maduras possam ocorrer.

É uma pequena ironia da natureza o fato de passarmos vinte anos aprendendo a ser uma constante presença para um filho e então ter de trocar de marcha, virar e aprender a abrir mão.

Os pais que resistem a esse processo prejudicam o crescimento de seus filhos. Ninguém pode continuar sendo um bebê, um pré-adolescente obediente ou um adolescente dependente para sempre. A vida envolve mudanças e tentar congelar um filho em determinado estágio de desenvolvimento é como tentar manter a própria juventude. O esforço está fadado a terminar em fracasso e decepção. Deixe tudo, deixe seus filhos partirem, com graciosidade.

Os gerentes precisam aprender a mesma lição. Ouvi isso de diversas mães que trabalham em diversos campos diferentes, desde seguros a alta tecnologia, passando por propaganda e contabilidade. "Com pessoas talentosas, você estabelece prioridades e então dá a elas a liberdade de executar", conta Shelly Lazarus, uma executiva de propaganda. "Não se pode ficar em cima delas o tempo todo... as pessoas criativas não trabalharão para você se sua atitude for esta... você precisa perguntar o que elas precisam e deixá-las livres."

Judith Rapoport vê as semelhanças entre seus alunos de pós-doutorado e seus filhos adolescentes. "Os alunos do pós-doutorado dependem muito de você nos dois primeiros anos, mostram-se felizes por trabalhar com você nos outros dois anos e depois querem partir, andar com as próprias pernas", diz ela, que está envolvida em pesquisas básicas no Instituto Nacional de Saúde Mental. "É isso o que eles têm de fazer e é bom para você se eles conseguirem uma boa colocação em outro lugar. Mas quando eles partem, você praticamente sente essa ruptura como uma quebra de vínculo. O fato de ter filhos prepara você para aceitar esse processo."

Permita que as pessoas errem

Nenhuma empresa consegue continuar crescendo se a capacidade coletiva de seus funcionários não aumentar com o tempo. As empresas bem-sucedidas só sabem que isso vai acontecer se correrem riscos e permitirem que seus funcionários cometam erros, diz Shaunna Sowell. "Se as pessoas souberem que seus superiores permitem riscos calculados e toleram erros razoáveis, elas terão a liberdade para crescer. Se a empresa consegue lidar com os erros sem que isso seja uma catástrofe, todos se beneficiam." Essa foi uma lição que Sowell aprendeu diretamente com seus filhos.

"Em parte, ser a incentivadora do crescimento de seus filhos envolve permitir que eles partam. Você precisa permitir que eles corram riscos e, quando errarem – o que vai acabar acontecendo –, você precisa estar presente como uma rede de proteção para ajudá-los a aprender com seus erros. É a única maneira com que eles aprenderão a fazer as coisas de um modo diferente na próxima vez."

Sowell explicou como isso funcionou na prática com sua filha adolescente. Quando a menina fez 15 anos, Sowell deu a ela uma mesada de 150 dólares, depositada em uma conta bancária. Ela deu à filha um talão de cheques, um cartão de débito para saque e um cartão de crédito com limite de mil dólares, com instruções para que a garota usasse o limite mensal permitido de 150 dólares e utilizasse o cartão de crédito apenas para despesas relacionadas à escola ou outras compras maiores, como um casaco de inverno ou equipamento de esqui.

O objetivo era ensinar a filha a cuidar de suas finanças enquanto ela estivesse dentro da segurança do lar. Sowell lembrava-se de que, quando tinha sido consultora financeira, ainda na faculdade, na Universidade do Texas, em meados dos anos 1970, os alunos a procuravam desesperados, com dívidas enormes no banco. Alguns não tinham ideia de como aquilo podia ter acontecido, porque ainda tinham folhas no talão de cheque! Ela queria que a filha não passasse por aquele tipo de incompetência financeira e que aprendesse a lidar com o apelo de um cartão de crédito.

Ela sabia que no começo a menina teria problemas e, exatamente como previra, nos primeiros meses, ela sempre usou mais dinheiro do que podia, utilizou o cartão de crédito e sacava mais do que podia na conta. Mas havia a segurança dos mil dólares de limite e proteção contra dívidas no banco. Sowell pagou as contas e deixava a menina pagar sua dívida com horas de serviço em casa. Depois de um ano, mais ou menos, a garota finalmente aprendeu a usar o dinheiro. Quando conheci Sowell, sua filha estava no primeiro ano da faculdade, cuidando de sua conta bancária sem problemas.

"Com certeza ela não é a pessoa mais controlada do mundo, mas consegue me dizer, em qualquer momento, exatamente quanto tem na conta", sua mãe me contou com orgulho. "E ela se sente muito agradecida por fazer com facilidade algo que suas colegas estão sofrendo para aprender."

O mesmo processo ocorre na empresa. "Na TI, desenvolvemos o que chamamos de *teia de aranha* – uma rede de apoio que permite que as pessoas assumam riscos sem prejudicar suas carreiras ou a empresa. Quando conseguem, assumem mais autoridade e responsabilidade. Quando não conseguem, realizamos uma reunião e discutimos o que aprendemos e o que pode ser feito de diferente na próxima vez. O importante não é o erro, mas o que foi aprendido."

Sowell me deu um exemplo específico de como essa administração de riscos é testada na TI. Ela é gerente de produção de uma empresa de manufatura que produz *chips* de semicondutores, *chips* de circuito integrado usados em telefones celulares, *pagers*, CD *players*, *drives* de disco rígido, sensores, entre outros. Sua empresa tem uma linha de produção completa: fabrica os *chips*, testa sua qualidade e os envia. Um *chip* pode passar por quinhentos passos durante a fabricação, um processo de engenharia química, basicamente. Recentemente, um engenheiro relativamente novo estava copiando os *chips* de uma de 15 cm para uma placa de 20 cm. Ele fez todos os passos corretamente, menos um. Mas uma grande fabricante de computadores esperava uma demanda maior por um novo *laptop* e, consequentemente, por aqueles *chips*. Enquanto a empresa de Sowell estava se preparando para aquele grande pedido, os gerentes descobriram o erro. Ela afirma: "Quase estragamos os planos de produção desse cliente importante, porque não tínhamos o produto de que eles precisavam para envio. Quase causamos um grande prejuízo para o cliente".

A alta administração não quis reagir àquele grave erro mandando uma mensagem errada para seus engenheiros. Uma reação comum em muitas empresas teria sido corrigir o problema dizendo ao engenheiro novo que um engenheiro sênior teria de revisar todo o seu trabalho, preocupando o rapaz e, assim, decretando que todos os engenheiros revisassem todos os trabalhos, preocupando a todos. Assim, a reação foi acrescentar uma revisão de rotina da tarefa, que seria realizada por um gerente médio: mais uma forma de proteger, mais uma camada na rede de proteção, mas não a afirmação de que um desastre quase havia acontecido.

Judy Blades, da The Hartford, vê quase a mesma ligação entre permitir que os filhos cresçam e dar aos funcionários abertura para que cometam seus erros. Em determinado momento, Blades e o marido passaram a ter problemas de comunicação com a filha mais nova. Uma amiga, psicóloga infantil, ensinou ao casal a importância de dar poder à filha, uma lição que Blades percebeu que podia ser igualmente aplicada a seus funcionários adultos.

"O problema entre minha filha e meu marido era uma regra que tínhamos de que nossos filhos não podiam sair à noite se no dia seguinte tivessem aula. Essa filha era uma aluna excelente e às vezes dizia: 'Terminei minha lição e queria sair com minhas amigas'. Meu marido sempre respondia: 'Não. Amanhã você tem aula'. Ela sempre respondia: 'E daí? Já fiz minha lição!' Eles estavam sempre num impasse.

A psicóloga disse: 'Por que não a deixam sair? A regra só faz sentido se ela não fizer a tarefa. Vocês não acham que deveria haver um tipo de recompensa por ela ser boa aluna?'

Acreditávamos que era bom ter regras, mas não estávamos dando a ela um reforço positivo por seu bom trabalho nem crédito por ela ser responsável", Blades conta.

Ela vê a analogia com as regras em um escritório, especialmente em grandes empresas, como a The Hartford. "Tenho alguns funcionários no escritório que estão na área há trinta anos e acreditam que a maneira com que vão de A a B é a *única maneira* de fazer isso. São muito rígidos com seus funcionários. Mas as pessoas não aprendem assim. Aprendem errando e acertando... é preciso dar às pessoas a chance de errar; aprendemos com nossos erros. Mas isso coloca o gerente em risco."

Nas indústrias de serviços, como contabilidade, dar às pessoas a liberdade para crescer é essencial. Como Lori Okun, da Ernst & Young, disse: "Temos uma cultura de colocar as pessoas em primeiro lugar. Nossos lucros têm origem nas pessoas. É preciso oferecer a elas espaço para que se desenvolvam – ou que se fortaleçam –, dando-lhes tarefas desafiadoras sem pressioná-las. As pessoas ficam muito mais motivadas com essa abordagem; é bem melhor do que você dizer: 'Faça esse relatório, cumpra os passos nessa ordem, e assim por diante'. Elas conseguem pensar em modos mais criativos de fazer as coisas, muito mais do que eu já consegui".

Okun prosseguiu: "É exatamente assim que ensinamos nossos filhos a crescerem e aprenderem. Minha filha, que está na primeira série, está aprendendo a escrever. Ela tem lição de casa com seis palavras novas por semana. Não corrijo todos os erros que ela comete; ela ficaria desanimada se eu apontasse todas as letras que ela escreve errado. Ela pode aprender com seus erros".

"Nunca dou a resposta a alguém, sem esforço", conta outra mãe que trabalha como treinadora em uma empresa de telefonia. "Mostro como os funcionários podem encontrar as respostas sozinhos, passo a passo, aumentando sua competência."

Nancy Graver, editora da revista *New Moon*, voltada para o público adolescente, conta que o segredo para gerenciar seu grupo de treze funcionários é idêntico à sua abordagem na criação dos filhos: "Ajude seus filhos a se desenvolver de modos que não os diminuam; permita que eles corram riscos, cometam erros e se recuperam. Assim, quando eles tiverem sucesso, podem levar o crédito!"[2]

Às vezes, as mães que trabalham permitem que seus funcionários tenham esse tipo de liberdade por necessidade, porque simplesmente não têm tempo de microgerenciar cada um. Uma famosa advogada de Washington me contou que, antes de ter um filho, ela costumava realizar todo o trabalho de um caso grande, deixando seus sócios com um trabalho muito inferior. Mas agora que precisa chegar em casa cedo, ela delega mais e dá a seus sócios muito mais espaço. Descobriu que não apenas está mais feliz, mas seus sócios estão se desenvolvendo, porque finalmente conseguem mostrar seu trabalho.

Ofereça *feedback* e limites

O segredo em dar às pessoas autonomia suficiente para aprender com seus erros está em oferecer orientação e *feedback* de que elas precisam para serem bem-sucedidas. Simplesmente deixar os funcionários sem orientação ou correções quando começam a errar não funciona. Oferecer esse *feedback* e estabelecer os limites é difícil. Como uma amiga minha que não tem filhos, mas que tem afilhados a quem se dedica, disse recentemente: "Quando foi que a imagem da mãe delicada e boazinha surgiu? Você precisa ser *durona* para manter um filho na linha!"

É difícil dizer a seus filhos ou parentes que eles tomaram decisões erradas ou impensadas. É igualmente difícil abordar os funcionários a respeito das decisões ruins que eles tomaram. É por isso que algumas mães, como Catherine Powell, uma ministra episcopal, acreditam que as pessoas que criaram filhos podem ser mais administradores mais duros e decidos do que outras pessoas, exatamente porque aprenderam como é importante definir limites.

Muitos membros do ministério religioso, por exemplo, "fazem o que podem para serem gentis e compreensivos, a ponto de quase serem femininos", Powell me contou durante uma entrevista em Washington, D.C. "Mas acredito que apenas aqueles de nós que somos pais sabemos até onde ir. É preciso estabelecer alguns limites. Lembro-me de uma colega de nossa escola que se preocupava com a pressão dos pais por causa de algum assunto. Perguntei a ela: 'E daí que os pais estão reclamando? Deixa pra lá!'"

Nancy Drozdow, consultora de negócios, diz que as empresas aprenderam que o estabelecimento de limites para os funcionários é tão importante quanto para os filhos. "Já passamos pela primeira fase de afastar-se do comando rígido e dos estilos de administração controladora", ela diz, "permitindo que cada pessoa atue em equipes autogerenciadas. Mas aprendemos que não podemos deixar as pessoas sozinhas. Assim como os filhos, elas podem enfrentar problemas se não tiverem limites. Agora, estamos na segunda fase, a de dar aos funcionários o *tipo* certo de orientação. A ideia é ser *claro* em relação às regras; a maneira certa e a errada de fazer alguma coisa... e quando alguém erra, você precisa repassar tudo..."

Michael Fossaceca diz ter aprendido, tanto como pai quanto como chefe, que é melhor oferecer esse *feedback* de correção assim que possível, logo depois do erro. Ele explica: "Você não pode observar um filho fazer um escândalo na casa de uma pessoa e conversar sobre o assunto depois. É preciso acalmá-lo ali, naquele momento. A mesma coisa acontece com os adultos. Você tem de dizer alguma coisa a alguém logo depois do erro. É muito difícil fazer isso, mas não fazer era um erro que eu cometia no início de meu trabalho. Alguém fazia algo incorreto e eu só tocava no assunto muito tempo depois, durante a avaliação de desempenho. As pessoas assumiam uma posição defensiva, passavam a negar... é muito melhor dizer de uma vez: 'Percebi esse comportamento; é o que estou vendo. Você precisa mudar isso'. Agora, quando saio de uma reunião de vendas com alguém, digo: 'Você fez isso certo e aquela outra coisa errada'".

Muitos pais também disseram que estabelecer limites e padrões não dá certo a menos que você se mantenha firme e não volte atrás, mantendo a disciplina. Cheryl Bachelder diz que esta é uma das grandes lições que ela aprendeu: "Os pais e os líderes têm de se manter firmes em seus princípios para causar impacto".

Bachelder percebeu que, quando pedia a suas filhas que fizessem alguma coisa, elas esperavam para ver até que ponto ela estava falando sério. Elas não faziam nada antes de ela pedir pela segunda vez. "As crianças fazem isso o tempo todo. E os membros de minha equipe – é assim que chamo nossos funcionários – fazem a mesma coisa. Eu digo que quero que algo seja feito e, geralmente, nada é feito. Elas esperam para saber se eu vou pedir de novo. Estão testando minhas convicções; esperando para ver se vou cumprir o que disse e pressionar as pessoas. Preciso pedir tudo pelo menos três vezes."

Ela continua: "Uma de minhas filhas tem uma amiga cuja mãe está sempre dizendo que vai colocá-la de castigo se ela não obedecer, mas nunca cumpre o que diz. Ela ameaça com castigos o tempo todo, mas nunca fez nada! Meu marido é muito rígido e nós sempre castigávamos nossas filhas quando dizíamos que era isso o que faríamos. Um dia, minha filha disse: 'Sabe do que a Rachel precisa? De pais que cumpram o que disseram!' Pensei: 'Caramba! Isso funciona!' "

Seja um aliado

A produtora de filmes Lucy Fisher ouviu seu filho dizer que ela precisava exercer sua autoridade de maneira mais rígida. A filha de 16 anos de Fisher conseguia notas A e B em uma escola de ensino médio bastante rígida sem estudar muito e, apesar de Fisher e seu marido dizerem a ela que suas opções seriam melhores se ela estudasse mais, eles deixavam que ela tomasse a decisão sozinha. Um dia, sua filha voltou da escola e reclamou: "Vocês não me pressionam o suficiente! Os pais de minhas amigas sempre ficam em cima para que elas recebam boas notas e suas notas são as melhores do que as minhas. Por que não colocam mais pressão em mim?"

Esse comentário fez com que Fisher se lembrasse de um incidente que a havia influenciado no início de sua carreira. Ela era vice-presidente de uma emissora quando estava na casa dos 20 anos, a Twentieth Century Fox, trabalhando para Alan Ladd, Jr., e um dia escutou uma discussão entre Ladd e Mel Brooks a respeito do *marketing* do mais novo filme de Brooks, *O jovem Frankenstein*. Brooks gritava e exigia que as coisas fossem feitas à *sua* maneira e, por fim, Ladd cedeu. Na semana seguinte, Brooks voltou ao escritório e começou a gritar com Ladd de novo, dessa vez muito irritado com o rumo que as coisas estavam tomando. "Mas fiz exatamente o que você me mandou fazer", Ladd protestou. Brooks respondeu com indignação: "Bem, *você* é o diretor aqui, por que escutaria o que *eu* digo?"

Fisher continua: "Brooks estava sendo infantil e não assumia a responsabilidade por seus erros. Mas também estava dizendo que se a pessoa fosse mais forte e agisse como um adulto deve agir, teria sido melhor para os dois... costumo usar essa história, e a história a respeito de minha filha, quando estou envolvida em uma disputa com um diretor ou um ator, para explicar que estou no comando. Tenho de fazer o que acho ser o certo, independentemente do que você faz ou pensa. Meu trabalho não é fazer com que você goste de mim; é tomar a melhor decisão que puder por nós dois".

E finalizou: "Sabe de uma coisa? Quando somos pais, temos de ser adversários e defensores de nossos filhos. Se nos negócios você puder ser assim – defensor e adversário –, será imbatível!"

Domínio é destruição

O contrário de fortalecer os outros, deixando-os caminhar com as próprias pernas, é tentar dominá-los e controlá-los. Loni Hancock, membro da assembleia legislativa e ex-prefeita de Berkeley, uma vez me disse que a principal coisa que ela havia aprendido como mãe que levava para a sua vida política tinha sido a lição de que "domínio é destruição". Com isso, ela queria dizer que o controle em excesso pode prejudicar as pessoas. Você pode mudar uma criança, um aluno ou um subordinado como quiser, mas algo dentro deles é destruído nesse processo, e pode ser a confiança, a produtividade ou sua alma, até. Hancock disse: "Você pode forçar uma criança para que ela se torne submissa e ainda assim não conseguir o que quer, que é uma pessoa saudável, forte e autônoma. Não existe dúvida de que as instituições precisam dessa visão".[3]

A atriz e dramaturga Eve Ensler, autora de *Os monólogos da vagina*, explica muito bem: "Precisamos mudar os verbos, deixando obliterar, dominar e humilhar e adotando liberar, valorizar e celebrar".

Permitir a autonomia das pessoas é importante em todos os campos, desde política e negócios até a educação, onde o controle rígido dentro da sala de aula pode diminuir a curiosidade e a criatividade. Até mesmo na filantropia, o controle excessivo pode matar a inovação. Muitas fundações impõem suas regras ou a mais recente tendência sobre as organizações sem fins lucrativos que apoiam. Isso força os destinatários a se moldarem ao que vem a seguir em vez de se manterem presos à missão original. Os doadores precisam permitir que os beneficiários dos presentes decidam como usá-los da melhor maneira. Sarah Pillsbury, produtora de *Procura-se Susan desesperadamente*, entre outros filmes, é também uma das fundadoras da Liberty Hill, uma fundação com sede em Los Angeles. A Liberty Hill, que apoia grupos regionais de meio ambiente e comunidade, sempre foi comandada por mulheres. De acordo com Pillsbury, um dos segredos de sua eficiência está no fato de o grupo de funcionários e de administradores saberem que não devem tentar impor suas regras a ninguém. A missão da fundação é a mudança social, mas ela permite que os grupos apoiados decidam como conquistar seu objetivo. "Dizemos: 'Faça o que tem de fazer e vamos defendê-lo se isso estiver de acordo com nossa missão' ", afirma Pillsbury. "Isso traz muito sucesso, porque os grupos sabem que quando são chamados para prestar contas, queremos saber o que eles têm a dizer. Se nós tivéssemos nossas regras, perderíamos a criatividade e a experiência que pode fazer com que as coisas aconteçam."

Abrindo mão, os sábios filantropos, assim como os bons pais, recebem mais do que dão.

O valor da graça

Muitas mães que trabalham fora me disseram que uma das coisas mais valiosas que aprenderam com seus filhos foi a necessidade de abrir mão de seu lado mais sério. As crianças nos ensinam a ser mais soltos, para que possamos nos divertir e de vez em quando deixar de lado aquele lado mais formal e adulto de que acreditamos precisar se quisermos ser levados a sério.

"Meus filhos me ensinaram muito sobre a graça das coisas", conta Gerry Laybourne. "Quando eu trabalhava na Nickelodeon, brincávamos muito: adivinhas, Banco Imobiliário com as regras mudadas, futebol com regras que inventávamos. Isso me ajudou a perceber que é possível criar um local de trabalho em que as pessoas possam se divertir. Quando testávamos jogos para os programas da Nickelodeon, eu levava meus filhos para que brincássemos no escritório."

Ela continuou: "A brincadeira deixa as pessoas mais relaxadas e faz com que pensem de modo *criativo*. As melhores ideias surgem quando estamos brincando, rindo, nos divertindo", Laybourne conta. Em parte, ela aprendeu isso com sua experiência como professora, quando viu a importância do recreio. Um tempo depois de começar a trabalhar na Nickelodeon, uma de suas equipes concluiu que estavam ocorrendo reuniões demais e muitas pessoas estavam se levando muito a sério. Assim, ela instituiu o recreio. Todos os dias, às três da tarde, todo mundo tinha de ir para os corredores, para fazer um intervalo. Ela até começou a colocar baldes de massinha pelo escritório para que as pessoas pudessem brincar durante as reuniões.

Cheguei a receber uma fita de uma executiva da indústria de TV a cabo e inseri a fita no videocassete, esperando ver um discurso ou uma discussão chata. Mas vi o rosto da sra. Laybourne, com seu cabelo loiro e curto e óculos de aros grossos, dizendo: "As pessoas me perguntam como eu consigo administrar uma empresa tão divertida e a essa pergunta eu respondo: 'Eu não sei'". Naquele momento, um líquido verde foi despejado em cima da cabeça dela. Fim da gravação.

Pamela Thomas-Graham, outra importante executiva da indústria de TV a cabo, foi muito diferente de Gerry Laybourne. "Quando eu era pequena, tudo era muito *sério*", afirma Thomas-Graham, cujo currículo indica uma vida repleta de trabalho árduo. Antes de se tornar diretora da CNBC em 2001, Thomas-Graham havia conquistado três diplomas em Harvard, sido a primeira mulher negra da empresa de consultoria e administração McKinsey & Co. e, em seu tempo livre, escrito dois livros de suspense muito famosos: *A Darker Shade of Crimson* e *Blue Blood*. Um terceiro, *Orange Crush,* foi publicado no verão de 2004. Aquele não era o caminho esperado de alguém que havia passado muito tempo explorando seu lado engraçado.

"A graça não é uma característica aprendida no MBA de Harvard. Nem é uma qualidade que você procuraria em um funcionário", Thomas-Graham disse, e admitiu que o fato de ter filhos fazia com que ela valorizasse mais a importância das brincadeiras em um negócio criativo. Ela disse: "Ter filhos faz com que você perceba que precisa de pessoas que possam perguntar: *por que não podemos* usar uma meia na cabeça?"

Cheryl Bachelder é outra executiva que disse que seus filhos lhe ensinaram o valor da graça:

> Sempre fui uma pessoa muito séria e intensa...
>
> Meus filhos me ensinaram a ser mais leve... a brincar, a rir, a colocar humor em qualquer situação. Acredito que você pode dizer que eles me ensinaram a ter alegria. Quando minha filha Kate era pequena, ela sempre dizia depois do jantar: "Vamos dançar!" Quando ficou mais velha, dizia: "Vamos cantar no karaokê!" É muito difícil manter a seriedade cantando no karaokê.
>
> Aprendi a levar essa vontade de brincar comigo para dentro do escritório. Por exemplo, em uma reunião de equipe, entrei e disse que faríamos uma brincadeira. Dei a cada um uma "voz" e dei a todos um brinquedo que representava a voz. Uma pessoa era o cliente e ele trouxe uma galinha, outro era a pessoa que avaliava o serviço e recebeu um diamante, o construtor recebeu uma casinha e assim por diante. Mantive os brinquedos de todos por perto, com seus nomes neles, por cerca de três meses. As reuniões se tornaram mais alegres e leves e fizeram com que todos ficassem mais relaxados.
>
> Atribuo minha capacidade de fazer isso a meus filhos e a um livro que li quando minhas filhas eram mais novas, sobre como ensinar a alegria às crianças. Um pouco disso vem desse livro também.

NOTAS

1. Sra. Franklin D. Roosevelt, "Building Character", *The Parent's Magazine* (junho de 1931), p. 17.
2. Conversa com a autora, Matawan, New Jersey, novembro de 2002 (Graver).
3. Entrevista com a autora, San Francisco, Califórnia, abril de 1993 (Hancock).

10
Hábitos de integridade

A integridade é a essência de tudo que é bem-sucedido.
— Buckminster Fuller

Por fim, as lições mais importantes aprendidas com a criação dos filhos são o que a professora de ciência política da Universidade Brigham Young, Valerie Hudson, chama de *hábitos de integridade*. Como pais, vivemos a vida diante de nossos filhos. O pai consciente sabe que suas atitudes ocorrem aos olhos atentos de uma criança influenciável. Independentemente de gostarmos dessa ideia ou não, estamos sempre dando o exemplo, sendo o modelo de conduta que nossos filhos integrarão em seu repertório. Dessa maneira, os pais não podem evitar servirem de exemplo para a plateia mais observadora de todos: os próprios filhos.

Como diz Hudson, que é mórmon e tem seis filhos: "As mães precisam desenvolver uma vida que os filhos possam imitar. Elas são totalmente visíveis aos filhos. Às vezes, penso que posso fazer algo diferente aqui e acolá e tornar as coisas mais fáceis, e então penso, não, eles sabem exatamente o que estou fazendo, e preciso sempre dar o exemplo".[1]

Os filhos podem não nos ouvir, mas sempre agirão como nós. E quando tentam desesperadamente chamar a atenção, não tenha dúvidas de que estão observando você, com olhos de águia.

Se nossa maneira de pensar for moldada pelas práticas que realizamos, então os anos que passamos tentando ser exemplos positivos para nossos filhos, sem cessar, podem desenvolver certos tipos de padrão de pensamento e comportamento. Hudson diz que talvez não seja por acaso que as mulheres de maior destaque ultimamente sejam mães. As três

"Pessoas do Ano" da revista *Time* em 2002 – Sharron Watkins, da Enron, Cynthia Cooper, da World Com, e Colleen Rowley, do FBI – eram mães com filhos pequenos em casa. "Talvez a integridade delas tenha nascido da prática da maternidade", Hudson sugere. Afinal de contas, se você for um bom exemplo de mãe, a última coisa que quer na vida é que seus filhos influenciáveis a vejam na televisão, sendo colocada dentro de um camburão com as mãos algemadas para trás.

Preciso admitir que tenho minhas dúvidas. Nenhuma das mulheres homenageadas pela *Time* disse que ser mãe tinha a ver com suas atitudes. Rowley e Cooper chegaram até a negar que o gênero tivesse participação nisso. Como Rowley, a principal provedora de sua casa por 22 anos, disse corretamente: "Há muitas mulheres que não exercem seu papel, que não fazem a coisa certa, e muitos homens que fazem".

Para contrariar o que ela disse, alguns meses depois, a oficial do Pentágono que supervisionou um contrato de 23 bilhões de dólares com a Boeing Co. foi uma mulher, Darlene Druyan, que posteriormente foi agraciada com um emprego de alto salário na Boeing. A filha de Druyan, funcionária da Boeing, havia dado início às discussões com a empresa a respeito da contratação de sua mãe. Druyan e o diretor de finanças da Boeing foram demitidos quando os embaraçosos fatos foram revelados, e posteriormente Druyan foi considerada culpada por conspiração com o esquema. O bom exemplo materno passou longe. Está bem claro que as mães não têm um *chip* mental especial que as impeça de assumir um comportamento antiético.

Mas Sharron Watkins teve o que dizer a respeito de suas atitudes. Ela explicou que muitas empresas, incluindo a Enron, ainda lembravam clubes do Bolinha, cujos membros colocavam seus amigos acima de qualquer padrão. "Não me sinto bem fazendo afirmações generalizadas", Watkins disse à *Time*, "mas os homens relutam quando precisam colocar seus amigos em risco. Eu não quero amigos no ambiente de trabalho, necessariamente. Acredito que a maioria dos homens não tem amigos fora do trabalho. [Além disso], a sociedade não pergunta às mulheres o que elas fazem da vida. Seu ego ou valor não está [tão] ligado ao que você faz."

Isso não é bem verdade. O valor das mulheres *está* ligado ao que fazem. Elas apenas definem o que fazem de modo mais amplo, ao incluir sua identidade como mães. Foi bastante revelador que, quando a *Time* perguntou às três mulheres o que elas faziam para lidar com o estresse depois de revelarem suas atitudes ruins e inaptidão, elas tenham se referido às alegrias e confortos de seus filhos. "Você chega em casa e precisa deixar isso de lado, porque eles querem ler livros, querem brincar", disse Watkins, que tinha um filho de 3 anos na época. Cooper disse que chegava em casa e recebia abraços de suas duas filhas e de seu marido. E Rowley contou a seguinte história: "Quando o Congresso deixou vazar meus memorandos, a Marion [sua filha de 3 anos] estava ficando muito entediada com aquilo. Meu marido disse que queríamos assistir ao noticiário e ela perguntou: 'Mas e o noticiário dos desenhos?'"

Essas mães precisam analisar sua vida profissional. Elas tinham outras prioridades, incluindo ser uma influência positiva e uma presença confiável na vida de seus filhos. Não é que as mães tenham moral ou que ser uma boa mãe automaticamente torne a pessoa uma boa cidadã. Mas as pessoas que se esforçam para ser bons pais têm uma dimensão melhor da própria vida que afasta qualquer tendência a fazer "qualquer coisa" que seja possível para terem sucesso no trabalho. Elas têm um tipo de reflexo de "checagem" que entra em ação com essa pergunta: "Qual é a ação ou reação para essa situação que seria melhor para meu filho?"

Se uma pessoa reage às pequenas tentações com esse reflexo, e com frequência faz a "coisa certa", pode desenvolver hábitos de integridade que entram em cena quando sérias tentações aparecem? Eu não sei a resposta, mas vale a pena perguntar. E os comentários de muitas mães bem-sucedidas que entrevistei sugerem certa ética de pais em ação.

Laurel Cutler, uma das executivas da área de propaganda mais bem-sucedidas da história dos Estados Unidos, certa vez me disse que seus filhos literalmente a mantinham honesta. Assim como qualquer pai atento, Cutler percebeu que os filhos fazem o que você faz, não o que você diz. Eles conseguem perceber incongruências entre o que é dito e o que é feito como um tubarão sente o cheiro de sangue. Ela concluiu que a honestidade é sempre o melhor caminho e esta também se tornou sua filosofia de vida. Ela me contou que aconselhou seus clientes nas empresas que a melhor maneira de manter a reputação era por meio de boas ações, não com imagens ou palavras. A melhor campanha de propaganda do mundo não é capaz de apagar a realidade de um comportamento empresarial. Isso pode ser um conselho estranho dado por uma especialista em manipular a opinião pública, mas Cutler sabe do que está falando: "Sempre digo que não importa o que falamos; só importa o que fazemos. É o meu lema. Espero ter isso em meu túmulo".[2]

Estar presente

Nas conversas com os pais, diversos hábitos de integridade emergiram. O primeiro, e acredito que o principal, é estar presente de modo que as pessoas possam contar com você.

Quando as mães precisam responder qual é a coisa mais importante que fazem pelos filhos, elas sempre dizem: "Estou sempre por perto, presente". Com isso, elas querem dizer que asseguram aos filhos que eles vêm em primeiro lugar; que alguém sempre estará por perto quando eles precisarem de ajuda ou pedirem consolo e conforto. Os pais tentam estar presentes quando um desastre acontece ou pode acontecer. São eles que nos dizem que não precisamos ter medo do escuro.

A pessoa que decide ser um líder também tem de *estar presente*, seja trabalhando até tarde com a equipe, ajudando rapidamente em um problema, visitando as tropas em épocas de guerra ou mostrando coragem sob ataque. O interessante é que o maior exemplo de uma coragem desse tipo pode ter sido dado por uma mulher, Margaret Thatcher, ex-primeira-ministra do Reino Unido. Thatcher estava no banheiro quando uma bomba do IRA explodiu em seu hotel. A inabalável dama de ferro terminou de usar o banheiro e foi dar um discurso que já estava planejado, e revelou uma forte denúncia sobre os terroristas irlandeses – dando, assim, novo sentido ao conceito de governar.[3]

Uma demonstração mais recente da presença de um líder foi o desempenho do prefeito de Nova York, Rudy Giuliani, nos dias seguintes à destruição no 11 de setembro. O controverso prefeito ganhou o coração das pessoas com sua capacidade de estar presente para a cidade ferida. Ele foi às ruas, aos funerais, compartilhou o pesar, dizendo todas as palavras de conforto na hora certa; ele assumiu o papel do bom líder, que em épocas de crise incorpora o bom pai ou mãe que está sempre presente quando precisamos deles.

Estar presente não quer dizer estar fisicamente por perto. Pode ser qualquer coisa, desde sempre atender o telefonema quando o filho liga para o escritório até correr para o local onde o filho está quando ocorre um acidente ou uma febre alta. Will e Jada Pinkett Smith estavam presentes quando saíram correndo de uma cerimônia do Oscar ao receberem um telefonema informando que o filho menor estava com quarenta graus de febre. No início de sua carreira como *premier* da Rússia, Vladimir Putin não conseguiu entender o aspecto de precisar estar presente quando decidiu não interromper as férias e não foi até o local onde havia ocorrido um acidente nuclear com um submarino. Durante dias ele *não esteve* presente e sua popularidade pagou um alto preço por isso.

Certa vez, perguntei à mulher que havia começado o excelente programa de creche no exército quais eram suas dicas para a criação dos filhos. Ela disse que suas filhas adultas haviam dito que valorizavam muito o fato de que ela sempre *havia permitido que elas saíssem antes*. Com isso, diziam que ela estava sempre presente quando elas saíam de casa. Ela tinha o cuidado de deixar que elas pensassem que estavam deixando *a mãe*. Ela sempre tentou não deixá-las ansiosas, pensando que estavam sendo deixadas para trás. Isso é algo sutil, mas faz parte do repertório de todos os pais sensíveis.[4]

Estar presente para os adultos

Todas as crianças grandes – e quem não é? – ainda precisam saber que o pai está por perto, à sua disposição. Meu filho telefona para mim da faculdade e certa vez me acusou por nunca estar em casa quando ele telefonava de repente. Esses sentimentos não são incomuns no escritório. As mães nas empresas costumam perceber as semelhanças entre a necessidade de estarem presentes para seus filhos e seus funcionários. Quando entrevistei Mary Lou Boccio e Mavis Osomobor na TIAA-CREF, a enorme empresa de seguros, as duas executivas comentaram isso. Ambas tinham de viajar com frequência e, quando viajavam, escutavam os mesmos comentários que eram feitos em casa. Quando partiam, era: "Por que você tem de ir?" Quando voltavam, era: "Você passou muito tempo fora!"

Osomobor, 46 anos, uma afro-americana casada com um empresário africano, cuida do treinamento da região de Nova York. Ela tem trigêmeos que fizeram 4 anos no outono de 2003. Para evitar a ansiedade da separação, ela planeja com cuidado sua partida para as viagens de negócios, dizendo aos filhos que ela partirá no dia seguinte, que o pai vai acordá-los e vesti-los e colocá-los na cama. Ela promete telefonar todas as noites antes de eles jantarem, enquanto o papai estiver lendo para eles. Tenta criar a impressão de que continua *presente*, uma parte da rotina deles, o máximo que consegue.

Ela aprendeu a ter precauções parecidas no trabalho. Quando tira uma semana de férias, tudo vai bem, mas quando tira duas semanas, precisa telefonar para casa e para o escritório para dizer a todos que está pensando neles e para perguntar se está tudo bem. "Isso abriu meus olhos", ela disse. "Aprendi que tinha de estabelecer alguns mecanismos para estar em contato com as pessoas de meu convívio enquanto estava fora... É bem parecido com o que faço com meus filhos."[5]

Boccio, diretora de treinamento nacional da TIAA-CREF, é madrasta de dois adolescentes e de uma criança de 8 anos. Em 2001, quando sua mãe morreu e ela perdeu a babá, não conseguiu estar tão presente na rotina de seus funcionários como antes. Na época, os funcionários estavam passando pelas reuniões anuais de avaliação, por isso havia uma tensão a mais no ambiente de trabalho. Ela recebeu *feedback* de que as pessoas ficaram ressentidas por ela não estar *por perto* naquele momento em que precisavam dela.

"Eu não estava por perto o suficiente para segurar a mão delas e defendê-las, por isso elas ficaram chateadas", Boccio disse. "Eu tinha de estar presente por elas, assim como tinha de estar por perto para a minha mãe e meus filhos."[6]

Boccio tinha suas técnicas para quando viajasse, que incluíam separar as roupas da filha mais nova para todos os dias em que estaria fora. Uma manhã, uma professora do jardim de infância telefonou para ela e perguntou se tudo estava bem em casa. Parecia que sua filha, na época com 5 anos, tinha ido para a escola usando roupas suficientes para três dias. O marido de Boccio havia vestido na menina todas as roupas que ela havia reservado para todos os dias da viagem.

Estar presente significa dar amor incondicional

De acordo com Shelly Lazarus, os funcionários costumam precisar da mesma coisa que os filhos precisam dos pais: amor incondicional. Em outras palavras, estar presente.

"Amor incondicional é um conceito da administração", Lazarus me disse em uma entrevista em seu espaçoso escritório de Manhattan. "Para a maioria dos CEOs, trata-se de um conceito estranho. É 'você é tão boa quanto o que fez por mim ontem'. Elas não compreendem que o apoio incondicional é uma maravilhosa ferramenta de administração."

"A vida no mundo comercial é muito complicada", ela explicou. "Há pessoas em sua equipe que precisam saber que você está ali por elas. Assim, conseguem a coragem de que precisam para sair e fazer o que é certo. Elas se mostram mais corajosas sabendo que você está ali para apoiá-las; que você não retirará seu amor e respeito se errarem."

De acordo com Sarah Pillsbury, apoiar a equipe é igualmente importante em um projeto de filme. A intimidade forçada de gravar um filme é parecida com a intimidade forçada de uma família. "Você geralmente precisa agir como se amasse as outras pessoas, ou pelo menos gostasse delas", explica, "porque você precisa trabalhar com elas todos os dias e desabafar sua tensão apenas destruiria o que todos estão tentando produzir... A única maneira que encontro de não ficar irritada às vezes é ter o máximo de compaixão possível... preciso dizer a mim mesma coisas do tipo 'eles estão fazendo o melhor que conseguem'. É difícil – o amor incondicional é difícil, seja em uma família ou em uma produção."

Estar presente realmente não é fácil. É preciso ter muita disciplina para acordar diversas vezes no meio da noite para cuidar de um bebê faminto e chorão. É preciso ter muito autocontrole para esperar passar o chilique de uma criança pequena, com calma e sem perder as estribeiras. É preciso muita força de vontade para recusar um convite para uma noite de diversão porque ultimamente um filho pequeno tem demonstrado sinais de carência, e coragem pura para abrir mão da carreira de sua vida, mas as mães fazem isso e muito mais o tempo todo.

Uma das maiores surpresas para muitos pais novos é a enorme renúncia envolvida. Não se pode ser um bom pai sem abrir mão de pelo menos parte de seus planos por outra pessoa. Essa aceitação rotineira das trocas inevitáveis da vida é aquilo a que as pessoas costumam se referir quando falam sobre *ser grande*. Os bons pais são pessoas grandes. Já estão acostumados com a aceitação do fato de que não se pode ter tudo de uma vez, ou que algumas recompensas precisam ser atrasadas ou totalmente esquecidas.

Você não tem como estar presente em dois lugares de uma vez

Um dos maiores conflitos para as mães que trabalham é a incapacidade de estar em todos os momentos por perto de seus filhos e de seu trabalho. Aqui estão três histórias de três mães diferentes, que por acaso vivem no Brooklyn, e as três tiveram de enfrentar as decisões mais difíceis que as mães enfrentam.

Ann Moore, presidente da Time Inc., tem um filho, um menino que nasceu em 1984. No dia 11 de setembro de 2001, ele era um garoto de 17 anos que estudava na Escola Stuyvesant, na parte baixa de Manhattan, localizada literalmente à sombra do World Trade Center. Moore estava em seu escritório no centro da cidade quando a primeira batida ocorreu. Ela não teve como entrar em contato com o filho – bem naquele dia ele não havia levado seu BlackBerry para a escola. E ela tinha de se manter em seu local de trabalho. Ela cuidava das revistas *Time* e *People*, a empresa havia parado de funcionar, os fotógrafos e jornalistas estavam correndo para o local e Moore tinha de gerenciar o pandemônio.

O que ela fez? Ligou para a empregada, deu instruções para que ela ficasse perto do telefone e mantivesse a calma. Imaginou que Brendan, seu filho, entraria em contato assim que pudesse. E ficou em sua mesa enquanto as torres caíam e os destroços destruíam a escola de seu filho. Os alunos foram liberados aos poucos e receberam a instrução de correr em direção ao norte, enquanto os outros ficavam em pé horrorizados diante das janelas da escola, observando as pessoas pularem dos edifícios em chama.

"Foi o dia mais estressante de minha vida", Moore relembra, "mas não consegui me preocupar com Brendan. *Você só se preocupa com as coisas que consegue controlar*. Precisei dizer a meus funcionários, incluindo aqueles que tinham filhos, que eles tinham de permanecer ali. Como eu sairia depois disso? Eu precisava estar ali por eles, para os fotógrafos quando voltassem do marco zero, assustados com o que tinham visto. E aonde eu iria, afinal? Não teria conseguido chegar à escola. Não teria como encontrar Brandon no estresse do centro de Manhattan. Simplesmente, precisei confiar que ele teria a capacidade de sair em segurança e telefonar assim que pudesse."

À uma hora da tarde, a polícia anunciou que a área do Rockefeller Center tinha de ser fechada e ordenou que a Time Inc. fosse evacuada. Todos os funcionários não essenciais foram dispensados. Os executivos, incluindo Moore, permaneceram, e finalmente ela recebeu um telefonema de outra mãe, avisando que Brendan havia escapado com seu filho e estava em segurança, apesar de não ter conseguido chegar em casa em Brooklyn Heights, do outro lado da ponte do Brooklyn Bridge.

Ela tomou a decisão correta? Tinha outra escolha? Temos o direito de perguntar, uma vez que não estávamos no lugar dela? Ela teve vontade de fazer outra coisa? Parecia que, enquanto me contava essa história, assim que nossa conversa começou, Moore ainda lutava contra o dilema mais cruel e insolúvel da mãe que trabalha fora. Como se pode estar em dois lugares ao mesmo tempo, quando seu filho e seu chefe têm necessidades imediatas? Não dá.

Milhões de mães resolveram esse conflito abrindo mão do trabalho remunerado, incluindo muitas que adoravam o trabalho que faziam e também o salário, a independência, os amigos, o respeito e a satisfação que isso dava a elas. Não permita que ninguém denigra essa decisão, dizendo que é fácil ou apenas mais uma escolha na vida!

A rabina Margaret Moers Wenig, do Brooklyn, é uma dessas mães que tomaram a difícil decisão de abrir mão de seu trabalho temporariamente. Ela foi ordenada rabina em 1984, logo depois do nascimento de sua filha, doze anos depois de a primeira mulher ter sido ordenada pelo movimento da Reforma Judaica.[7] Alguns anos depois, ela e o marido tiveram outra filha. A partir de então, seus turnos de trabalho duravam doze horas e ela vivia em uma luta constante para cumprir todas as suas obrigações, incluindo as aulas que lecionava no Instituto de Religião da Hebrew Union. Ela me disse: "Geralmente, não havia comida pronta, havia uma pilha de roupa para lavar e sempre que umas das meninas ficava doente, meu marido e eu tínhamos de negociar quem ficaria em casa..." Depois de doze anos, o casamento terminou e posteriormente Wenig encontrou uma parceira, outra rabina de destaque em Nova York. (Ela brinca dizendo que as filhas têm duas mães judias e que, assim, sofrem duas vezes mais pressão.) Mas as pressões continuaram. Assim como inúmeras outras mães que trabalham em período integral, ela sentia que estava sempre falhando em algum aspecto de sua vida. Sentiu que estava sempre enganando as filhas, a parceira ou seu trabalho. Por fim, em 2000, quando as meninas estavam no ensino médio, ela desistiu da congregação e manteve apenas seu trabalho de meio período como instrutora na Hebrew Union.

Wenig deixou a congregação quando sua filha mais velha estava no último ano do ensino médio e ela enfrentava o processo de aprender a dar liberdade à sua primogênita. A experiência a preparou para abrir mão de uma congregação à qual ela estava ligada havia quase o mesmo tempo – mais de dezesseis anos.

"Ter filhos nos ensina que não podemos ter tudo, pelo menos não ao mesmo tempo", ela me disse durante um almoço em um restaurante em Greenwich Village, perto do seminário. "Quando se tem filhos em casa, sua vida, seu corpo, seus finais de semana e suas noites não mais lhe pertencem... a vida envolve escolhas e as escolhas exigem comprometimento."

Mas mesmo esses comprometimentos perdem se os compararmos aos dilemas das mães que não têm outra escolha que não trabalhar em período integral, deixando os filhos vulneráveis aos perigos das ruas, aos acidentes dentro de casa, aos maus tratos de quem cuida deles ou coisas piores. O pior que pode ocorrer de fato ocorreu com outra mãe, que vive em circunstâncias bem distintas daquelas de Ann Moore e da rabina Wenig.

Kim Brathwaite, mãe solteira, havia conseguido auxílio do governo e se tornou assistente de gerente no McDonald's, cumprindo horários irregulares de trabalho que estavam além de seu controle, e era quase impossível manter as filhas com assistência com seu salário baixo. Uma noite, em outubro de 2003, sua babá não apareceu e ela se viu diante de uma decisão muito difícil: ficar em casa com sua filha de 9 anos e o bebê de 1 ano e ser despedida, ou deixar as meninas sozinhas em casa. Ela foi trabalhar e manteve contato com a menina maior pelo telefone. Quando o restaurante fechou, ela voltou para casa e viu seu apartamento, que ficava no piso térreo, pegando fogo com as duas meninas presas lá dentro. As duas morreram no incêndio.

As autoridades não ficaram abismadas com o fato de que milhões de mães têm de cumprir esses horários malucos de trabalho, forçando-as a exporem seus filhos a situações de perigo. Não ficaram abismadas com o fato de que crianças precisam ser deixadas sozinhas porque não há condições de as mães pagarem babás para um cuidado adequado. Mas *ficaram* abismadas com o fato de aquela mãe ter saído para trabalhar aquela noite. Apesar dos relatos de diversos vizinhos, atestando que ela era uma mãe boa e carinhosa, Kim Brathwaite foi presa por colocar em risco a vida de suas filhas, uma acusação que poderia lhe render até dezesseis anos de cadeia.

Essa é uma história real. Parece que o Estado de Nova York leva ao pé da letra o velho ditado judeu: "Deus não poderia estar em todas as partes; por isso, Ele criou as mães". O crime cometido por essa mulher foi ela não ter sido capaz de ser mais onipresente do que Deus. Deus não poderia estar ali, em todas as partes, o tempo todo, mas aquela pobre mãe tinha de estar. Diante dessa crueldade, não encontramos palavras.[8]

Que vida patética!

Preciso contar minha história familiar favorita a respeito de estar presente.

Quando meu filho James tinha 15 anos e estava passando pela fase da adolescência em que os filhos acham que as mães estão sempre erradas, ele entrou em meu escritório um dia e declarou: "Você tem uma vida muito patética! Passa o dia sentada na frente de um computador. Preferiria morrer a ter uma vida como a sua!"

Esse momento ruim ocorreu quando eu estava no meio de um projeto longo e difícil de um livro, sem saber qual seria o resultado. Eu havia sofrido um acidente esquiando, precisei operar o joelho e, um ano depois, sofri um acidente de bicicleta que me deixou com o cotovelo fraturado e exigiu outra operação e meses de fisioterapia. O livro estava atrasado, o que resultou no cancelamento de meu contrato. Assim, além da incerteza comum aos escritores, acerca de quem leria o livro, tive de passar muitos outros anos terminando de escrevê-lo e tentando imaginar quem o publicaria. Com isso, precisei morder a língua, sorrir e mentir em festas às quais eu ia e todos perguntavam: "Quem vai publicar seu livro?" Muitas pessoas perguntavam.

Assim, estava vulnerável e suspeitei que meu filho poderia estar certo. Minha vida era um pouco patética. Mas ele não tinha direito de dizer aquilo. Senti vontade de dizer a ele: "Seu %#*$@! Por sua causa abri mão de um emprego cheio de prestígio no *New York Times* e agora estou aqui, sentada na frente desse computador em vez de viajar o mundo todo, conhecendo pessoas fascinantes, recebendo prêmios e muito dinheiro. Abri mão de tudo isso para que você tivesse pelo menos um dos pais em casa sempre por perto, para que você não se tornasse um ser patético! Se minha vida é patética, a culpa é sua!"

Mas eu não disse nada disso. Sentindo-me uma santa, respondi: "O que estou fazendo é importante. Espere e verá!"

Três anos se passaram. Consegui outro contrato com uma editora excelente e um editor muito melhor, e o livro *The Price of Motherhood* fez sucesso e recebeu muitos elogios. Fiz minha primeira sessão de leitura na Politics and Prose, uma livraria de Washington, D.C., que havia sido eleita a melhor livraria independente do país alguns anos antes. Uma grande plateia se reuniu, havia animação no ar e, depois de minha palestra, a loja vendeu mais livros do que jamais havia vendido em uma sessão de leitura. James, então com 18 anos, estava ali, filmando tudo.

Na manhã seguinte, ele entrou em meu escritório, onde eu sempre ficava pateticamente sentada na frente do computador. Ele disse: "Sabe, mãe, você trabalhou muito. Nunca desistiu. E valeu a pena! Estou muito orgulhoso de você".

A primeira coisa que me veio à mente foi: "Estou muito orgulhosa de você por ser capaz de dizer isso". E a segunda foi: "Posso morrer agora. Ensinei a ele a melhor lição que tinha para ensinar".

Estar presente nunca foi tão bom.

Estar presente pelo bem maior

Joyce Fletcher, uma autoridade a respeito de diferenças de gêneros na administração, tem observado, nas mulheres que trabalham, uma capacidade de colocar um projeto na frente e fazer o que seja preciso para realizar o trabalho. Ela chama a isso de *habilidade de preservação* e a compara explicitamente ao comportamento maternal. Assim como as melhores mães se preocupam com todos os aspectos do bem-estar dos filhos – físico, emocional e intelectual –, as melhores trabalhadoras aceitam a responsabilidade pelo sucesso de um projeto como um todo, não apenas por aquela pequena parte que pode ser tecnicamente seu trabalho.

Observando as engenheiras na DEC, Fletcher percebeu que elas sentiam que tinham de estar presentes nos projetos pelos quais eram responsáveis. Expressavam desdém pelos engenheiros que davam as costas ao trabalho que podia ter sido realizado ou que deixavam produtos abaixo do padrão porque resolver o problema não condizia com a descrição de seu trabalho. Elas também foram muito claras em dizer que a prática de colocar as necessidades de um projeto na frente de seu *status* ou autopromoção não era um sinal de entrega, mas um sinal de competência e compromisso. Estar presente era, para elas, um sinal de força, não de fraqueza.

Um sério problema com um trabalho tão sutil é que ele costuma não ser percebido. As pessoas que operam de modo maduro e incentivador podem ser o ingrediente secreto no sucesso de um projeto, mas, se os outros não compreenderem a importância do que estão fazendo, suas contribuições vitais podem não ser valorizadas. As mulheres na DEC disseram a Fletcher que muitos de seus colegas de trabalho que eram homens acreditavam que se uma mulher era solícita, ela provavelmente era ingênua e poderiam tirar vantagem dela. As mulheres tinham de desenvolver estratégias que garantissem que a ajuda delas aos colegas seria devolvida, não explorada.

Como uma das mulheres disse: "Se você tenta ajudar, eles não entendem. Não percebem o que você está fazendo. Veem isso como uma fraqueza... ou que têm certo poder sobre você... já cansei disso e agora digo: 'Certo, veja, vou ajudar você com isso. *Mas você me deve uma*'".[9]

Mesmo na medicina, uma profissão em que estar perto de um paciente pode determinar a diferença entre a morte ou a vida, a preservação do trabalho e o ato de estar por perto pelos outros podem ser desvalorizados. A dra. Rita Colwell, da Fundação Nacional de Ciência, me contou esta história: "Quando uma de minhas filhas estava fazendo residência num hospital público, ela sempre reservava um tempo para conversar com um senhor que estava morrendo de câncer no pulmão. Um dia, o chefe de residência a criticou por estar 'perdendo tempo'. 'Ele vai morrer mesmo', ele disse. Ela segurou as lágrimas e entrou na enfermaria, onde uma enfermeira a abraçou e a consolou, e então ela telefonou para mim. Perguntou o que deveria fazer. Eu disse a ela para não discutir com ele, mas para continuar fazendo o melhor trabalho que conseguisse, o melhor que pensasse ser capaz de fazer".

A filha de Colwell, hoje em dia, leciona na Escola Médica de Dartmouth. Quem você acha que está contribuindo mais para a arte da cura: o professor ou a ex-aluna?

NOTAS

1. Entrevista com a autora, Salt Lake City, Utah, junho de 2003 (Hudson).
2. Entrevista com a autora, Nova York, novembro de 1996 (Cutler).
3. Isso não quer dizer que os diretores do sexo masculino não demonstraram o mesmo tipo de coragem. Quando Teddy Roosevelt foi ferido por um agressor na campanha presidencial de 1912, prosseguiu e fez seu discurso com sangue vazando pela camisa. Vinte e um anos depois, seu primo Franklin Roosevelt ficou dentro de um carro aberto quando um atirador tentou acertar-lhe cinco vezes, errando a mira, mas ferindo mortalmente o prefeito de Chicago, que estava ao lado dele no carro.
4. Entrevista com a autora, Fort Meade, Maryland, outubro de 1997; citado em Ann Crittenden, "Fighting for Kids", *Government Executive*, dezembro de 1997.
5. Entrevista com a autora, Nova York, outubro de 2002 (Osmobor).
6. Entrevista com a autora, Nova York, outubro de 2002 (Boccio).
7. Em 2002, mais de 20% dos rabinos reformistas e mais de 50% dos estudantes reformistas eram mulheres. E, em 2003, os rabinos da reforma da América do Norte elegeram uma mulher como presidente, a primeira líder, do sexo feminino, de uma associação rabínica. O braço Conservador do Judaísmo começou a ordenar as mulheres em 1985 e, em 2002, 11% desses rabinos eram mulheres. Os seminários ortodoxos ainda excluem as mulheres e, na maioria das sinagogas ortodoxas, as mulheres não podem nem mesmo ler a Torá publicamente.
8. Lydia Polgreen, "A Fire Kills Two Children Found Alone", *New York Times* (13 de outubro de 2003); Nina Bernstein, "Daily Choice Turns Deadly", *New York Times*, 19 de outubro de 2003. Quatro meses depois da prisão da sra. Brathwaite, o Brooklyn retirou as acusações contra ela, de acordo com seu advogado, Douglas G. Rankin. Em uma conversa por telefone, o sr. Rankin me disse que o promotor concordou que aquela era uma tragédia que não devia terminar com acusações – e eu diria perseguições – à mãe que estava sofrendo. A sra. Brathwaite estava de licença do McDonald's e fazendo terapia, com a ajuda de um fundo que havia sido reunido para ela. Infelizmente, a pessoa mais responsável pelas acusações contra Brathwaite era outra mulher, a diretora do Centro de Crimes contra Crianças, no escritório do promotor. "Ela não estava disposta a entender que aquela decisão havia sido um dilema", disse o sr. Rankin.
9. Fletcher, op. cit., pp. 33-34.

11
Senso de perspectiva

> Uma mente fraca transforma moscas em elefantes e reduz elefantes a moscas. Uma mente forte vê as coisas como elas são.
> – LORDE CHESTERFIELD,
> em carta ao filho

Os filhos reestruturam nossas prioridades totalmente, independentemente de sermos um zé-ninguém ou um candidato à presidência. Eles nos mostram o que realmente importa na vida. Um terapeuta, certa vez, disse a um conhecido que era melhor que ele tivesse um caso de amor ou um filho, porque só então ele seria capaz de decidir o que de fato era importante para ele. Minha reação foi pensar que ter um filho *é* um caso de amor e mais nada seria capaz de ajudar uma pessoa decidir o que importa.

O acidente ou a doença de um filho, principalmente, pode deixar claro que mais nada na vida pode competir com o bem-estar dele. Shirley Strum Kenny disse: "Esta foi a lição mais importante da vida em família". Anos atrás, Kenny candidatou-se a um posto na Casa Branca. A carta tão esperada chegou em um dia em que um de seus filhos estava com uma febre muito alta. O envelope de Washington foi recebido, mas demorou horas para que ela o abrisse; quando o abriu, ela disse que "a rejeição não me importou".

O congressista Dick Gephardt disse quase a mesma coisa em seu discurso de posse em Iowa no início de 2004, depois de não ter aparecido em uma reunião importante com o presidente, pondo fim à sua distinta carreira política. "Já estive em lutas piores", disse o representante do

Missouri. "Se você viu seu filho de 2 anos lutar contra um câncer terminal e sair vencedor, tudo muda de valor."

Patricia Wald, ex-juíza federal e com cinco filhos, que agora cuida da comissão presidencial sobre inteligência, contou uma história parecida: "Um de nossos filhos quase morreu de infecção por estafilococos, e um de nós teve de permanecer no hospital todos os dias, 24 horas por dia, por um mês. Tivemos de mandar nossos outros filhos para a casa dos avós. Depois disso, tive a sensação de que não existia nada mais importante. Percebi que meus filhos tinham mais importância para mim do que qualquer outra coisa, incluindo minha profissão".

Mães de diversos campos disseram-me que seus filhos lhes deram esse tipo de percepção, além de um afastamento saudável de seu trabalho. Naomi Foner, roteirista de filmes como *O peso de um passado*, disse que ela pode estar chateada com alguma coisa que aconteceu no trabalho, mas que "os filhos não se importam nem um pouco – eles conseguem me tirar do problema. E tem razão. Minha preocupação seria bobagem em comparação à necessidade deles. Eu voltava para casa depois de uma reunião de roteiro com todas as falas que eu tinha escrito e eles estavam famintos! Era muito claro: o que importava a eles era muito mais importante de modo geral".

Uma executiva em uma grande empresa disse quase a mesma coisa: "Os filhos vivem aqui e agora. Tudo gira ao redor deles; não a seu redor. Eles veem a vida de modo muito mais simples. Voltar para casa para eles me dá objetividade. Muitas das minhas amigas que não têm filhos não têm essa objetividade – a consciência de que a vida não tem que ver com vender o que você tem a vender, e que não vale a pena perder a cabeça, o marido e a saúde por causa do trabalho. Meus filhos me dão esse equilíbrio todas as noites. Volto para casa pensando nas ações e eles querem saber o que vão jantar".

Lições de humildade

Uma amiga minha, recentemente, disse que "a paternidade é o melhor exercício para murchar o ego do mundo". É impossível sentir-se importante demais diante de perguntas como: "Você vai mesmo vestir *isso?*" Ou: "Mamãe, esse batom é *horrível*!" Os filhos são como profetas do Velho Testamento, tirando sem dó qualquer sinal de orgulho ou vaidade das pessoas. Provavelmente, não existe mãe no mundo que não tenha uma história de humildade para contar.

Uma das mais engraçadas histórias aparece na autobiografia de Madeleine Kunin. Os quatro filhos de Kunin faziam questão de impedir que ela se considerasse importante demais quando assumiu o cargo de governadora. Começaram assim que ela foi eleita para um cargo político, representante de estado na região de Burlington. Depois de gravar sua primeira entrevista de meia hora na TV em Vermont, ela correu para casa, fez o jantar e no horário combinado, oito horas da noite, reuniu os filhos na frente da televisão para que todos a assistissem. Mas eles queriam ver outra coisa. E ela descreve a cena:

– Não – eu disse –, fiquem quietos. Quero assistir à minha entrevista.
– Por favor, por favor, queremos ver...
– Calem-se.
– Ai, mãe, por favor...
– Fiquem calados.

Ali, na tela, havia uma mulher inteligente, atraente, articulada e segura, falando sobre os acontecimentos do dia. Ali, na sala de estar, era:
– Que coisa mais chata.

Eu comecei a falar mais alto:
– Fiquem parados, por favor. É sério, seriíssimo.

Minha voz na televisão continuou sem interrupção. Eu estava sorrindo, assentindo e sorrindo de novo.
– Quem é essa mulher? – eu me perguntei com admiração, falando tão bem, tão segura?
– Agora já podemos mudar de canal?
– Ele me bateu.
– Ela começou.
– Não comecei.
– Parem, vocês dois! – eu gritei. – Quero escutar o que estou dizendo. Não consigo ouvir com vocês dois brigando!
– Ai, mamãe, já vimos o suficiente.[1]

Cheryl Bachelder passou por uma experiência de balde de água fria assim que começou sua ascensão profissional. "Antes de ter filhos, como todos os adultos, eu prestava muita atenção em títulos, dinheiro, reconhecimento, capas de revista e tudo isso", Bachelder disse. "Mas nunca vou me esquecer quando fui promovida pela primeira vez a vice-presidente na RJR Nabisco. Foi uma coisa muito importante. As pessoas me cobriram de cumprimentos, me deram garrafas de champanhe, entre outras coisas. Mais tarde, fui para casa, entrei e ali estava a minha filha Tracy, que na época tinha 2 anos e meio. Eu disse a ela: 'Tracy! Fui promovida a vice-presidente hoje!'

Ela olhou para mim e disse:

'Sabe o que me aconteceu? Ganhei um cartão que tinha uma rena!' E pensei: 'Isso é mais importante'."

Contato com a realidade

Quando Jamie Gorelick estava no Pentágono, como conselheira-geral do Departamento de Defesa, ela tinha um posto de general de quatro estrelas. Com isso, sempre que ela entrava em um recinto, todos se levantavam. Mais tarde, no Departamento de Justiça, assumiu o comando de uma agência com um orçamento de dezoito bilhões de dólares e quase cem mil funcionários.

"Isso foi algo muito grande", ela se lembra. "E em níveis muitos altos, você corre o risco de começar a se levar muito a sério. Muitas pessoas dizem a você, o tempo todo, que você é maravilhosa. Seus filhos a ajudam a manter contato com a realidade. Fazem com que você role no chão, faça as atividades 'normais' do dia a dia, como ir ao mercado, a excursões. Se a bicicleta deles quebra, você não tem seus funcionários para cuidarem do problema, você mesma precisa se abaixar e ver se consegue resolver a questão. Se o cachorro fizer cocô no tapete, você precisa limpar. Se eles precisam de ajuda com o dever de matemática, você ajuda."

Os pais preocupados gostam dessa volta à realidade e compreendem que são pessoas melhores e mais bem-sucedidas graças a isso. Enquanto Gorelick conversava comigo, lembrei-me da famosa gafe cometida pelo presidente Bush (pai) durante a campanha de 1992. Ele foi ao mercado e ficou maravilhado com os códigos de barras. Nunca tinha visto aquilo antes, o que mostrava que nunca ia ao mercado, uma atividade corriqueira que todo mundo faz. O incidente fez com que a imagem de Bush ficasse ainda mais relacionada à de um patriarca inalcançável e ele perdeu a eleição para Bill Clinton, que sem dúvida era mais próximo da realidade.

Uma perspectiva mais realista

Lindsay Crouse, atriz veterana de teatro, cinema e televisão, sabe que seus filhos lhe dão uma base rara de se encontrar em Hollywood. (Em 2003, sua filha mais velha, aos 20 anos, estudava na Universidade Brown, sua filha mais nova tinha 15 e o filho adotivo, 13). Ela diz: "Dá para se tornar uma pessoa esnobe nesse meio, ou pelo menos você sente que deveria ser esnobe e exigente. E se pergunta: 'Será que tenho direito de ser assim? Se não tenho, estou sendo ridícula?' Mas os filhos fazem com que nos lembremos de que tudo se trata de uma ilusão. Você é apenas uma atriz, e não vai passar disso", ela diz.

"Essa base vem, em parte, do fato de estar literalmente *na real* com eles. Certa vez, eu estava pronta para ir a um teste, vestindo uma linda saia bege de seda, e minha filha Willa, que tinha cerca de 3 ou 4 anos, me viu e exclamou: 'Mamãe, você está linda!' Ela correu para me abraçar e sujou minha saia com as mãozinhas lambuzadas de pasta de amendoim e geleia. É claro que precisei trocar de roupa. Numa situação assim, você pensa que é só uma saia, uma roupa que não tem importância... É preciso manter o foco no que realmente importa nessa situação. Assim, não corre o risco de ser arrogante."

Crouse já recusou papéis que pudessem entrar em conflito com as obrigações com sua família, tirando muitos anos de sua carreira enquanto os filhos eram criados. (Certa vez, um frentista de posto de gasolina olhou para ela com curiosidade e perguntou: "Você é alguma famosa?") Apesar disso, ela participou de filmes como *O veredicto*, *Jogo de emoções* e *Um lugar no coração*, que lhe rendeu uma indicação ao Oscar. Ela é uma mulher calorosa e despretensiosa que poderia ser vista como qualquer outra mãe norte-americana de classe média-alta com uma casa confortável, um cachorro grande e peludo e uma empregada entrando e saindo da cozinha enquanto almoçávamos em sua cozinha clara e colorida em Pacific Palisades. Ela me disse que as pessoas sempre dizem a seu marido, produtor de TV: "Sua esposa é tão *normal* para uma atriz!"

Carole Browner, que tinha um filho de 3 anos quando conseguiu o cargo de diretora da Agência de Proteção Ambiental em 1993, também acha que ter se tornado mãe foi um teste de sanidade. Browner e seu marido decidiram não contratar uma babá em tempo integral para o filho Zachary. Eles contavam com o trabalho de alunas universitárias que iam à sua casa à tarde e, com isso, eram forçados a estar em casa na hora do jantar.

Browner, uma mulher alta e magra com uma atitude receptiva e direta, acredita que essa decisão de desempenhar um papel ativo na vida de seu filho mais novo fez com que ela se tornasse uma administradora *melhor*. A EPA é uma agência enorme, com uma receita de sete bilhões de dólares, dezoito mil funcionários e inúmeros assuntos controversos. "É possível ficar ali 24 horas por dia", Browner conta, "e ainda assim ter trabalho para fazer. Mas os filhos não querem saber se você está cuidando de algo importante; eles querem conversar, ver você... mesmo que eu tivesse um dia de cão, tinha de ir para casa e era forçada a deixar as preocupações de lado, porque eu tinha um filho que exigia muito de mim. Isso, sem dúvida, força a você a pensar bem nas coisas... também acho que ajudou o fato de as pessoas da agência conseguirem ver as semelhanças entre a minha vida e a vida delas. Elas viram que eu podia dar conselhos a respeito de suas preocupações como pais."

Acima de tudo, Browner e outros pais me disseram que os filhos deram a eles a capacidade de se comunicarem em uma linguagem simples e concreta que todos podiam compreender. Como um pai disse: "Os filhos nos ligam a muitas verdades fortes e corriqueiras. Eles nos permitem conversar com as pessoas onde elas estão vivendo e não onde acreditamos que elas deveriam estar vivendo".

No caso de Browner, isso significava mostrar a importância de um ambiente claro em termos que sejam significativos para uma pessoa comum. "Meu filho me permitiu falar como mãe sobre a poluição do ar, a segurança dos alimentos e outras questões", ela disse. "Historicamente, o EPA falava para ambientalistas convertidos. Era também uma agência agressiva, um tanto defensiva, por isso tentava explicar cuidadosamente, em termos técnicos, tudo o que estava fazendo. Percebi que, se quiséssemos apoio público, teríamos de mostrar às pessoas os benefícios do que fazíamos de modo muito simples. E, por ser mãe, eu via que podíamos falar de modo muito concreto com as mulheres a respeito das preocupações com as crianças."

Browner começou a falar sobre a poluição do ar, a segurança dos alimentos e da água limpa de acordo com o ar que os filhos respiram, os alimentos que ingerem e a água que bebem – uma linguagem que saiu diretamente de sua experiência como mãe.

"Tive de aprender a explicar a uma criança de 6 anos o que eu fazia no trabalho. Por isso, se eu dissesse: 'Vamos limpar a água', e ela perguntasse por que, aprendi a responder: 'Porque os peixes vivem na água e você come os peixes'."

Browner me contou uma passagem em que seu marido e seu filho, na época com 5 anos, entraram em um táxi e o motorista perguntou:

– Onde está sua mãe?
– Está trabalhando – Zack respondeu.
– O que ela faz?
– Ela salva coisas.
– O que ela salva?
– Bananas.

Posteriormente, ela citou essa conversa em um discurso sobre segurança de alimentos.

"Tudo isso me lembrou do que era importante no trabalho que realizávamos... e consegui isso com um menino de 5 anos!"

Browner acredita que essa capacidade de contar a história do EPA em termos concretos deu à agência a possibilidade de enfrentar os baques que vieram depois que os republicanos assumiram o controle da Câmara dos Representantes, em 1994. Em um momento, a administração confrontou a lei proposta, que continha dezesseis iniciativas diferentes para limitar a capacidade do EPA de reforçar as leis ambientes existentes. De acordo com Browner: "Nós os forçamos a refazer aquela lei e tiramos todas as restrições dela. Isso foi depois de começarmos nossos esforços para envolver o público".

Em outras palavras, ela acredita que as proteções ambientais do país foram salvas – pelo menos por alguns anos – com a ajuda do menininho que não parava de pedir à mãe que explicasse o que ela fazia em seu trabalho.

Ouvi uma história parecida a respeito de crianças que deram a adultos o poder do discurso realista na Suécia. Gregor Hatt, conselheiro e escritor de discursos do primeiro-ministro Ingvar Carlsson, é um pai atuante e tem três filhos. Hatt, a quem conheci enquanto viajava por Estocolmo no final dos anos 1990, contou que as melhores ideias que ele já tivera para os discursos lhe ocorreram enquanto estava sentado no parquinho. "Se você está dentro, olhando para fora, só vê as metáforas do poder. Mas se tem experiência diárias, pode encontrar as metáforas diárias, que falam para as pessoas", ele contou.

Em 1993, Carlsson estava tentando convencer seus colegas do Partido Socialista de que a Suécia devia se unir ao Mercado Comum Europeu. Em um grande discurso diante do Congresso, Carlsson planejou explicar que as instituições políticas têm de crescer e se desenvolver quando os elos econômicos, políticos e outros se expandem. Para ilustrar a ideia, Carlsson usou uma linguagem simples e concreta escrita por Hatt. "Não voltaremos ao Estado-nação", ele disse. "Não existe maneira de vestir as roupas de uma criança de 1 ano em uma criança de 3."

Essa imagem havia ocorrido a Hatt quando seu filho Christopher, com 3 anos, já não cabia mais em suas roupas.

"Aquele discurso ficou conhecido como o marco na virada da opinião pública a favor de a Suécia entrar para o Mercado Comum, o que, por sua vez, foi o maior legado de Carlsson", Hatt disse com orgulho.[2]

Ninguém é perfeito

Enquanto estava criando meu filho, eu sempre tive a consciência – e ele me deixava ainda mais consciente – de meus limites como mãe. Eles eram assustadoramente próximos de meus limites como pessoa. Acredito que a frase que mais disse na infância de James foi: "Ninguém é perfeito". É claro que eu me referia a mim, mas a experiência de ser mãe me tornou mais consciente para o fato de que as pessoas procuram dar o melhor de si mesmas e que não faz sentido esperar perfeição de ninguém, seja de um cônjuge, colega de trabalho, candidato a emprego ou até do Departamento de Veículos.

A aceitação dos nossos limites e dos limites dos outros não é resignação; é o começo da sabedoria e de uma força que antes não era conhecida. Em seu estudo acerca de mulheres com grandes conquistas, Marian Ruderman e Patrícia Ohlott, do Centro de Liderança Criativa, descobriram que "abrir mão do ideal da perfeição costuma ser a chave do sucesso para que nos sintamos inteiros".[3] As mulheres que haviam deixado para trás o ideal da supermulher, de tentar fazer tudo e de ser tudo para todas as pessoas, se sentiam mais centradas. E apenas quando uma pessoa se sente completa todas as partes de seu ser começam a atuar juntas, e não com objetivos distintos. Paradoxalmente, parece que conquistamos mais quando percebemos que não conseguimos fazer tudo.

Muitas mães me disseram que os esforços na criação dos filhos as ajudaram a chegar a essa conclusão. Os filhos ajudam os pais a pensarem em seus erros e desastres corriqueiros – talvez por terem de enfrentar tantos deles todos os dias!

Leslie Gaines-Ross, executiva na empresa de relações públicas Burston-Marsteller, em Nova York, diz que suas experiências como mãe solteira e que trabalhava fora a tornaram muito mais filosófica a respeito dos erros que ocorriam no trabalho. "É muito difícil que eu fique irritada e frustrada, depois de tudo pelo que passei. Quando as pessoas cometem erros no escritório – e eles sempre acontecem –, posso analisá-los de modo mais amplo e pensar que todos já passamos por essas experiências."

Gaines-Ross casou-se logo depois de se formar na faculdade com Jim Gaines, que mais tarde se tornou editor-chefe das revistas *People*, *Life* e *Time*. Eles tiveram uma filha, Alison, que agora tem 28 anos. O casamento terminou em divórcio quando Alison tinha 3 anos e Leslie estava fazendo doutorado na Universidade de Nova York. Ela precisou voltar a trabalhar. Naquele momento, ela tinha uma filha, tentava concluir seu doutorado quando a menina dormia à noite e trabalhava o dia todo, ganhando pouco.

Um dia, o teto de sua casa caiu e ela pensou: "Pronto! O céu está caindo. Uma metáfora perfeita para a minha vida!"

Ela conseguiu um emprego no campo da pesquisa de mercado e terminou sendo diretora de *marketing* e comunicações na revista *Fortune*, onde trabalhou de 1988 a 1997. (Ela também se casou de novo e teve mais dois filhos, uma segunda filha que está na Universidade Brown e um filho que está no ensino médio.)

Uma vez, enquanto trabalhava na *Fortune*, a revista contratou um novo editor-chefe e Gaines-Ross teve de fazer um anúncio sobre ele. A pessoa responsável pelo material disse que havia revisado o texto, e assim ele seguiu, para mais de mil clientes e pessoas da imprensa – com um erro de digitação bem na primeira página! Gaines-Ross precisou contar ao editor.

"A primeira coisa que pensei foi que aquilo era terrível! Eu estava totalmente envergonhada pelo que havia ocorrido. Mas então pensei: 'Não é o fim do mundo. Existe a vida, a morte e meus filhos, e existe isto. Não se compara'. Não sei se teria conseguido voltar ao trabalho no dia seguinte se não estivesse pensando assim."

Junte essa história a todas as outras coisas que podem dar errado em uma empresa – liderança corrupta, colegas invejosos, fracasso de produtos, processos, perda de clientes, humilhações, demissões – e imagine como é útil a habilidade de colocar as coisas em perspectiva.

Margaret Moers Wening, ex-rabina, também descobriu que a maternidade a tornou muito mais tolerante com os erros dos outros, incluindo os dela. Há muitos anos, quando estava grávida pela segunda vez, sentia-se extremamente ansiosa e receosa de que o bebê nascesse com problemas. Uma noite, ela sonhou que o bebê tinha uma má-fomação. A criança, então, disse a ela: "Mas amo você mesmo assim, mamãe!"

"Eu tinha medo de falhar como mãe e no meu sonho ela estava me aceitando", Wenig explicou. "Ela estava dizendo que estava tudo bem, que ela me amava incondicionalmente. Depois desse sonho, meu medo desapareceu totalmente."

Os filhos também nos ajudam a perdoar nossos pais. Wenig contou que, antes de ter filhos, ela havia comentado com seu pai que uma colega de sala estava pensando em ir a um psiquiatra. Ele disse: "Se um dia você procurar um psiquiatra, não ponha a culpa em mim; fiz o meu melhor". Naquela época, ela acreditava que ele estava tentando se esquivar de qualquer responsabilidade por problemas que ela pudesse ter. Depois que teve seus filhos e conseguiu analisar o comentário dele de outro ponto de vista, ela percebeu que era um comentário libertador.

Independentemente de seus erros, os pais tentam fazer o melhor que podem. Nenhum de nós é perfeito. E nossos pontos fortes não são cancelados pelos fracos.

"Isso mudou muito a maneira com que escrevo os discursos fúnebres", Wenig disse. "Costumo falar das qualidades e dos defeitos da pessoa. Um não cancela o outro. Na verdade, os pontos fortes e fracos de uma pessoa costumam ser dois lados de uma mesma moeda."

Ela continua: "Ser pai ou mãe é algo que nos torna muito humildes. Cometemos erros o tempo todo. Anos depois, seu filho vai lhe dizer algo que você fez que teve um efeito ruim, e você nem vai se lembrar. Ou as coisas podem dar errado mesmo que você faça tudo direito. Nem tudo está sob seu controle. A experiência me ensinou a perdoar as fraquezas das pessoas. Quando você se torna pai ou mãe, um pai ou mãe envolvido, passa a entender que ninguém é perfeito".

Muitas mães aprendem essa lição. Seria ótimo que o restante do mundo aceitasse esse fato sobre as mães!

O poder da autenticidade

Talvez a visão mais valiosa que os filhos possam lhe dar seja uma visão não deturpada de si mesmo. Não como alguém perfeito e modesto, e sim *real*. Muitas mães descobrem que, depois que seus filhos nascem, elas finalmente conseguem dizer: "Pronto! É isso o que realmente valorizo, é quem eu sou, e chega de tentar ser alguém que não sou!"

Essa epifania ocorre, geralmente, com a maioria das mulheres que atuam em instituições dominadas pelos homens. Ser uma executiva em quase todas as partes dos Estados Unidos significa que você ainda não é bem aceita, é meio de fora. Nesse caso, podemos fazer duas coisas: assumir o disfarce protetor da cultura dominante (ou seja, usar terninhos, metáforas de esportes, colocar o trabalho em primeiro lugar na vida) ou reconhecer que somos diferentes e nos orgulharmos disso. Quando as mulheres escolhem essa segunda opção, costumam descobrir o paradoxo: sendo elas mesmas, e afirmando suas prioridades, elas obtêm mais poder e respeito do que tinham quando estavam tentando se adequar a normas que não pareciam autênticas.

Shaunna Sowell, da Texas Instruments, engenheira de quase 50 anos, descreve como isso pode acontecer:

> Os negócios nos Estados Unidos são praticamente dominados por homens brancos. Quando você entra nessa cultura, ela já tem uma forma para o sucesso. Se eu tivesse escolhido dizer que minha definição de sucesso era a mesma que a de meus colegas do sexo masculino, teria sido um fracasso total. Minha definição de sucesso era ser uma boa mãe, uma boa amiga, uma boa filha, uma pessoa espiritualmente saudável. Eu estive casada por dezessete anos, mas nos últimos oito anos, estou solteira e crio meus filhos. A maioria de meus colegas tem esposas que não trabalham fora e conseguem ser casados com o trabalho. Se eu tivesse tentado fazer a mesma coisa, teria fracassado em todas as partes de minha vida. Por isso, minha definição de sucesso não incluía crescer dentro da empresa. Se alguém convocava uma reunião para as 18 horas, eu dizia: "Preciso ir embora às 17h45", e me sentia bem com isso. Isso era ser autêntica, e só se reúne coragem para isso sendo muito claro acerca de sua definição de sucesso.
>
> Consegui respeito por ser tão clara. Essa capacidade de ser autêntico, de ser verdadeiro perante seus valores, não costuma ser vista como um comportamento de conformismo. Era vista como coragem – ainda que a maior ironia seja que ser você mesmo é o mais fácil. É muito difícil tentar se adaptar a um modelo do que você não é.

A dificuldade de manter uma personalidade não autêntica ajuda a explicar por que tantas mulheres de grande educação decidem abrir mão e sair do trabalho de uma vez. Além dos horários malucos que os empregos de alta renda exigem, elas precisam ser quem não são e simplesmente não conseguem manter a fachada. Foi isso o que aconteceu com Tracy Delgado, ex-advogada, que agora cuida dos filhos e participa de um grupo de apoio chamado Mothers and More. Nos primeiros estágios de sua carreira, enquanto ela ganhava responsabilidade, Delgado moldou seu estilo de administração e comportamento observando seus colegas, a grande maioria formada por homens. Os homens e as mulheres de seu campo de trabalho eram agressivos, falavam palavrões para explicar suas ideias e se posicionavam de modo ríspido em todas as situações, sempre que podiam.

Conforme foi evoluindo dentro da empresa, Delgado se tornou cada vez mais insatisfeita com seu trabalho, sentindo que estava desempenhando um papel que não combinava com sua natureza. Ela e o marido faziam piada quando ela falava como advogada dentro de casa. Por fim, quando eles constituíram uma família, ela abriu mão do trabalho.

Agora, sem trabalhar fora, a palavra mais feia que Delgado usa é *caramba*. Ela tem mais paciência do que pensou que teria e descobriu que só se posiciona de modo intenso em questões realmente importantes. Essa mudança parece muito mais autêntica e ela acredita que está apenas começando a encontrar seu eu real. Como ela diz, finalmente conseguiu a confiança necessária para ser apenas ela mesma.

Ela também notou algo curioso. Seu novo estilo é muito mais eficiente do que o antigo. Entre outras coisas, ela tem recebido um atendimento muito melhor das empresas que prestam serviços quando é educada e pede *por favor* e diz *obrigada* – assim como ensina seus filhos a fazerem – do que quando usa a advogada dentro de si para intimidar. Essa percepção fez com que ela se lembrasse de uma sócia de um escritório de advocacia de muito prestígio que conheceu enquanto trabalhava em um processo.

Na época, a mulher parecia uma raridade. Era calma, nunca interrompia os colegas e a palavra mais feia que usava era "droga". Delgado acreditava que seu sucesso se devia a seus contatos e que sua postura de moça elegante era recato. Agora, pensa que deveria ter analisado a mulher com mais atenção e a usado como mentora; como uma das mulheres líderes muito confiantes e autênticas que encontramos por aí. Assim como Shaunna Sowell, Delgado agora acredita que, para ser muito bem-sucedida, você precisa se manter fiel a seu estilo pessoal e a suas crenças.

NOTAS

1. Kunin, op. cit., pp. 102-3.
2. Entrevista com a autora, Estocolmo, Suécia, 1997 (Hatt).
3. Ruderman e Ohlott, op. cit., p. 127.

12
Ser justo

Ruth Messinger, ex-presidente de distrito de Manhattan, certa vez disse: "Tudo que eu precisava aprender sobre política consegui sendo mãe de três crianças". Entre as milhares de lições que aprendeu, segundo ela, ser justa foi uma das mais importantes.

A fórmula de justiça de Messinger era: se dois filhos estão brigando por causa do último biscoito, você deve dar a um dos filhos a responsabilidade de dividir o biscoito em dois e ao outro o direito de escolher o primeiro pedaço.

Como qualquer pessoa que já tenha se esforçado para dividir um pedaço de bolo pode dizer, as crianças têm um senso inato de justiça. Isso provavelmente tem origens evolucionárias na rivalidade entre irmãos e nos dias difíceis em que a parcialidade dos pais podia ser fatal ao filho menos favorecido. (Nunca compreendi o aspecto assustador da parcialidade dos pais, até visitar as ilhas Galápagos e observar as práticas do ganso-patola-de-pés-azuis. Essa ave põe dois ovos, observa qual dos filhotes é mais forte e qual tem mais chances de sobreviver e joga o outro para fora do ninho. Era apenas um reserva.)

As crianças pequenas veem os traços de favoritismo exercido pelos pais com o mesmo pânico que o ganso-patola sem sorte deve sentir. Todos os pais já escutaram gritos de: "O pedaço dela é maior do que o meu!", "Quero um igual ao de Johnny!", "Você ama a ele mais do que a mim!" A injustiça pode parecer uma questão de vida ou morte e, em algum momento, provavelmente foi. É por isso que os pais conscientes procuram não demonstrar nenhum sinal de favoritismo, mesmo que, secretamente, queiram favorecer um filho.

Barbara Mossberg, atual reitora da Universidade Estadual da Califórnia em Monterey Bay, diz que aprendeu, como mãe de um filho de 6 anos e outro de 16, que todos precisam ser igualmente ouvidos e todos devem ter uma chance, independentemente da diferença em maturidade, na tomada de decisões em assuntos de família, como, por exemplo, saber o que fazer no jantar. Qualquer pessoa que for uma autoridade, desde um pai a um líder nacional, deve desempenhar o papel único de estar ao lado de todos, de acordo com Mossberg, que cita a personagem de Meryl Streep no filme *Rio selvagem*. Quando foi acusada de favorecer um filho, ela disse: "Não estou do lado de ninguém. Sou mãe. Estou do lado de todos".[1]

O interesse dos filhos pelo tratamento igualitário deve ser genético, como muitos pais suspeitam. Os pesquisadores descobriram, recentemente, que os macacos-prego têm senso de justiça, sugerindo que as exigências dos seres humanos para serem tratados de modo justo estão relacionadas ao passado evolucionário de todos os primatas sociais. Os doutores Sarah F. Brosnan e Frans B. M. De Waal, do Centro Nacional de Pesquisa de Primatas Yerkes, da Universidade Emory, treinaram pares de macacos para que trocassem uma pedra por uma fatia de pepino. Quando um deles recebeu uma uva em troca da pedra e seu vizinho recebeu uma fatia de pepino, menos desejado, o macaco prejudicado batia sua pedra no chão, ou se recusava a comer o pepino. Quarenta por cento dos primatas irritados pararam de realizar as trocas. Quando um macaco de cada par recebia uma uva por nada, o outro ficava irritadíssimo. Alguns lançavam pepinos e pedrinhas para fora da jaula e 80% pararam de realizar as trocas. A raiva deles pelo tratamento injusto era maior do que o interesse em conseguir pelo menos um pedaço de pepino.[2]

O comportamento do macaco não é muito diferente do nosso, como foi demonstrado em um experimento conhecido a respeito de economia comportamental, chamado *o jogo do ultimato*. Uma pessoa recebia uma quantia, cem dólares, por exemplo, e a orientação para dividi-la (50-50, 60-40, 70-30, como quisesse). Uma segunda pessoa podia escolher: pegar a porcentagem oferecida a ela ou rejeitar a oferta totalmente. Se rejeitar a oferta, os dois jogadores saem sem ganhar nada.

Esse procedimento obviamente não é justo, mas oferece algo aos dois lados, mesmo se a divisão for de 99-1. Mas as ofertas baixas são quase sempre rejeitadas. Assim como os macacos-prego, as pessoas preferem não ganhar nada a ver alguém ganhar uma parte maior injustamente. Na prática, a divisão costuma ser equiparável, de 60-40, para que seja aceita.

A capacidade de se irritar com a injustiça pode ficar adormecida nos adultos por longos períodos, mas, quando um sentimento generalizado de injustiça surge, cuidado! É o combustível de todos os movimentos reformistas, insurreições e revoluções. Os líderes ignoram, ao próprio risco, a exigência forte e aparentemente inata para a justiça. Como Santo Agostinho percebeu há muito tempo, até mesmo bandidos precisam ser justos uns com os outros.

Em 2003, vimos três bons exemplos do que pode acontecer a um líder quando as pessoas acreditam que ele foi parcial ou que realizou um acordo injusto. O mais recente foi a queda repentina e espetacular de Richard Grasso, que perdeu seu emprego como diretor da Bolsa de Valores de Nova York, não por se comportar mal, mas por receber dinheiro demais. Diferentemente das estrelas dos filmes que derretem o coração ou dos atletas que têm um desempenho brilhante, ou das pessoas que correm riscos e constroem grandes empresas, Grasso não fazia nada de especial para receber o que recebia – 139,5 milhões de dólares por um trabalho essencialmente burocrático. Ele era mais ou menos como o macaco que ganhou a uva sem merecer. Quando seu pagamento foi revelado, a revolta das pessoas o tirou do cargo.

Grasso não foi o único CEO a praticar a injustiça em 2003. No mesmo ano, a American Airlines estava à beira da falência. Os pilotos, mecânicos e aeromoças tinham acabado de concordar em abrir mão de benefícios e aumentos para tentar salvar a empresa, quando os sindicatos descobriram que a administração havia distribuído secretamente, entre seus membros, enormes bônus, sem falar do fundo de investimento de 41 milhões de dólares para proteger suas pensões no caso de a empresa falir. Para piorar as coisas, quando saíram as notícias da situação, um porta-voz americano disse a um repórter que os líderes do sindicato sabiam de tudo o que estava havendo o tempo todo, mas não tinham contado aos membros. Revoltados, os representantes dos funcionários resolveram reaver suas concessões e queriam brigar. Dentro de poucos dias, o presidente e diretor-executivo da American, Donald J. Cartyu, foi forçado a deixar o cargo. A empresa não revelou qual foi seu pacote de demissão.

O mesmo azar teve outro gerente que não fez o que toda mãe sabe tão bem: tratar seus filhos com justiça. A história começou com as revelações de que um jovem jornalista do *The New York Times* havia falsificado muitas das matérias. Jayson Blair havia mostrado seus textos em todas as partes do país, mas nunca havia saído de seu bairro. Suas histórias eram repletas de frases anônimas inventadas, entrevistas de mentira e histórias roubadas de outros jornais. De modo geral, ele havia infringido quase todas as regras do jornalismo.

Conforme os detalhes do comportamento de Blair surgiram, soube-se que seus erros tinham sido encobertos por alguns editores, incluindo o editor-executivo Howell Raines, apesar dos alertas dados por outros editores de que o rapaz de 27 anos não tinha capacidade de realizar as tarefas que recebia. Raines, posteriormente, disse que se Blair, que era negro, fosse branco, ele teria prestado mais atenção aos alertas. Mas, como um sulista branco envolvido na causa da igualdade racial, ele havia ignorado os avisos.

Entre outras coisas, Raines nunca havia pedido a Blair que desse o nome de suas fontes das matérias sensacionalistas. Por outro lado, Raines havia exigido que a talentosa escritora Gretchen Morgenson revelasse suas fontes para o furo de reportagem sobre os erros da Enron. Quando a jornalista veterana se recusou a fazer isso, dizendo que havia prometido manter a fonte confidencial para conseguir as informações, Raines vetou sua matéria. A grande discrepância não passou despercebida, especialmente entre as jornalistas mulheres do *Times*.

Aos poucos, ocorreu que o episódio de Blair foi, simplesmente, o exemplo mais flagrante da parcialidade que Raines havia demonstrado em relação a poucos jornalistas ao longo de sua carreira. Anos antes, quando era diretor da filial do jornal em Washington, Raines tinha o hábito de convidar todos os seus favoritos para dentro de sua sala no fim do dia, onde todos se sentavam, bebiam e se divertiam, enquanto os outros ficavam na redação, irados. O falecido Michael Kelly, que era um dos queridos de Raines, disse a um amigo que, apesar de ser ótimo fazer parte daquele círculo restrito, ele também se sentia desconfortável. Kelly se preocupava com os sentimentos dos colegas que eram totalmente excluídos do pequeno clube do chefe.

Bem, agora sabemos como eles se sentiam. Mal e irados. Algumas semanas depois do escândalo Blair, alguém deixou vazar informações de outro querido de Raines, o também sulista Rick Bragg, que usou outro jornalista, ou "laranja", para contar uma história com sua assinatura. Bragg, aparentemente, havia ido a uma cidade para cobrir uma história que havia escrito dentro do avião. Seu texto cheio de vida dava a impressão de que ele estava presente na cena, quando, na verdade, só viu o aeroporto. Com aquela revelação, a redação do *Times* se revoltou. A raiva contida dos funcionários espalhou-se pela rede para que o mundo todo a lesse. O espetáculo extraordinário de jornalistas abertamente desafiando seu editor-chefe foi descrito pelo *The Washington Post* como "parecido com soldados lançando nabos na cara de um general".

Na verdade, foi mais parecido com filhos acusando um pai por ter injustamente favorecido um dos irmãos. Ao deixar de tratar os talentosos jornalistas do *Times* com justiça, Raines gerou ira e agora tinha de pagar o preço pela raiva que havia incitado. Algumas semanas depois de o acontecimento com Blair ter se tornado público, Raines e o editor nacional, Gerald Boyd, tiveram de abrir mão dos cargos.

No ápice do problema no jornal, lembrei-me do que uma amiga me disse a respeito de sua família. Na infância, ela tinha sido a filha favorita de sua mãe, mas, como Michael Kelly, tinha se preocupado com a discrepância no tratamento dado a ela e à irmã. Sua irmã era castigada por fazer coisas que minha amiga também fazia e pelas quais não era punida, e era duramente criticada por erros que minha amiga também cometia. Em vez de se sentir bem em relação a tudo aquilo, ela se sentia intranquila e vulnerável. Ela pensava: "Se isso pode acontecer com minha irmã, pode acontecer comigo". E, além de tudo, obviamente, sua irmã se ressentia em relação a ela.

Os filhos e os funcionários absorvem tudo da mesma maneira, especialmente o modo como você trata os outros. Se você não for imparcial e justa, até mesmo seus favoritos sofrerão e você, claro, pode até perder o emprego.

Mas tratar as pessoas com justiça não significa que você precise tratá-las igualmente. As diferentes habilidades das pessoas e os diferentes níveis de experiência exigem tratamentos diferentes. A psicóloga Marian Ruderman disse: "Quando meu filho pequeno ainda usava a mamadeira, minha filha de 3 anos usava um copo, porque uma criança de 3 anos não precisa mais usar mamadeira. Isso me fez perceber que, quando um funcionário pergunta por que você não deu a ele o mesmo tratamento ou oportunidade que deu a outra pessoa, e se essa pessoa estiver na empresa cinco anos a mais do que quem reclama, posso explicar que é preciso criar oportunidades para as pessoas, oportunidades que sejam adequadas a seu nível. Não há problemas em tratar as pessoas de modos diferentes. Ser justo não quer dizer dispensar tratamento idêntico. Às vezes, é como dar a todos os filhos um pedaço de bolo do mesmo tamanho. Mas às vezes não é, como no caso da mamadeira e do copo".

O segredo é cuidar para que as diferenças de salários, benefícios e diversão sejam claras e transparentes, com base em critérios objetivos. As pessoas conseguem aceitar a desigualdade se forem convencidas de que aqueles que são mais bem tratados são, realmente, melhores: indivíduos mais experientes e de desempenho melhor que parecem ter merecido sua promoção, bônus e benefícios, além de escritórios maiores e todo o resto. Se isso não ficar claro, haverá problemas.

Falta de clareza a respeito das recompensas foi o problema na Fannie Mae quando Jamie Gorelick chegou à vice-presidência. Ela explica que a empresa tinha um método muito misterioso para que as pessoas crescessem na carreira. Não havia meritocracia clara. Ninguém sabia ao certo como subir na empresa. Não havia critérios objetivos para a promoção, nenhuma explicação para as decisões sobre compensação, não existia um *processo*. O sistema era muito injusto. Como resultado, os ânimos estavam em baixa.

Gorelick, com dois filhos, viu o problema exatamente como era: "Igualzinho como acontecia na minha casa", ela disse. "'Por que Dan ganhou e eu não?' 'Por que você sempre manda que eu faça isso, mas não o Dan?' 'Por que eu sempre levo a culpa?' A situação estava criando um comportamento ressentido por um lado e desmoralizando pessoas por outro".

Ela continuou: "Você pode ir longe, criar várias regras e se tornar uma pessoa burocrática, mas precisa de regras claras que deem às pessoas responsabilidade e autoridade se quiser criar uma sensação de justiça. Uma empresa é como uma casa, nesse aspecto. Nos negócios, a administração adora trancar-se dentro de uma sala e mudar tudo. Mas isso é exemplo de administração ruim. Estabeleci um sistema mais aberto na Fannie Mae".

Como vimos, as pessoas conseguem aceitar um *status* menos importante se forem convencidas de que os mais sortudos merecem mais ou estão em outra categoria. Isso ajuda a explicar por que tantas mulheres ainda engolem uma boa dose de desigualdade econômica e social. Elas olham ao redor e comparam sua situação com a de outras mulheres, e não com as de outros homens. Isso pode estar começando a mudar. Ruth Harkin, da United Technologies, me disse que as mulheres de seu escritório em Washington, D.C., estão abordando a questão da justiça. "Elas olham ao redor, comparam-se aos outros e veem que não têm o mesmo salário ou benefícios que os homens. Quando elas reclamam, eu digo: 'Mas foi esse o acordo que vocês negociaram'. É coisa de homem essa ideia de acordo negociado. Mas as mulheres dizem: 'Isso não é justo! Estou realizando o mesmo trabalho por muito menos dinheiro!'."

As mulheres precisam aprender a perguntar o que os homens e também as mulheres estão recebendo, em todos os aspectos da vida, e não podem se contentar com menos. Estou falando isso porque cometi o mesmo erro que as mulheres da United Technologies em meu primeiro emprego como escritora. Fui contratada pela *Newsweek* em 1971 para me tornar uma das primeiras redatoras da revista desde a Segunda Guerra Mundial. Eu não sabia nada sobre negociação de compensação e, durante minhas entrevistas, timidamente pedi quinze mil dólares por ano – mil a mais do que eu ganhava no meu emprego anterior, como pesquisadora da revista *Fortune*. Não é preciso dizer que os editores consideraram aquele preço uma pechincha e fui contratada na hora.

Eu estava no meu novo escritório havia poucos dias quando descobri que o homem que eu havia substituído ganhava 26 mil dólares por ano exatamente na mesma função. Dizer que considerei tudo isso uma grande injustiça é pouco. Aguentei um pouco e, depois de alguns meses, pedi uma reunião com o editor Lester Bernstein. Expliquei por que acreditava merecer um aumento. Ele concordou na hora. Nunca vou me esquecer do que ele disse em seguida.

"Estamos muito felizes por essa experiência ter dado certo", ele disse sorrindo.

A experiência era contratar uma jornalista do sexo feminino! Esqueçam Jane Austen, George Eliot e Virginia Woolf. Uma redatora para uma revista de notícias semanal era considerada uma experiência radical trinta anos atrás. A parte mais engraçada é que fiquei profundamente agradecida pelo meu aumento – para dezessete mil dólares – e convencida de que meus chefes eram homens generosos e justos.

NOTAS

1. Entrevista por telefone com a autora, outubro de 2003 (Mossberg).
2. Nicholas Wade, "Genetic Basis to Fairness, Study Hints", *New York Times* (18 de setembro de 2003).

13

As questões futuras

Uma amiga certa vez me disse que o melhor de ter filhos era sempre estar à espera de alguma coisa: o próximo aniversário, o Halloween, a apresentação do projeto de ciências... Esta é uma fonte especial de alegria para os pais mais velhos, pois exatamente quando o passado pode começar a ter mais peso do que o futuro, chega uma pessoa que traz expectativas. Eu não acreditava no fato de que meu filho seria membro da turma da faculdade de 2007. O futuro dele, que se estenderá bem além do meu, me dá uma perspectiva animada e de longo prazo para a minha vida.

As crianças nos levam para trás e também para frente, para as épocas de alegria de antes, quando as pessoas podiam planejar a posteridade. Em Blenheim e em outras regiões inglesas, as grandes paisagens foram criadas para amadurecer décadas depois de seus primeiros donos terem passado por elas. Os pais são assim, imaginando em que o que eles plantaram se transformará quando já não estiverem aqui. E os filhos são como essas paisagens, criadas para a posteridade.

Essa visão de longo prazo pode ser a melhor maneira de ver as coisas nos negócios. Gerry Laybourne diz, quando vê mulheres analisando um problema grande nos negócios: "Raramente as vejo analisando a solução a curto prazo e o que pode estar relacionado à experiência da maternidade... como mãe, você não apenas está tentando passar da fase dos 2 ou 3 anos; está tentando armar o palco para uma vida toda. Está tentando fazer com que seus filhos passem na escola, os expondo às influências que farão com que eles comecem bem... está pensando no resultado final que está construindo. É uma visão muito saudável, em vez de pensar em como conseguir mais dinheiro este ano".

Uma preocupação com a posteridade também pode se misturar com a preocupação com o ambiente. De acordo com o ambientalista canadense David Suzuki, professor de zoologia na Universidade de British Columbia, as mulheres são as ambientalistas mais comprometidas. "Se você analisar as pessoas que dão início a organizações ambientais, que geralmente se tornam os líderes, mas também os burros de carga, invariavelmente são mulheres", ele disse certa vez a um repórter. Quando perguntaram a ele por que isso ocorria, a resposta foi: "As mulheres pensam nas crianças e pensam no futuro".[1]

Uma das tendências preocupantes no mundo industrializado é a de que cada vez menos adultos tenham contato com as crianças. Dos cem milhões de lares nos Estados Unidos, apenas um quarto deles é formado por casais com filhos. E relativamente poucos negócios ou líderes políticos, incluindo muitas mulheres de sucesso, tiveram bastante contato diário com crianças. Essa separação do futuro poderia ajudar a explicar por que tantas empresas foram dominadas pela mentalidade de que não existe amanhã? Por que a ética *apres moi, le deluge* ("depois de mim, o dilúvio") da Enron, da Arthur Andersen, da WorldCom e de tantas outras empresas de Wall Street se tornou tão comum? É muito mais fácil acreditar que não existe amanhã se não existirem crianças em sua vida. E é muito mais difícil pensar que hoje é o que interessa quando você está tentando criar um mundo onde seus filhos possam viver.

Independentemente do que investirmos no futuro de nossos filhos, eles devolvem com correção monetária. Shirley Kenny diz que sempre que faz um discurso, invariavelmente é apresentada como alguém que escreveu cinco livros e tem cinco filhos. "Nunca admito às plateias", ela me disse, "mas aprendi muito mais com meus filhos do que com os livros. Quando um livro é publicado, o autor já aprendeu tudo que pode dele. Mas você nunca para de investir tudo o que tem em seus filhos, e nunca para de aprender com eles."

Uma das questões mais preocupantes que enfrentaremos no futuro é a proliferação de armas de destruição em massa. Em 2003, participei de uma discussão *online* a respeito desse assunto com especialistas em segurança e um homem declarou que era totalmente fútil tentar impedir a proliferação, considerando como é fácil para as pessoas produzirem produtos biológicos, químicos, nucleares e outros.

Uma das pessoas que respondeu a esse argumento assustador foi Valerie Hudson, cientista política que tem seis filhos, de 1 a 19 anos.

"Eu me vejo usando minhas experiências como mãe para processar algumas dessas perguntas", ela me escreveu em um *e-mail*. "Com tantos filhos, a entropia ameaça o meu lar todos os minutos do dia. Eu tento vencê-la? Pode apostar que sim. Acho que vou conseguir? Não. Acho que a vida seria melhor se eu parasse de tentar? De jeito nenhum!"

Ela continua: "As coisas mais importantes da vida são as mais fúteis, como tentar proteger nossos filhos dos perigos do mundo. Nossa medida é se enfrentamos essa futilidade. Nossos esforços não farão parte da situação geral, mas podem nos dar tempo e transformar o desastre em casos específicos. E seremos julgadas por esses esforços..."[2]

Obrigada, Valerie! Isso é muito sábio, remetendo ao mito grego de Sísifo, o herói condenado, durante toda a eternidade, a rolar uma rocha montanha acima e vê-la rolar montanha abaixo sempre que quase chegava ao topo. Uma boa metáfora para a vida. E uma afirmação cheia de esperança de que a vida vale a pena.

O trabalho de mãe nunca termina. Mas isso não quer dizer que você não o faça.

NOTAS

1. Clyde Farnsworth, "Planet Earth's Preacher, with Canada His Pulpit", *New York Times*, 28 de dezembro de 1994. Pesquisas dos Estados Unidos mostram que as mulheres se preocupam mais com o meio ambiente do que os homens, e deixar um legado saudável em relação ao meio ambiente a seus filhos é um dos grandes motivos. Oito organizações nacionais que cuidam do meio ambiente são gerenciadas por mulheres, incluindo a American River, a League of Conservation Voters e a World Wildlife Fund.
2. *E-mail* de Valerie Hudson a respeito do fracasso pós-não proliferação, setembro de 2003.

14
Onde estamos: a diferença de gêneros no mundo executivo

> Reconhecemos os "direitos" das mulheres.
> Mas ignoramos os pontos *fortes* delas.
> – TOM PETERS,
> especialista em administração

A tese deste livro é a de que muitas mulheres – e homens – que são mães e pais ativos e conscientes estão muito bem preparados para lidar com as complexidades, as irracionalidades e a simples *confusão* das questões humanas. As pessoas que levaram a sério as responsabilidades de criação dos filhos não se deixam assustar com as crises e os caprichos da vida pública ou da vida na empresa. Ao contrário do mito, a mão que balança o berço nunca comandou o mundo, mas talvez esteja na hora de isso acontecer. Não podemos piorar.[1]

Pode parecer controverso, mas na verdade existe mais sentido nisso do que parece. Diversas pesquisas mostram que tanto os homens quanto as mulheres concordam no fato de que a maioria das técnicas modernas e eficientes de administração inclui as mesmas habilidades que as mães e os pais dizem aprender com os filhos: a capacidade de administrar os relacionamentos emocionais; articular uma visão comum; ouvir os outros; praticar um estilo de liderança respeitoso, deixando o ego de fora.

O que podemos chamar de *modelo de liderança novo com base na paternidade* tem se tornado a abordagem mais comum na administração.

Em um estudo de 1996, com executivos de ambos os sexos na Grã-Bretanha, por exemplo, os homens e as mulheres disseram praticar um estilo democrático de administração, enfatizando as habilidades das pessoas e desenvolvendo o talento. Apenas 19% das pessoas disseram que comandavam os funcionários. (O autor desse estudo especulou que um número maior de pessoas poderia estar, na verdade, "comandando seus funcionários", mas não quiseram admitir.[2]) De modo parecido, Susan Vinnicombe, diretora do Centro para o Desenvolvimento de Mulheres Líderes de Negócios na Faculdade de Administração da Universidade Cranfield, na Inglaterra, diz que os administradores hoje tendem a "se descrever em termos que se encaixam na retórica prevalente da prática da boa administração, que agora está fortemente associada a um estilo de consulta e um alto nível de habilidades interpessoais".[3]

A aceitação cada vez maior da liderança que enfatiza as habilidades interpessoais dá poder às pessoas e tem um estilo de cooperação que se baseia em um simples fato: funciona. Diversos estudos mostram que os administradores que praticam esse estilo são considerados mais eficientes. Curiosamente, esses administradores costumam ser mulheres.

Quando os executivos são analisados por seus colegas, subordinados e chefes, as mulheres ganham mais pontos do que os homens. As diferenças de gênero costumam ser pequenas e os homens costumam ganhar mais pontos em áreas essenciais, como análise técnica e pensamento estratégico. Mas, na maior parte das vezes, as executivas são consideradas mais eficientes do que seus colegas do sexo masculino.

Algumas dessas descobertas, resumidas em um relatório especial de 2000, pela *BusinessWeek*, são especialmente fortes, porque os pesquisadores não estavam procurando diferenças de gênero. Acidentalmente, depararam com a diferença de gênero enquanto compilavam e analisavam centenas de avaliações de desempenho. Os participantes não sabiam que suas observações terminariam sendo parte de um estudo sobre gênero e os pesquisadores ficaram surpresos com os resultados.

Em um caso, quando 425 executivos de alto nível foram avaliados por cerca de 25 colegas cada, as mulheres receberam nota maior em 42 das 52 habilidades medidas. "As mulheres estão conseguindo notas mais altas em quase tudo o que analisam", comentou Shirley Ross, psicóloga industrial que ajudou a comandar esse estudo. Em outro estudo, realizado por Janet Irwin, consultora administrativa da Califórnia, as mulheres conseguiram mais pontos do que os homens em 28 de 31 medidas. Desafiando os estereótipos, as mulheres conseguem pontuações mais altas do que os homens em muitas áreas intelectuais, incluindo o reconhecimento de tendências, a geração de ideias e o desenvolvimento de todas elas. Diversos outros estudos mostraram padrões parecidos, incluindo um do Personnel Decisions International, empresa de consultoria de Minneapolis que analisou uma grande amostra de 58 mil gerentes e descobriu que as mulheres se davam melhor do que os homens em 23 áreas.[4]

Cada vez mais, os estudos mostram que as mulheres estão mais concentradas nos resultados do que seus colegas do sexo masculino, e muito menos interessadas em proteger seu território. (Como exemplo, uma vice-presidente de engenharia na Apple Computer assustou seus colegas quando se ofereceu para mudar dezenas de funcionários da empresa porque sentia que eles se acomodariam melhor em outro departamento. Ela explicou: "Não é o tamanho da empresa que conta; é o tamanho dos resultados".)[5]

Esses estudos obviamente precisam ser analisados com certo critério. Eles podem aumentar pequenas diferenças ou, simplesmente, refletir o fato de que um número desproporcional de mulheres executivas trabalham em Recursos Humanos, que exigem melhores habilidades interpessoais do que outras posições da administração. Robert Kabacoff, do Grupo de Pesquisas em Administração, em Portland, Maine, diz que sua empresa, depois de controlar as diferenças nas posições de homens e mulheres, não encontrou evidências de que as mulheres são mais democráticas como líderes e nenhuma prova forte de que as mulheres têm maior inteligência emocional.[6]

Kabacoff não encontrou evidência de diferenças de gênero nos estilos de administração, mas mulheres superiores aos homens em alguns aspectos e homens superiores às mulheres em outros. Interculturamente, as mulheres na liderança são mais concentradas nos resultados e levam maior animação e entusiasmo a seu trabalho, o que aumenta sua habilidade de motivar pessoas. Os homens, por outro lado, parecem ser ótimos em planejamento estratégico e têm chance de ser mais inovadores; vantagens, Kabacoff especula, que podem surgir do fato de que as mulheres ainda se sentem menos seguras e, assim, têm menos probabilidade de correr riscos.

O Indicador Myers Briggs, que define dezesseis tipos diferentes de personalidade com base na psicologia jungiana, também revela as diferenças de gênero, com os gerentes do sexo masculino surgindo como tradicionalistas e as gerentes do sexo feminino aparecendo como muito mais intuitivas e superiores como catalisadoras e motivadoras.

Independentemente de suas origens, as diferenças de gênero e uma grande variedade de qualidades obviamente são algo bom para as empresas. Um estudo recente, realizado pela Catalyst, descobriu que as grandes empresas, com mais mulheres na alta administração, têm melhor desempenho financeiro do que as empresas com menos mulheres, proporcionalmente, no topo. Claramente, a diversidade de gêneros e o desempenho financeiro superior estavam relacionados (apesar de não se provar que um *causa* o outro). Como os homens têm maior desempenho e existem em maior número do que as mulheres na maior parte dos locais de trabalho, isso pesaria a favor de promover mais mulheres e a convencer os homens a variarem seu estilo. E negócios de consultoria têm surgido para aconselhar os executivos a serem mais como as mulheres – ou, se preferir, mais como pais.[7]

O consultor administrativo de Londres, James R. Traeger, por exemplo, realiza um seminário de três meses para que os homens melhorem suas capacidades de comunicação, escutando os outros, construindo equipes e desenvolvendo flexibilidade. "Se alguém perguntasse em quais qualidades os homens são superiores, a resposta seria: em nenhuma",[8] Traeger conta.

O programa de Traeger, assim como o de Bill Ury, em Harvard, explicitamente tenta convencer os gerentes do sexo masculino de que o executivo agressivo, controlador e competitivo é o oposto de um bom gerente. As dicas que ele dá aos homens agora parecerão familiares.

- Não tente controlar demais nem microgerenciar. Chefes rígidos e mandões são ruins. Pare com isso.
- Permita que seus funcionários realizem seu trabalho. Esteja receptivo às sugestões dos outros e esteja disposto a mudar quando o consenso for contra você.

- Admita que você não sabe de tudo.
- Trate cada funcionário como indivíduo e incentive suas qualidades.
- Aprenda a escutar. Você não pode resolver todos os problemas, mas provavelmente seus funcionários podem.

Tom Peters, palestrante e escritor sobre gerenciamento, muito bem-sucedido, relaciona os estilos de liderança mais eficientes às mulheres. Em 1990, Peters escreveu: "Existe pouca divergência a respeito do que os negócios devem se tornar: menos hierárquicos, mais flexíveis e voltados às equipes, mais rápidos e mais fluidos. Em minha opinião, um grupo de mulheres tornou-se uma enorme vantagem na percepção de uma nova visão necessária: mulheres".[9]

Escutei Peters falando em uma conferência de executivas, patrocinada pela Accenture no final dos anos 1990, e ele repetiu sua visão de que as mulheres têm exatamente o que precisam para serem líderes no século XXI, especialmente nos setores de serviço e de experiência na economia (saúde, viagem, entretenimento etc.), que são cada vez mais importantes do que os setores mais velhos, dominados por homens e de produção. "As mulheres devem comandar; tudo aponta para isso", ele disse à sua plateia formada por mulheres. "O enorme benefício social do maior poder das mulheres é claro... é maior do que a Internet."

Em 2003, Peters, que realiza cerca de oitenta palestras por ano, estava passando essa mensagem em alto e bom tom. Em seu livro mais recente, *Reimagine!*, ele declarou a si mesmo como um "feminista da diferença", ao lado daqueles que acreditam que as mulheres são mais enfáticas, pacientes e sensíveis do que os homens, menos obcecadas com posição, mais capazes de entender sinais não verbais, fazer e pensar diversas coisas ao mesmo tempo, negociar, comunicar e cooperar. Chamando as mulheres de "fonte sem fim de líderes eficazes", ele aconselhou seus leitores a "transformar sua empresa agora mesmo! – para dar espaço ao modo de atuação de alto potencial das mulheres".[10]

A chamada de Peters à liderança feminina é apenas parte de uma mudança cultural muito mais profunda. Dentro de descrições populares dos bons líderes, existem imagens que lembram a boa mãe: alguém de mente calma, sabedoria, mas pulso firme, que sabe escutar e um coração que compreende sua dor. Estudo atrás de estudo, as pessoas sempre indicam que querem líderes "mais gentis e delicados" e "apaixonados", além de forte liderança. Os especialistas em administração exaltam a eficiência dos líderes "benevolentes" que administram as relações em vez de controlá-las por cima. Quase imperceptivelmente, o conceito de autoridade real está mudando e aumentando a ponto de incluir atributos da mãe e também do pai. Referindo-se a esse desenvolvimento e à grande desilusão com instituições tradicionalmente dominadas por homens, Carol Gilligan, psicóloga de desenvolvimento na Universidade de Nova York, diz: "Podemos estar mais próximos de um período parecido à Reforma, no qual a estrutura fundamental da autoridade está prestes a mudar".[11]

O problema, é claro, é que a estrutura de poder masculino ainda dominante ignora essas mudanças. Grande parte dos líderes, especialmente em empresas e nos postos mais altos do governo, não praticam o que Peters, Ury e outros especialistas em administração pregam. Como o relatório Wellesly, a respeito da liderança feminina, afirma: "O aumento na popularidade de um estilo participatório de liderança não necessariamente significa que as práticas no ambiente de trabalho mudaram".[12] Em grande parte, não mudaram.

Nos postos de comando do poder político e econômico, um ideal patriarcal de autoridade ainda prevalece. Em 2000, apenas duas das quinhentas maiores empresas tinham CEOs mulheres; das mil principais empresas, apenas seis, ou apenas 0,5%, eram lideradas por mulheres. Margaret Hefferman, ex-CEO da CMGI, afirma: "A maioria dos homens e das mulheres nos negócios nunca *viram* uma CEO do sexo feminino – e muito menos trabalharam com uma". Apenas 63, ou 2,5%, das pessoas com melhores salários nas quinhentas empresas da lista da *Fortune* eram mulheres. Nas eternas palavras de Hefferman, que liderou cinco negócios: "As mulheres ainda estão prejudicadas no mundo dos negócios".[13]

No governo, do Pacífico ao Potomac, do governador Exterminador ao presidente astronauta, nossos líderes incorporam um macho, e não a imagem maternal e de poder, uma imagem nova depois dos ataques assustadores do 11 de setembro de 2001. A personificação do líder durão é o secretário de defesa Donald Rumsfeld, que perseguiu generais de quatro estrelas e combatentes como se sua principal missão fosse provar que a guerra começa em casa. Em determinado momento, a secretária manteve uma tigela de vidro dentro do escritório dele. Ele dizia aos visitantes que sempre que dizia algo gentil sobre alguém, uma moeda era colocada dentro da tigela. E então, dizia logo em seguida que a tigela estava vazia, quase sempre.

Não é de surpreender que muitas pessoas comentassem que Rumsfeld era odiado por muitos membros do grupo dos militares. Perguntaram a um general se ele gostava de Rumsfeld e a resposta foi: "'Gostar' é uma palavra um pouco forte".

O sexismo puro também desempenha um papel nisso tudo. Robert Kabacoff e Helen Peters realizaram um estudo, em 2002, sobre como os CEOs e diretores viam a administração e encontraram evidências claras de um erro contra as mulheres. Os CEOs do sexo masculino e os vice-presidentes recebiam maior pontuação quando eram esforçados e assertivos, e notas mais baixas quando eram empáticos e cooperativos, indicando que os executivos do sexo masculino ainda se prendem ao controle de liderança de comando e controle. Mas quando as CEOs mulheres demonstravam essas características conhecidas como masculinas, perdiam pontos. As mulheres eram vistas de modo mais favorável quando eram femininas e colaboradoras, mas essas características não eram tão valorizadas. Em outras palavras, as mulheres não conseguiam vencer, independentemente de como se comportassem. Podiam ser boas e desvalorizadas ou fortes e detestadas. Kabacoff concluiu que, nos níveis mais altos, os chefes do sexo masculino ainda avaliam as pessoas das maneiras mais estereotipadas. Como o relatório a respeito dessa pesquisa mostrou: "Os estereótipos ultrapassados a respeito de como os homens e as mulheres podem se comportar ainda parecem desempenhar um importante papel na realidade empresarial no momento".[14]

Os efeitos cumulativos negativos das menores diferenças podem ser graves. A pesquisa mostra que uma pequena diferença a favor dos homens, respondendo por apenas 1% da variação nas promoções, passa por uma série de promoções em uma hierarquia de oito níveis e pode resultar em um nível alto que é 65% masculino.[15]

Além disso, os homens nos cargos mais altos dentro de uma empresa ainda estão avaliando a liderança em si nos modos mais estereotipados. As ideias que eles têm sobre o que é preciso para ser um líder eficiente mudaram muito desde Alexandre, o Grande. Ainda existe o desejo dentro do mundo corporativo, assim como no âmbito político, de que exista o salvador carismático que possa chegar, assumir o controle e colocar tudo e todos dentro do aceitável. Essa glorificação do líder carismático continua existindo diante da evidência de que o homem no cavalo branco costuma não saber ficar em pé.

Diversos estudos recentes, por exemplo, encontraram pouca ou nenhuma correlação entre o desempenho financeiro da empresa e o quociente de carisma de seu CEO. O professor da Escola de Administração de Harvard Rakesh Khurana, em seu livro *Searching for a Corporate Savior: The Irrational Quest for Charismatic CEOs*, afirma que entre 30% e 50% do desempenho de uma empresa depende da indústria na qual ela está, enquanto outros 20% dependem da situação da economia. Nenhum desses fatores está no controle de um CEO. Depois de levar em conta todas as outras variáveis (a qualidade de seu produto, o desempenho dos funcionários e a produtividade e assim por diante), Khurana descobriu que o carisma não pode ser um fator muito preponderante no sucesso ou fracasso de uma empresa.[16]

De modo parecido, Jim Collins, autor do *best-seller De bom a excelente* e um dos pensadores a respeito da administração mais populares de hoje, tem analisado a liderança das melhores empresas dos Estados Unidos ao longo das últimas décadas. Ele descobriu que as empresas que passaram de um desempenho mediano a um desempenho excelente (conforme foi medido pelo desempenho de suas ações a longo prazo) não foram lideradas por pessoas carismáticas e que chamavam a atenção, mas por indivíduos que ele chama de *cavalos de carga, mas não de exposição*. Geralmente, são executivos que estão na empresa há muito tempo, e não superestrelas trazidas de fora para salvar a empresa. Eles têm um bom desempenho porque têm uma compreensão mais profunda de seus negócios e respeito pelas habilidades e experiência de seus funcionários.[17]

A descrição do trabalho que um CEO pode realizar pode levar uma empresa do nível de simplesmente bom para ótimo (com seu chamado líderes de Nível 5), e pode ser assim:

"Precisa-se de pessoas que consigam se relacionar bem com as outras. Que sejam maduras e não se apeguem a coisas pequenas. Responsáveis e comprometidas com o sucesso da empresa, não apenas com seu desenvolvimento pessoal. Que queiram construir, não apenas obter. Que sejam determinadas, esforçadas e não desistam. Que tenham humildade e não um ego gigantesco."

Isso não parece um anúncio de quem procura um bom pai?

O fato de o modelo forte de criação dos filhos e de liderança ainda não ter chegado ao todo das empresas traz um verdadeiro dilema para as mulheres, principalmente para aquelas que sabem que seus estilos de administração maternos são eficientes. Elas devem mostrar essa carta? Ou devem segurá-la na manga até que mais pessoas poderosas compreendam? Estamos em um momento difícil, repleto de tensão, no qual recuamos e também avançamos. Para parafrasear Rochelle Sharpe, da *BusinessWeek*, as mulheres estão prontas e são capazes de ajudar a nos liderar para o futuro, mas como farão isso se os poderosos ainda vivem de passado?

NOTAS

1. Ann Crittenden, "Nations Are Like Children", *The Nation* (4 de fevereiro de 1991), pp. 119-23.
2. Veja Judy Wajcman, "Desperately Seeking Differences: Is Management Style Gendered?", *British Journal of Industrial Relations,* vol. 34, n. 3, pp. 333-48, 1996.
3. "The Debate: Do Men and Women Have Different Leadership Styles?", de Susan Vinnicombe, www.som.cranfield.ac.uk/som/news/manfocus/downloads/p12_13
4. Rochelle Sharpe, "As Leaders, Women Rule", www.businessweek.com, 20 de novembro de 2000.
5. Idem.
6. Entrevista por telefone com a autora, dezembro de 2003 (Kabacoff).
7. Catalyst, "The Bottom Line: Connecting Corporate Performance and Gender Diversity", 2004. Esse estudo, patrocinado pela BMO Financial Group, analisou 353 empresas que continuavam na lista da *Fortune 500* durante quatro de cinco anos, entre 1996 e 2000. Aquelas com o maior número de mulheres na alta administração tiveram 35% mais de retorno em equidade e um aumento total de 34% para os acionistas do que as empresas com a proporção mais baixa das mulheres no topo. O resultado foi o mesmo depois do controle das diferenças entre empresas e indústria. O elo entre a liderança feminina e o desempenho financeiro foi especialmente forte nos setores discricionários, produtos e empresas de serviços financeiros.
8. Sharpe, op. cit.
9. Tom Peters, "The Best New Managers Will Listen, Motivate, Support. Isn't that Just Like a Woman?", *Working Women* (setembro de 1990).
10. Tom Peters, *Reimagine!* (Nova York: Dorling Kindersley, 2003).
11. Citado em Michael Norman, "From Carol Gilligan's Chair", *New York Times Magazine*, 9 de novembro de 1997, p. 50.
12. Sumru Erkut, op. cit., p. 39.
13. Margaret Heffernan, "The Female CEO ca. 2002", *Fast Company*, agosto de 2002.
14. Helen Peters e Rob Kabacoff, "A New Look at the Glass Ceiling", *MRGI Research Report: Leadership and Gender* (Portland: Management Research Group, 2002), p. 5.
15. V. Valian, *Why So Slow? The Advancement of Women* (Cambridge: MIT Press, 1998), p. 3, descrevendo uma simulação por computador realizada por Martell, Lane e Emrich, em 1996.
16. Veja Rakesh Khurana, *Searching for a Corporate Savior* (Princeton: Princeton University Press, 2002).
17. Jim Collins, *Good to Great* (Nova York: Harper Business, 2001), pp. 24-36.

15
Esconder ou mostrar? O mundo está preparado para a inclusão da "criação dos filhos" no currículo?

Em 1997, Barbara Mossberg se candidatou ao cargo de reitora da Faculdade Goddard, em Vermont. Quando teve de escrever a respeito de suas maiores conquistas, ela respondeu: "Não sei se podemos considerar nossos filhos como 'conquistas', mas certamente vejo a criação de uma estrutura de cuidados na qual eu possa testemunhar e guiar o crescimento de seres humanos únicos como o objetivo mais importante a ser alcançado por mim. Não recebo mérito por meus filhos, mas, para mim, eles são fabulosas conquistas em minha vida".[1]

Mossberg não apenas conseguiu o trabalho, mas sua resposta foi publicada no *site* da universidade.

Você deve estar pensando que isso foi bom para ela. Talvez essa resposta funcione dentro do ambiente protegido de uma faculdade de artes, ou na área de serviços sociais. Mas e na economia fria e capitalista, na qual gabar-se de suas habilidades como mãe a um entrevistador poderia ser comparado a gabar-se de suas habilidades em sexo grupal dentro de um grupo religioso?

"Você consegue imaginar a si mesmo respondendo em uma entrevista de emprego que você tem 'habilidades de administração e priorização' porque consegue buscar seus filhos na escola na hora certa?", pergunta Mary Ann Wiley, de Houston. "Ou que você tem 'capacidade de planejar e organizar-se' porque planejou a festa de aniversário de seu filho? Só consigo imaginar a cara de incredulidade do entrevistador."[2]

Wiley admite que talvez ela pense dessa maneira porque sempre trabalhou em campos dominados por homens. O problema é que quase todas as áreas são dominadas por homens.

Quase todas as mães de sucesso que entrevistei para este livro concordaram que ser uma boa mãe as tornava mais proficiente em suas profissões. Mas tinham coragem de incluir a criação dos filhos em seus currículos? Tenho os currículos de todas elas e nenhuma fez isso.

Patrícia M. Wald é um exemplo interessante. Wald passou dez anos em casa, cuidando de cinco filhos, depois de se formar com honras na Escola de Direito de Yale, em 1951. Depois disso, ela voltou a trabalhar em diversos empregos de meio período e foi assistente jurídica durante a administração Carter antes de ser nomeada para o grupo de doze membros da Corte do distrito de Columbia, conhecida como o segundo tribunal mais importante dos Estados Unidos.

O currículo de Wald não inclui nenhuma referência à década que ela passou em casa, nem menciona seus filhos. Mas vi uma cópia do currículo do marido dela, um importante advogado de Washington. Nele, ele relacionava seus cinco filhos e seus diversos títulos. O pai orgulhoso, que não tinha sido o principal provedor da família, não tinha vergonha de ganhar o mérito por sua conquista, mas a mãe que havia criado aqueles filhos tinha.

Quando fiz a pergunta a cem mulheres do Mothers and More, uma organização nacional, a respeito da questão do currículo, a resposta foi a mesma: melhor não. Aquelas profissionais educadas, em grande parte, sentiam que colocar a criação dos filhos como título em um currículo seria como cometer um haraquiri na carreira. Uma delas escreveu em um *e-mail*: "Os empregadores estão procurando uma experiência tangível, relacionada com trabalho remunerado. Eu nunca mencionaria 'habilidades emocionais' em uma entrevista. E você?"

Quando me fizeram a mesma pergunta e tive de responder se teria colocado a criação dos filhos em meu currículo, por exemplo, ao me candidatar a uma vaga no *The New York Times*, minha resposta foi, sem dúvida, não. E eu estava muito certa. Algumas semanas depois, eu estava em uma reunião na Universidade Columbia com Lisa Belkin, uma colunista que fala sobre família no jornal. Ela contou à plateia que Howell Raines, na época diretor do jornal, havia enviado um memorando afirmando que queria repórteres "livres", agentes que estivessem prontos, dispostos e que pudessem trabalhar sempre que fossem requisitados – pré-requisitos que não combinam com muitas mães. (Como eu disse antes, um dos repórteres "livres" de Raines também era bastante livre de qualquer responsabilidade ética.)

A questão principal, obviamente, não diz respeito aos currículos, mas ao que valorizamos como sociedade e como avaliamos o valor de uma pessoa. A questão é se chegamos ao estágio da igualdade das mulheres no qual o tradicional trabalho feminino de cuidar e produzir a nova geração é considerado um trabalho que requer grandes habilidades, merecedor de respeito, como outras conquistas da vida.

A resposta é importante para literalmente milhões de mulheres. As donas de casa à moda antiga podem ser coisa do passado, mas as mães que ficam em casa, cuidando dos filhos, cuja principal tarefa é criar as crianças, são muito *atuais*. As mulheres bem educadas, de 30 a 34 anos, têm cada vez mais probabilidade de continuar em casa depois do nascimento do primeiro filho, de acordo com o Censo.[3] Se os Estados Unidos defendessem a licença-maternidade remunerada, como quase todos os outros países do mundo, ainda mais mães de crianças pequenas ficariam sem trabalhar pelo menos temporariamente.

Entre as mulheres na casa dos 30 anos, a profissão mais comum até agora é a de dona de casa.[4] Em 2002, mais de dez milhões de mães norte-americanas com filhos com menos de 18 anos não estavam trabalhando – 28% de todas as mães com filhos com menos de 18 anos.[5] Dois terços de todas as mães que trabalham, entre 25 e 44 anos, trabalham menos de quarenta horas por semana, o que quer dizer que elas não têm empregos que paguem bem nem que as levem a um nível superior.

Até mesmo mulheres muito educadas estão passando anos trabalhando em casa. Mais do que uma em cada quatro mulheres que concluem o MBA passou um tempo fora da força de trabalho, especialmente para cuidar dos filhos pequenos. Entre as mulheres formadas nos cursos de Harvard de 1981, 1986 e 1991, apenas 38% ainda continuam trabalhando em período integral hoje.[6] As escolas de administração de Stanford e Harvard têm estudado esse fenômeno, que Sharon Hoffman, diretora do programa de MBA da Universidade Stanford, chama de *parada*.

Quantas dessas mães planejam permanecer desempregadas ou parcialmente empregadas pelo resto de sua vida de trabalho? Quantas são indiferentes a carreira, ganhos e independência econômica futura? Provavelmente, não erraremos se dissermos "muito poucas". No mundo incerto em que vivemos, não mais é incomum que mães, pais e outras pessoas entrem totalmente em novas carreiras. A criação dos filhos, em período integral ou parcial, é, mais do que nunca, apenas uma entre diversas profissões que uma pessoa pode ter na vida. Está na hora de pensar nela dessa forma, e não analisá-la como uma esfera à parte que não envolve habilidades transferíveis ou "apenas" como um trabalho de amor. Pela minha experiência, o fato de você adorar ser mãe não quer dizer que a tarefa não exija tempo, talento e muito esforço, ou que é a única tarefa que você amaria executar.

Então, quanto falta para que os empregadores vejam a criação dos filhos como uma profissão séria ou um título relevante para outras ocupações? É muito difícil para as pessoas que passaram alguns anos criando os filhos voltar para a força de trabalho ou para o caminho da carreira? Só tenho informações informais, mas, com base nas entrevistas que realizei com mais de cem mães, eu diria que a mudança está no ar e que o respeito pelas habilidades dos pais está crescendo, especialmente conforme mais pessoas com experiência na criação dos filhos ganhem força. Mas será preciso que as mães se esforcem para fazer com que as coisas aconteçam mais rapidamente.

Relatórios da área

Uma das história mais motivadoras que conheci envolvia uma amiga de Washington, D.C. Kit Lunney tinha 39 anos quando teve sua única filha, depois de ter sido corregedora-geral do estado do Maine e advogada em Portland. Estava determinada a levar a maternidade com a mesma seriedade com que fazia tudo e, para "fazer tudo certo" como tentava, assumiu um cargo de assessora geral de uma pequena empresa para poder ter horários mais flexíveis.

Essa situação mudou depois de apenas alguns anos, quando seu marido aceitou um trabalho no governo federal em Washington. A família se mudou e, de repente, Kit se viu em uma situação em que ela não conhecia quase ninguém, na qual sua única identidade era a de uma esposa sem emprego e mãe. Sua filha estava no ensino fundamental e ela começou a procurar trabalho.

Três anos se passaram e ainda não havia encontrado nada adequado. Praticamente, já tinha desistido quando, certa noite, em um jantar, estava sentada ao lado do corregedor-geral do Departamento do Comércio. Aos 43 anos, ele era cinco anos mais jovem que Kit, com uma esposa trabalhando em período integral e dois filhos com quem ele era profundamente envolvido.

Kit mencionou que procurava um emprego em período integral, explicando que era uma advogada que não praticava o direito, mas que adorava administração. Seu colega de mesa naquele jantar, por sorte, adorava direito, mas detestava administração, o que era um problema, já que tinha de gerenciar centenas de advogados. Ele sugeriu que os dois se encontrassem para almoçar.

Ela chegou cedo ao compromisso, levando consigo uma pasta descrevendo todos os seus projetos voluntários recentes e a consciência de que poderia ser rejeitada. Estava guardando fotos dos colegas do time de futebol de sua filha quando ele entrou.

"Sempre fico impressionado ao ver como as mães conseguem realizar dez tarefas ao mesmo tempo", ele disse. "Vocês são *ótimas* administradoras." E então aquele homem sábio e maravilhoso a contratou no mesmo instante.

Ela se tornou corregedora-geral no Departamento do Comércio, com cerca de trezentos advogados como subordinados. Tinha de analisar os casos, esclarecer as leis e desfazer mal-entedidos – um trabalho que, segundo ela, é exatamente como gerenciar uma escola repleta de crianças inteligentes e bagunceiras.

Jantamos juntas depois de duas semanas e ela continuava animada: "Parece que um anjo desceu e me deu uma cutucada", ela disse. "Ainda não consigo acreditar." Ela havia começado a trabalhar em tempo integral, seu marido havia deixado de viajar tanto e agora estava passando mais tempo com a filha dos dois. "Ela acha que morreu e foi para o céu", Kit disse.

Algumas semanas depois de assumir o cargo no Departamento do Comércio, Kit precisou tomar uma decisão: permitir que uma advogada talentosa, mãe, passasse a trabalhar 32 horas por semana. "Minha primeira reação foi dizer: 'Não temos uma política que permita isso'", ela disse. "Não tínhamos mesmo, por isso minha segunda reação foi: 'É claro que podemos deixá-la fazer o que precisa!' Já imaginou o trabalho e o dinheiro que gastaríamos para substituir uma advogada talentosa como ela?"

Sua única reclamação, ela disse, era lidar com os relatórios que tinha de preencher para o governo federal.

"Eu me ressentia pelo fato de ter de escrever 'desempregada' pelo tempo que passei em casa."[7]

Essa história tem um final muito interessante. Alguns anos depois, após a administração Bush assumir o governo, uma advogada que tinha passado quinze anos em casa, cuidando dos filhos, estava em um jogo de hóquei com um pai. Ela disse que estava pronta para voltar ao trabalho e ele disse: "Bem, temos uma vaga para a qual você seria perfeita..." Era o mesmo emprego que Kit Lunney mantivera durante a administração Clinton, e ela o conseguiu.[8]

Essas duas mulheres tinham boas conexões, o que facilitou a volta ao mercado. Mas e uma pessoa que está por aí sozinha, com poucos contatos, tentando alavancar a carreira depois de passar dezoito anos fora do mercado de trabalho? Era esta a situação da editora Helen Chongris, na meia-idade. A história dela é mais parecida com a de muitas mulheres que precisam convencer um desconhecido de que criar os filhos não faz o cérebro atrofiar.

Chongris, formada na Universidade Northwestern, deixou seu emprego de editora no *Charlotte Observer* em 1985 para se casar com um homem da Nova Inglaterra e constituir família. Planejava voltar ao mundo editorial logo depois de seu primeiro filho nascer, mas descobriu que os jornais da região estavam relutando para contratar alguém com filhos. Quando seu segundo filho estava na pré-escola, recebeu a notícia de que, por estar há três vezes mais anos fora da área do que o tempo que já tinha passado trabalhando, e com toda a tecnologia em avanço, ela já não era novidade. Um recrutador disse que ela seria colocada no fim de qualquer lista de candidatos, e outro disse que ela estava fazendo com que ele perdesse tempo e que seu portfólio estava tomando espaço em cima de sua mesa.

"Foi um balde de água fria", Chongris contou. Ela desistiu e abriu uma loja de material para costura.[9]

Anos se passaram, a família se mudou para o norte do Texas e sua filha mais velha começou a pesquisar as faculdades. Seu "caminho torto pós-faculdade" começou a assombrá-la e ela decidiu tomar uma atitude em relação a isso. Fez uma entrevista com o *Dallas Morning News* e disse a um editor que uma das ofertas de trabalho que recebeu depois da faculdade – vinte anos antes – tinha sido como revisora. Ela não havia aceitado o trabalho na época, mas agora estava disponível e mais preparada para a experiência do mundo real.

A entrevistadora – uma mulher com mais de 60 anos – compreendeu a situação. Disse a Chongris que ela era corajosa e lhe deu os testes para revisão. Sua pontuação no primeiro foi a mais alta desde que o teste tinha sido aplicado, e ela conseguiu a maior pontuação até nos outros testes. Com esse desempenho, conseguiu mais uma entrevista, dessa vez com um editor do sexo masculino.

Ele perguntou a ela: "O que você fez nos últimos dezoito meses que poderia me fazer acreditar que você pode dar conta do trabalho envolvido na revisão?"

Ela riu alto. Cumpria diversas tarefas sob pressão: ter de buscar um filho na escola enquanto o outro estava com febre, ter de correr ao consultório do médico antes que fechasse e depois correr para a farmácia para pegar os remédios enquanto telefonava para o encanador pelo celular para tentar convencê-lo a esperá-la chegar em casa.

"Tenho trabalhado com urgências o tempo todo, e, pode acreditar, uma coisa bate e você estabelece suas prioridades e faz tudo o que precisa fazer", ela disse a ele. "Se a única coisa que me separa desse trabalho é a pressão com prazos, posso garantir que consigo dar conta."

"Não acho que você esteja falando com base nas exigências reais, Helen", ele respondeu.

Três meses se passaram. Ela pensou em criar um currículo com suas habilidades – assumiu as habilidades gerais que ela havia desenvolvido como mãe e dona de casa, e pequena empreendedora, mostrando como cada uma delas se aplicava ao mundo dos negócios. Incluía coisas como "pensar de modo crítico" e "nunca apontar um problema sem ter solução!" (Veja o anexo.) O documento chamou a atenção deles de novo e ela conseguiu uma entrevista com o chefe da editora anterior.

Ele lhe disse que ela podia ser uma boa revisora e que suas habilidades maternas poderiam ser aplicadas no trabalho, mas a tecnologia havia mudado tanto desde meados dos anos 1980 que não interessava – ela provavelmente não conseguiria lidar com a nova tecnologia.

Ela disse a ele que vinha ajudando seus filhos a fazerem a lição de casa no computador há muitos anos e que poderia aprender o que fosse necessário com um curso rápido.

Perguntei se a tecnologia era, de fato, tão complicada.

"É mais fácil!", ela exclamou. "Para aprender a editar textos nos programas mais novos, só é preciso fazer um dia e meio de treinamento. Eles simplesmente pensaram que eu era uma tecnofóbica por causa de minha idade."

Ela tinha 42 anos.

Chongris, por fim, conseguiu convencer o *News* a lhe dar um treinamento de treze semanas, de modo que eles pudessem ver como ela se saía no mundo real com os prazos. Com quase o dobro da idade de muitos funcionários ali, ela se saiu muito bem e, quando conversamos, estava cobrindo alguém no horário das 16 à 1 hora, por algumas semanas, enquanto o *News* decidia se devia oferecer a ela um emprego permanente. "Quando eles estão desesperados", ela disse, "eles não pensam nas objeções de sempre."

> Pensei que tivesse passado por toda a parte complicada, pelo processo seletivo da faculdade, pela criação dos meus filhos. (Seu filho agora está no ensino médio.) Pensei que qualquer idiota seria capaz de ver que eu podia trabalhar. Mas não foi o que aconteceu. Você dá um passo fora do caminho e toma um caminho com o qual as pessoas não estão à vontade, e volta

para o começo. Eu tinha muita bagagem de mãe, o que assustava, e eles não queriam me dar uma chance.

Talvez as coisas não tivessem sido assim se eu tivesse ficado em Charlotte, onde as pessoas me conheciam, mas me casei com alguém que não era de Charlotte. Nem sempre nos casamos com a pessoa perfeita nem permanecemos no lugar perfeito. Durante anos, vivi com minha vergonha... havia começado a duvidar de mim mesma, até perceber que não estava sozinha. Existem muitas mulheres por aí que estão tendo dificuldades em voltar ao mercado. Não sou a única.

"Precisamos fazer barulho."

Tirei duas conclusões da história de Helen Chongris. Em primeiro lugar, se as atitudes devem mudar, as mulheres precisam estar determinadas a convencer os outros de que a experiência diferente que têm é válida. Tom Peters avisa que as mulheres serão totalmente poderosas se continuarem tentando obedecer às regras dos homens. Devemos estabelecer nossos pontos fortes, precisamos defender nossas prioridades, e por fim criar nossas regras. Difícil, mas é verdade!

Mulheres poderosas podem ajudar

A segunda mensagem da história de Chongris é que ajuda muito ter uma mulher compreensiva no poder. Já ouvi muitas histórias a respeito de chefes do sexo feminino que não ajudavam e elas são muito comuns. Mas tenho dito que quanto mais as mulheres assumem cargos de autoridade, mais elas alterarão as regras do ambiente de trabalho para que estas se ajustem às vidas das mulheres. Chongris descreveu a respeito de seus encontros com os entrevistadores: "As mulheres me viam como um copo meio cheio, e os homens, como um copo meio vazio". As mulheres compreendiam e conseguiam ver a coragem e a tenacidade nos anos que ela havia passado como mãe cuidadosa.

Uma forte história a respeito de uma mulher no poder dando a outra mulher um benefício é recontada na autobiografia de Madeleine Kunin, *Living a Political Life*. Enquanto foi governadora de Vermont, Kunin precisou escolher entre dois candidatos para a assessoria jurídica do Departamento de Finanças e Seguros do estado. Ela entrevistou os dois. O primeiro candidato foi um jovem cheio de energia na casa dos 30 anos, que na época trabalhava em outra área do governo.

"Você acha que poderia transferir suas habilidades daquele departamento para este?", ela perguntou.

"Sem problema. O trabalho é bem parecido. Não tenho dúvidas de que consigo realizá-lo."

"Apesar de as áreas serem distintas?"

"Sim, aprendo com rapidez."

A segunda candidata era uma mulher simpática, na casa dos 40 anos, que recentemente havia se formado na faculdade de direito com honras. Kunin percebeu um intervalo de catorze anos entre sua formatura na Radcliffe e sua entrada na Escola de Direito Georgetown. Ela havia se casado, tido dois filhos e passado muitos anos trabalhando em casa e com atividades voluntárias não remuneradas. "Eu conheço essa mulher", pensou a governadora. "A vida dela poderia ter sido a minha."

(Quando tinha 30 anos, Kunin estava sentada com uma amiga em um café perto da Harvard Square, enquanto seus bebês de 1 ano dormiam lado a lado dentro do carrinho. Entre goles de espresso, as mulheres conversavam a respeito da possibilidade de que aqueles anos "com filhos não trariam nada no final". Kunin pensou, anos depois, que na época mal sabia que anos mais tarde se tornaria governadora de Vermont.)

A candidata ao cargo explicou que havia trabalhado em um campo relacionado às finanças em Washington, mas tomou o cuidado de explicar que o trabalho não tinha sido exatamente no mesmo campo. Deixava bem claro o que sabia e o que não sabia. Kunin disse que "a honestidade não permitia que ela saísse da linha, mesmo que o que ela quisesse estivesse do outro lado".

Kunin acredita que, se fosse um homem, teria se reconhecido no jovem candidato, contratando-o. Ela imagina o raciocínio do governador:

"A mulher? Qualificada, talvez, mas não tem bastante confiança. Preciso de uma pessoa agressiva nesse trabalho, que possa lidar com os adultos do negócio. O currículo dele é mais claro... e demonstra intenção, compromisso e ambição. Ela reservou um tempo de sua vida para constituir família. Eu compreendo muito bem isso. Minha esposa fez a mesma coisa. Mas isso a deixou mais devagar. Ela perdeu dez anos. Ela tem qualificação para trabalhar no departamento, mas não nesse nível!"

O que estava passando pela mente de Kunin enquanto ela tomava a decisão?

Ela leu nas entrelinhas do currículo da mulher e viu o valor daqueles anos perdidos que havia passado como dona de casa. Viu um tipo especial de ambição no ato de ter começado a faculdade depois de criar os filhos.

"É preciso ter muita vontade de ser bem-sucedida enquanto atendemos às exigências da família e da faculdade", Kunin pensou. "Se ela conseguir esse emprego, vai encará-lo como um novo começo, uma conquista atrasada, talvez mais motivador do que o sucesso imediato traria para o homem. Alguma coisa me diz que ela vai conseguir esse emprego."

A governadora contratou a ex-dona de casa. Depois de quatro anos, ela havia se tornado a responsável pelas finanças de Vermont.[10]

Provavelmente, nenhum diretor de nenhuma instituição nos Estados Unidos fez mais para incentivar as mulheres do que a reitora da Universidade de Princeton, Shirley M. Tilghman, uma bióloga molecular. Em 2003, depois de dois anos como reitora da universidade, Tilghman havia nomeado mulheres como diretoras de admissão, da faculdade, da Faculdade de Negócios Públicos e Internacionais Woodrow Wilson, da escola de engenharia e da superintendência, e estava pedindo um aumento na porcentagem de mulheres na universidade, que na época eram de apenas 21%.

Mais importante do que todos os compromissos importantes é o fato de que, com Tilghman, a universidade se tornou um lugar onde as mulheres e, especialmente, as mães se sentiam aceitas. Marilyn Marks, ex--repórter do *Miami Herald*, que vinha cuidando da parte de mídias de Princeton, me contou uma história sua. Ela havia assumido o cargo na universidade quando a filha tinha 2 anos, pensando que seria menos estressante do que o jornalismo diário. Logo descobriu que seu novo horário de trabalho era tão imprevisível e puxado quanto o anterior. Os jornalistas telefonavam enquanto ela estava preparando o jantar, colocando a filha na cama ou mesmo depois que a família estava dormindo. Quando outra vaga com um horário mais regular foi aberta, para ser editora do *Princeton Alumni Weekly*, ela se candidatou.

Ao final do processo de seleção, ela teve de ser entrevistada por Tilghan. A presidente não marcava os horários, que era decidido por um grupo de alunos veteranos, mas ela podia tê-lo negado. Ela perguntou a Marks por que ela queria mudar de emprego. Depois de relacionar os motivos profissionais, ela disse que Tilghman já tinha dito que, quando sabia que seus filhos estavam em boas mãos, conseguia se concentrar totalmente no trabalho e que, quando estava em casa, conseguia se concentrar totalmente em sua família. Marks explicou que seu emprego atual não permitia que ela se concentrasse na família.

Tilghman disse compreender totalmente e Marks conseguiu o emprego. Ela me disse que o mais importante foi que ela se sentiu muito à vontade explicando a verdade à reitora da universidade, que compreendeu.

"Se ela fosse outra pessoa, eu nunca teria dito nada daquilo. Eu teria apenas mencionado a parte profissional. Mas ela fez com que eu sentisse que meus sentimentos eram justificáveis. Nunca vou me esquecer disso."[11]

Essa capacidade de mudar a conversa e as regras em sua organização foi um motivo de orgulho para as mulheres entrevistadas. Kit Lunney ficou muito feliz por poder mudar as regras de trabalho no Departamento de Justiça para que a semana de trabalho durasse menos. Ruth Harkin sentia orgulho por poder introduzir horários de trabalho flexíveis para as mães e os pais da filial de Washington da United Technologies. Sob a liderança de Cheryl Bachelder, o Kentucky Fried Chicken se tornou muito mais sensível aos conflitos de trabalho/família. Bachelder me contou essa história com aprovação: quando uma diretora de *marketing* júnior do KFC descobriu que sua apresentação anual de prestação de contas estava marcada no mesmo horário do aniversário de 70 anos da mãe, ela disse ao chefe que não poderia realizar a apresentação naquele dia. A executiva sênior disse que sim, ela entendia, era claro que ela não podia perder o aniversário da mãe.

Jamie Gorelick tomou cuidado de, ao chegar à Fannie Mae, dizer às pessoas que ninguém ficaria "marcado" por tirar proveito das políticas flexíveis da empresa. Havia muito a ser oferecido, mas poucas pessoas aproveitavam. Quando Gorelick partiu, alguns anos depois, cerca de um terço das pessoas na empresa tinha um tipo de horário individualizado de trabalho: semana de quatro dias, horários flexíveis e assim por diante. As políticas da Fannie Mae, que favoreciam a família, haviam se tornado uma das maiores atrações da empresa como empregadora.

Isso quer dizer que está na hora de os pais serem mais sinceros a respeito de suas bases? Algumas mulheres bem-sucedidas acreditam que sim. Madeleine Albright, ex-secretária de Estado, nunca colocou suas habilidades de mãe no currículo, mas recentemente ela disse a um repórter que se as pessoas bem-sucedidas que tivessem histórias de sucesso na criação dos filhos incluíssem essa informação no currículo, os estereótipos negativos seriam desafiados.[12]

Quando a reitora universitária Shirley Strum Kenny disse, de modo brincalhão, em um artigo do *The New York Times*, que ser mãe era a melhor preparação para uma carreira no mundo, recebeu muitas cartas entusiasmadas. Ela me contou que nada do que já tivesse escrito havia recebido tamanha resposta.

"Ainda encontro pessoas, homens e mulheres, que recortaram e guardaram aquele artigo", ela disse. "Recentemente, encontrei um jovem negro e solteiro, um profissional que está ajudando crianças pequenas, que disse: 'Oh! Você escreveu aquele artigo!'"

Kenny admitiu que nunca teria ousado publicar um texto como aquele quando era mais jovem – muito menos incluir a *maternidade* em seu currículo. "As pessoas não teriam me levado a sério e, provavelmente, não teria conseguido continuar", ela disse com sinceridade. Mas, quando já estava segura profissionalmente, sentiu-se livre para dizer o que pensava, e todo mundo gostou.

Quem não chora não mama

Também soube de histórias de mulheres menos estabelecidas que tiveram a coragem de colocar as cartas da maternidade na mesa, incluindo uma mãe de dez que entrou em uma loja de um *shopping center* recém-inaugurado e convenceu um dos administradores a contratá-la como gerente de loja. Ela disse a ele que qualquer pessoa que havia conseguido criar dez filhos com sucesso seria capaz de administrar qualquer coisa.

Margaret McLaughlin enfrentou o dilema do currículo quando começou a procurar por um emprego em período integral em 2001, depois de passar oito anos fora do mercado de trabalho remunerado. Ela tinha doutorado em bioquímica pela Universidade Columbia e havia trabalhado como analista de políticas científicas para a Agência de Avaliação Tecnológica antes de se tornar mãe em tempo integral. Seus títulos eram excelentes, mas ela não sabia como lidar com aqueles anos passados em casa. Por um lado, poderia simplesmente omitir o período todo. No entanto, aquilo deixaria um intervalo enorme, mesmo que considerasse que, por quatro dos oito anos, ela tinha sido *freelancer* em meio período. Por outro lado, ela se preocupava com o fato de que, se colocasse a maternidade no currículo, corria o risco de desanimar alguns empregadores potenciais.

Ao mesmo tempo, seu marido, que tinha sido despedido, também estava procurando trabalho. Ele mostrou o currículo de Margaret na agência de empregos onde estava tentando encontrar ajuda e todos ficaram horrorizados com a solução dela: havia o item "Mãe em período integral, 1994-1998". Eles insistiram que aquele era um erro crasso. Parecia tão pouco profissional!

McLaughlin lembrou-se de que, na época em que contratava pessoas, sempre se sentia desconfortável quando havia um intervalo no currículo. Ela tentava entender o que a pessoa havia feito naqueles anos e sempre imaginava o pior. Metida com drogas? Cadeia? Outros problemas? Por isso, seguiu sua intuição. Escolheu o "Mãe em período integral" e incluiu o item na segunda página de seu currículo, na parte de "outras experiências". Decidiu que qualquer empregador que tivesse um problema com aquilo provavelmente não era alguém para quem ela desejaria trabalhar.

Alguns entrevistadores perceberam o item e o comentaram, sendo a maioria de mulheres que haviam dedicado tempo cuidando de filhos pequenos. Ela nunca vai saber se alguém não gostou de seu currículo a ponto de decidir não entrevistá-la nem contratá-la. Mas e daí? Das trinta empresas que receberam seu currículo, sete a chamaram para uma entrevista e quatro ofereceram-lhe um trabalho.[13]

Também tive conhecimento de muitas histórias interessantes contadas por mães que negociaram condições de trabalho mais agradáveis.

Minha favorita, por questões óbvias, foi a da repórter do *BusinessWeek* que me ligou para comentar sobre um artigo e confessou que meu livro *The Price of Motherhood* havia mudado sua vida. Ela explicou que tinha um filho pequeno e que sempre havia feito o que os editores mandavam, desde viajar de última hora a trabalhar até mais tarde. Ela pensava que ninguém a forçara a ter um bebê; tinha sido sua escolha, por isso era sua responsabilidade lidar com as dificuldades e consequências que pudessem surgir.

Depois de ler o livro, ela percebeu que os pais têm direito de criar as normas do ambiente de trabalho que reflitam suas vidas e responsabilidades. Quando a revista mandou que ela saísse da cidade para ir a uma conferência, ela disse: "Certo, ficarei feliz em ir, mas preciso que vocês encontrem uma pessoa que possa vir cuidar da minha filha enquanto eu estiver fora ou, então, que eu possa levá-la comigo e vocês paguem por uma babá enquanto eu estiver nas reuniões e nas entrevistas".

Assim que se recuperaram do choque, os editores concordaram, provando, mais uma vez, que quem não arrisca, não petisca.

A produtora de Hollywood Lucy Fisher conseguiu negociar muitas flexibilidades sendo boa no que fazia e perguntando. Fisher, que atualmente gerencia uma empresa de produção independente com seu marido, Douglas Wick, tem três filhas: Sarah, 16 anos; Julia, 13; e Tessa, 12. Quando estava esperando Sarah, ela era vice-presidente executiva e cuidava da produção da Warner Brothers. Ela teve de permanecer de repouso os últimos três meses de sua gravidez, por isso começou a organizar reuniões em sua casa. Isso funcionou tão bem que, depois do nascimento do bebê, ela pediu à empresa que incluísse em seu contrato que ela podia ter as sextas-feiras livres. Ela conseguiu isso e, assim, tornou-se uma heroína entre as mulheres no mundo das produções cinematográficas.

As histórias que ela conta desses anos são hilárias. Uma das primeiras coisas que fez quando o bebê nasceu foi dar a seu jovem assistente mais uma tarefa: avisá-la quando seu leite vazasse e deixasse marcas na camisa. Não era raro que os funcionários, perplexos, vissem diretores de primeira linha, como Steven Spielberg e George Miller, caminhando pelos corredores da Warner tentando fazer o filho dela parar de chorar.

Ela teve mais dois filhos na sequência. Fisher diz que quando procurou seu chefe para contar sobre a terceira gravidez, ele simplesmente olhou para ela, como se ela estivesse maluca, e abaixou a cabeça lentamente em cima da mesa. Quando o terceiro filho nasceu, ela perseverou por um tempo, mas três crianças com menos de 5 anos era demais. Como ela disse de modo sucinto, de uma forma que todas as mães compreendem: "Eu estava tendo um ataque de nervos". Assim, ela procurou Bob Daly, o co-CEO da Warner, e disse: "Reduza meu salário. Quero trabalhar três dias por semana".

Fisher estava realizando muitos filmes na época e estava se esforçando. (Ela disse, durante um almoço no estúdio da Sony em Los Angeles: "Eu não pensava, só agia".) Ela estava no estúdio havia mais de uma década, supervisionando a produção de filmes como *O fugitivo*, *As pontes de Madison* e *As bruxas de Eastwick*. Era muito bem conhecida por suas habilidades com talentos e histórias. Um exemplo de sua criatividade: quando o lançamento do filme *O fugitivo* foi marcado para a mesma noite da excursão para o acampamento da sala do jardim de infância, ela telefonou para o astro do filme, Harrison Ford, e perguntou se ele podia fingir que *ele* não poderia estar presente naquela noite, para que a produção mudasse a data. Ele fez isso e a data foi mudada.

Apesar disso, ela estava realmente forçando a situação ao pedir uma semana de três dias. E o que aconteceu? Daly disse a ela: "Trabalhe os três dias. Receba seu salário integral e acrescente um ano a seu contrato".

Por fim, o acordo foi bom demais para ser verdade. Depois de alguns anos, Daly pediu a ela que voltasse a trabalhar quatro dias por semana. Ela perguntou se havia alguém reclamando de seu desempenho. "Steven Spielberg está reclamando? Ivan Reitman? Neil Jordan?", ela perguntou, mencionando alguns dos diretores com quem trabalhava. Daly disse que não. "Então, qual é o problema?", ela quis saber.

"Bem, eu preciso vir trabalhar cinco dias por semana", o chefe respondeu.

Naquela época, Mark Canton, o diretor da Columbia Tristar, estava tentando convencê-la a ir para a sua empresa, e ela decidiu aceitar a oferta. Ela disse a Daly que estava saindo porque agora tinha a chance de se tornar chefe de uma empresa e ainda assim manter os quatro dias de trabalho por semana. Melhor ainda, conseguiu que seu título oficial fosse vice-diretora – e não codiretora – da Columbia TriStar Motion Picture Group (departamento de filmes da Sony Pictures Entertainment). "Assim, quando tinha de sair mais cedo, eu podia dizer: 'Qual é o problema? Sou apenas a vice-diretora'", Fisher explicou.

Nos dois anos seguintes, sob a coliderança dessa mãe alegre, confiante e competente, a Columbia TriStar quebrou todos os recordes nacionais de ganhos e teve o maior lucro da história mundial. Entre os filmes que ela supervisionou, estavam *Homens de preto* e *Jerry Maguire*. Sua agenda de mãe até ajudou o estúdio a conseguir Jack Nicholson, o astro de *Melhor é impossível*.

O estúdio estava nervoso a respeito do custo do filme e se recusava a satisfazer as exigências financeiras de Nicholson. Assim, Fisher, que conhecia o ator por ter trabalhado com ele em outros filmes, foi para a casa dele e perguntou o que podia fazer para conseguir fechar o contrato. Disse que não podia lhe oferecer mais dinheiro, mas que podia lhe dar as sextas-feiras livres. Ela tinha as sextas livres e ele também poderia tê-las. Ele gostou da ideia.

Ela voltou ao estúdio e comunicou a todos que havia conseguido Nicholson dentro do orçamento, mas as filmagens teriam de ser remarcadas. Isso foi um pesadelo, mas eles conseguiram o astro, graças aos horários flexíveis de trabalho de uma mãe.

Onde as habilidades de criação dos filhos são mais relevantes

Obviamente, as habilidades de criação dos filhos são mais relevantes em determinados campos do que em outros. Como ilustra a história de Fisher, as indústrias que desejam talento criativo, incluindo filmes, televisão, propaganda e muitas outras áreas de alta tecnologia e alta *performance*, costumam se preocupar menos com o sexo, a família e os horários de trabalho dos funcionários, desde que o trabalho seja realizado. Shelly Lazarus, da Ogilvy & Mather, me disse que boas pessoas são capazes de escrever a própria história no ramo da propaganda hoje em dia. "Existe escassez de talento hoje, e meu negócio *exige* talento", Lazarus disse. "A propaganda é um negócio movido por ideias, não importa quem as tem. Farei o que puder para conseguir esse talento! Eu tinha um diretor criativo [homem] que vivia em um rancho em Penelope, Texas, e trabalhava na cidade de Nova York. O mundo gira ao redor das pessoas que são indispensáveis. Mas você precisa conhecer o poder que tem."

Aparentemente, as mulheres talentosas da área de propaganda ainda não acordaram para o fato de que têm esse poder. De acordo com um estudo realizado em 2002 pela *Advertising Age*, os homens ocupavam as cinco primeiras posições, incluindo a de diretor de criação e assistente de diretor de criação, em uma média de 2,77 para 1, em mais de duzentas agências entrevistadas. O problema é sempre o mesmo: as pessoas mais importantes da criação precisam passar muito tempo viajando para filmar e as mães não podem viajar com tanta frequência. Assim, a maioria dos comerciais é criada por meio do ponto de vista masculino e inevitavelmente não fazem sucesso entre as consumidoras do sexo feminino. Por exemplo, um comercial de TV de um remédio para alergias mostrava a mãe de um rapaz de 20 e poucos anos como uma senhora mal-humorada. Não é de surpreender, mas as mulheres se ofendem com esses comerciais. Surpreendentes 58% das mulheres dizem que se irritam com brincadeirinhas sem graça direcionadas a elas em comerciais.[14] As agências de propaganda precisam entender a mensagem de colocarem mais mães trabalhando para elas – e talvez tenha sido esta uma das razões pelas quais a Young and Rubicam recentemente selecionou Ann Fudge, uma executiva experiente e mãe, como sua nova CEO.

A educação, onde se faz necessário ter inspiração, orientação e conselhos, *é* o trabalho, e as profissões que tratam de pessoas, incluindo medicina, serviços sociais, psicologia e ministério, têm mais chances de serem mais receptivas às pessoas que oferecem cuidados do que os campos em que essas habilidades não são essenciais. (Trabalho de construção, mecânica, pesquisa científica, moda e cinema me vêm à mente.)

E os trabalhos em vendas e *marketing*, que exigem habilidades de persistência, persuasão e negociação? E os serviços de consultoria financeira, seguros, viagem e turismo, automóveis e imóveis, nos quais as mulheres formam uma enorme parcela dos consumidores? A única dentre essas indústrias que recruta as mães é a imobiliária.

(Há muitos anos, vi um anúncio de corretores de imóveis, mostrando uma mulher que sorria de modo confiante com uma bolsa no ombro. No anúncio, estava a frase: "Cuidar de uma família não é apenas uma maravilhosa conquista, mas é, também, um treinamento perfeito. Para cuidar de uma família, você precisa se preocupar com as pessoas, ser organizada e ter planejamento financeiro. É um treinamento perfeito para uma carreira de sucesso na área imobiliária".)

O ministério está, aos poucos, sendo transformado pelas mães. Margaret Moers Wenig, que atualmente é professora na Hebrew Union, um seminário judeu em Manhattan, me contou que mais de 50% das candidatas ao ministério são do sexo feminino, e muitas estão se candidatando depois de anos passados na criação dos filhos. "Elas serão algumas de nossas melhores rabinas", ela disse. Disse que se uma mãe tenta um emprego em uma área que ela deixou anos antes, pode ser difícil, "mas se mudar de área e voltar a estudar, pode ser vista de modo favorável".

A rabina teve uma sinagoga no lado alto do West Side de Manhattan por dezesseis anos e acredita que o fato de ter tido um bebê quando começou a ser rabina, aos 25 anos, fez com que ela se sentisse mais sensível às necessidades da comunidade toda. Restituiu uma escola hebraica na sinagoga, a primeira em vinte anos, e se esforçou muito para tornar a sinagoga um local adequado para receber crianças. Chegou a pagar do próprio bolso para ter alguém que cuidasse das crianças durante os cultos nos feriados, até conseguir convencer os mais velhos da congregação a lhe dar suporte.

Ela enfrentou muita oposição à ideia de reabrir a escola hebraica por parte de membros da sinagoga, que não compreendia por que eles tinham de pagar por um programa para os filhos das outras pessoas. "Eu estava tentando dizer que aquilo era um investimento para a comunidade", Wenig me disse. "Que não eram apenas os filhos das outras pessoas, mas, sim, o futuro de nossa comunidade."

A reitora de uma paróquia episcopal em Salem, Massachusetts, descobriu que uma pessoa sensível como uma mãe era bem-vinda por muitos membros da paróquia. Aquelas que tinham passado pela experiência do parto se sentiam especialmente confortadas com a presença de um clérigo que tivesse passado pela mesma situação. Catherine Powell contou-me sobre um jovem casal que estava extremamente ansioso com a chegada do filho e o bebê nasceu morto. Eles telefonaram para ela no meio da noite e pediram que ela fosse consolá-los no hospital. "Para mim, isso teve que ver com minha experiência com meus filhos", Powell, mãe de dois, explicou.

Até mesmo a imprensa já descobriu que as mães podem contribuir com algo especial. Soledad O'Brien, que teve dois filhos em um curto período, diz: "Ter filhos ajuda a chamar a atenção. Grande parte de nosso público, como a maioria dos norte-americanos, é formada por pais. Eles passaram por tudo comigo, pelas vezes que fiquei grávida, viram enquanto eu ficava cada vez maior e depois, quando exibia as fotos de meus bebês... As pessoas me param o tempo todo e me perguntam como estão Cecília e Sofia. Eu diria que 95% das pessoas que me assistem me perguntam: 'Como estão as meninas?'"

O'Brien, casada com um investidor financeiro, passou a fazer exercícios depois de dar à luz duas vezes em menos de três anos e retornou à melhor forma que já teve. Conseguiu até completar uma corrida de dez quilômetros. Recebeu muitos *e-mails* de outras mães que trabalhavam, parabenizando-a por conseguir tempo para fazer algo para si mesma. Claramente, essa identificação com sua "volta" funcionou a favor da NBC, a empresa para a qual ela trabalhava na época.

Ainda há muito a ser feito

Ainda assim, continuam sendo grandes os obstáculos para as pessoas que tentam voltar para o mercado de trabalho. Especialmente em épocas de alto índice de desemprego. Em 2003, havia nove milhões de pessoas desempregadas nos Estados Unidos, e mais meio milhão, aproximadamente, de trabalhadores *desestimulados*, termo usado para designar as pessoas que não estão procurando trabalho porque estão sem esperança de encontrar o que querem. (As mães que cuidam dos filhos em casa não são incluídas em nenhum desses números, porque não estão, oficialmente, no mercado de trabalho.) As mulheres com quem conversei e que estavam tentando voltar à difícil indústria da tecnologia de informação, por exemplo, não estavam tendo sorte.

Quando entrevistei a congressista de Nova York, Louise Slaughter, em maio de 2003, ela me surpreendeu dizendo, sinceramente: "Qualquer pessoa que passou seis anos em casa, por exemplo, não vai conseguir um emprego e ponto. Seria um desserviço às pessoas dizer o contrário. Não há empregos. Essa pessoa vai precisar entrar na fila atrás de todas as outras e não vai sobrar nada para ela. Acho que vocês não sabem como as coisas são difíceis na realidade". Bomba![15]

Além disso, não há dúvida de que, quanto mais tempo uma pessoa passa fora do mercado de trabalho, mais difícil é voltar. As pessoas perdem contatos profissionais, podem perder habilidades técnicas e costumam perder confiança, o que é pior ainda. É preciso ter muito sangue frio para encarar um entrevistador incrédulo, que pergunta como você pode ter adquirido importantes habilidades cuidando dos filhos. É difícil para um empregador distinguir entre alguém que passou anos apenas vivendo dentro de casa e alguém que leu todos os livros sobre criação dos filhos, desenvolveu uma boa inteligência emocional e comanda uma casa com maestria. O ótimo pai ou a ótima mãe não recebe um diploma, nem tem folga, não ganha medalhas nem cartas de recomendação pelo trabalho bem-feito.

Tendências cognitivas

Todas essas dificuldades aumentam quando confundimos as mães com empregadas. Muitas pessoas associam as donas de casa e as mães em casa com o trabalho doméstico e as tarefas de limpar, lavar roupas, trocar fraldas e cuidar de bebês. Veem uma mãe em tempo integral e imaginam as tarefas rotineiras, em vez de pensar nos problemas de difícil solução, o trabalho de criar um bom relacionamento, a capacidade de realizar muitas tarefas e de motivar. Pesquisas recentes têm mostrado esse pensamento estereotipado, descobrindo que existem muito mais coisas envolvidas do que se pensa.

Estudiosos, incluindo Susan Fiske, professora de psicologia de Princeton, que trabalha no campo de *tendências cognitivas* – a maneira como as pessoas pensam nas outras pessoas –, tem encontrado evidências claras de tendências prejudiciais contra as mulheres tradicionais e não tradicionais.[16]

"As mulheres de negócios", por exemplo, são vistas como competentes, juntamente com as asiáticas, judias e as pessoas ricas, mas não são bem quistas. Pense em Glenn Close em *Atração fatal*. Mas as donas de casa, por outro lado, são estereotipadas como as pessoas mais doces do mundo, mas ganham poucos pontos na questão da competência, assim como os idosos, os cegos, as empregadas domésticas e os hispânicos. Pense em Lucille Ball em *I Love Lucy*. Você se pergunta como as espécies sobreviveram, com todas as mães estúpidas criando os filhos.

O desdém pelo trabalho em casa está em grande contraste com a supervalorização do serviço militar. Pude comprovar isso alguns anos atrás, conversando com um dos principais executivos da T. Rowe Price, empresa de investimentos com sede em Baltimore. Comentei que a criação dos filhos dava a uma pessoa grande experiência administrativa. Em princípio, ele concordou, dizendo que tinha duas filhas que eram mães de crianças pequenas e ele sabia como isso era desafiador. Mas quando sugeri que a criação dos filhos deveria ser considerada tão valiosa quanto o tempo passado no serviço militar, ele se mostrou chocado. "Mas o serviço militar é experiência de liderança *pura*!", ele disse.

A maioria dos pesquisadores considera esse tipo de estereótipo um erro inconsciente e não intencional. A professora de direito Joan Williams, da Universidade Americana, que está pesquisando sobre a dominância das tendências contra as mães, prefere chamá-lo de *não percebido*. Isso elimina seu peso. Se um empregador (ou economista) tem uma opinião ruim em relação à mãe que cuidava dos filhos em casa e que está voltando ao mercado de trabalho, por exemplo, ou supõe que uma mãe que prefere uma semana de cinquenta ou sessenta horas não é uma funcionária comprometida, então é um problema dele, que tem a obrigação de reavaliar suas opiniões. Williams afirma que a discriminação com base em suposições contra os pais deve ser tão ilegal quanto a discriminação com base em raça ou gênero. Como solução, ela recomenda que a proibição da discriminação contra as pessoas com responsabilidades familiares seja acrescentada aos estatutos antidiscriminação do estado.[17]

Esses estatutos protegeriam pais e mães, pois o estereótipo negativo das donas de casa se estende aos "donos de casa" também. Em 2002, havia 189 mil crianças vivendo com pais que trabalhavam em casa (contra onze milhões de crianças com mães que não trabalhavam fora), e esses pais afirmam também sofrer um estigma quando tentam voltar para o mercado de trabalho ou quando tiram proveito das políticas de favorecimento das famílias. Gary Essig, gerente de contas de 46 anos, ficou um ano em casa com seu filho recém-nascido enquanto a esposa, médica, saía para trabalhar. Quando ele tentou voltar a ter um emprego remunerado, pensou que pudesse impressionar futuros empregadores com os desafios da criação dos filhos. Falou sobre a disciplina, sobre a flexibilidade e a criatividade que eram necessárias. Os *headhunters* disseram que ele devia se calar e se concentrar em sua experiência de trabalho do passado se quisesse ser aceito e evitar a hostilidade.[18]

Steven Greenfield, um administrador de desenvolvimento de *softwares* de 40 anos, de San Jose, Califórnia, passou quatro anos em casa com suas três filhas pequenas antes de procurar outro emprego. Ele disse a um repórter do *Wall Street Journal* que um entrevistador perguntou se ele era *gay* ou apenas "esquisito". Outro o acusou por não conseguir acompanhar os avanços da tecnologia, sem se preocupar em perguntar quais eram suas capacidades específicas. E um terceiro não sabia o que dizer quando soube que Greenfield ficava em casa cuidando das filhas. A entrevista terminou rapidamente.[19]

Pelo menos, os homens podem estar mais bem preparados para lidar com contratempos. Os psicólogos descobriram que os homens têm *ilusão positiva*, frequentemente acreditando ser mais bonitos, mais espertos e mais capazes do que realmente são. As mulheres, por outro lado, costumam ter *ilusão negativa*, a sensação de que elas não são tão boas quanto realmente são. Os homens com pouco conhecimento sobre um assunto, por exemplo, costumam não ter problemas em opinar muito sobre ele e homens sem qualificações se candidatam para as vagas mais improváveis. Obviamente, a mudança virá com muito mais facilidade se as mulheres superarem suas tendências cognitivas. Apenas quando as mães começarem a valorizar seu trabalho fora do mercado de trabalho elas poderão esperar que os outros façam a mesma coisa. Como disse uma mãe que não trabalhava fora: "Quanto mais nos valorizarmos e demonstrarmos confiança nas habilidades que tornam uma família bem-sucedida, mais essas habilidades serão notadas e procuradas..."

"Se um número cada vez maior de mães incluísse a criação dos filhos no currículo", afirma Dagmar Kauffman, uma integrante alemã do Mothers and More, em Chicago, "as empresas dos Estados Unidos entenderiam a mensagem mais cedo ou mais tarde"! Fazendo sua parte, Kauffman, mãe de duas crianças grandes, já colocou diversos nomes em sua função quando preenche seu imposto de renda, como "diretora executiva de assuntos domésticos". Todos os anos, os papéis são devolvidos com um risco em cima do título e, em seu lugar, a expressão *dona de casa* é escrita.[20]

Não há como enganar esses burocratas!

Em *The Price of Motherhood*, contei uma história a respeito de uma parlamentar alemã que teve um sonho em que ela entrevistava um jovem. Ela dizia: "Puxa, você tem um currículo muito bom. Mas procuramos por pessoas completas. Percebemos que você nunca passou um tempo com filhos. Mas ainda há tempo. Você ainda é jovem. Volte quando tiver mais experiência de vida".[21]

Joyce Fletcher, especialista em administração, tem o mesmo sonho. Ela imagina que, um dia, os empregadores perceberão que quando as pessoas têm diversos papéis na vida, elas conseguem entender os clientes, colegas e eleitores melhor do que alguém que lida com uma vida restrita e apenas voltada aos negócios. Ela chega até a imaginar um tempo em que os programas de desenvolvimento de funcionários incluem algum tipo de trabalho de cuidados às pessoas que não são pais, como orientação ou ser líder de equipe em um grupo de jovens. As empresas podem exigir que o envolvimento dos pais ou da comunidade seja uma condição necessária para futuros empregos.[22]

Enquanto isso, no mundo real, você deve estar se perguntando se Helen Chongris conseguiu aquele emprego de editora no *Dallas Morning News*. Quando telefonei para ela várias semanas depois do prazo em que ela esperava ser contratada como permanente, ela ainda estava no turno da madrugada e esperando uma resposta. Então, duas semanas depois disso, recebi um *e-mail* dela com o título: "Consegui o emprego que queria!"

Mamãe coelha

Nos anos 1930, as mães desejavam que alguém percebesse seus talentos e os usassem para algo bom no mundo. No livro *The Country Bunny and the Little Gold Shoes*, um livro infantil de 1939, escrito por Du Bose Heyward e Marjorie Flack, o tema é esse sonho materno.

O livro fala muito sobre a escolha dos coelhos da Páscoa. Cinco são escolhidos todos os anos e precisam ser "os cinco coelhos mais gentis, rápidos e espertos do mundo todo". Uma coelha jovem do interior sonhava em se tornar uma coelha da Páscoa um dia, mas era gordinha e marrom, não branquinha, e quando cresceu, teve 21 filhotes que a mantiveram ocupada por anos. Mas ela os treinava bem, com uma mistura especial de organização e cuidados, e eles aprenderam a realizar todas as tarefas domésticas. Sua casa era muito, muito organizada.

Um dia, um novo concurso para coelhinho da Páscoa foi anunciado, e a mamãe coelha resolveu assistir à competição, com um pouco de tristeza por ter pouca esperança de que conseguiria realizar seu desejo.

Um esperto vovô coelho seria o responsável por escolher o novo coelho-guia. O primeiro *round* de concorrentes saiu correndo e saltando e provaram que eram rápidos e espertos. Mas não mostraram sinais de que eram gentis nem sábios.

Então, o avô viu a coelha marrom em pé nas linhas laterais com seus 21 filhotes, todos espertos e bem comportados, arrumadinhos. Ele perguntou a ela e ficou impressionado com a descrição que ela fez de sua casa e de como seus filhotes pareciam felizes. Ele concluiu que ela devia ser esperta e gentil. Ela mostrou como era ágil ao organizar todos os filhotes rapidamente. Ele concluiu que ela também devia ser sábia. E a escolheu.

Na noite de Páscoa, ele a desafiou: ela deveria viajar para longe e trazer felicidade a uma criança doente. Ela cumpriu o desafio e recebeu os sapatos dourados que simbolizavam sua posição permanente como a coelha da Páscoa que pode cumprir as tarefas mais difíceis.

Katherine Marshall, do Banco Mundial, que chamou minha atenção para essa história, retirou duas mensagens dela. A primeira, a de que a experiência materna é importante para escolhermos um coelho da Páscoa, ou qualquer outro tipo de líder. A gentileza, a sabedoria e a coragem, por exemplo, são tão importantes quanto a esperteza e a velocidade. Em segundo lugar, a maneira espetacular com que essa mamãe coelha realizava suas tarefas, com bom humor, organização e eficiência, revelava sua capacidade de ser líder. Nem todas as mães têm essa capacidade, mas, quando você vê uma que tem, sabe que encontrou alguém que merece os sapatos dourados.[23]

Vejo mais uma coisa nessa história de décadas. A mamãe coelha precisa contar com um coelho mais velho e sábio para reconhecer seus talentos. Não acho que as mães podem ser tão passivas desse jeito, esperando ser notadas. Podemos reconhecer a mamãe coelha que existe dentro de nós.

NOTAS

1. "Considerations of Leadership", para a Faculdade Goddard, 1997, da dra. Barbara Mossberg.
2. *E-mail* de Mary Ann Wiley, 2002.
3. Barbara Downs e Kristin Smith, U.S. Census Bureau, "Maternity Leave Among First-Time Mothers", trabalho das reuniões anuais da Associação Populacional da América, Washington, D.C., 29-31 de março de 2001.
4. Dados ocupacionais para as mulheres de idade de trabalho foram fornecidos por Steve Hipple, da Agência de Estatísticas de Trabalho, 6 de março de 2000.
5. Agência de Estatísticas de Trabalho, "Employment Characteristics of Families in 2002", USDL 03-369, quadro 5 (9 de julho de 2003).
6. Catalyst, "Women and the MBA: Gateway to Opportunity", maio de 2000. Descobertas dos relatórios com base em pesquisas realizadas pela Catalyst, a Escola de Administração da Universidade de Michigan e o Centro de Educação Feminina da Universidade de Michigan, estão resumidas em www.womeninbusiness.bus.umich.edu/research/womenandtheMBA.
7. Belkin, op. cit. p. 44.
8. Conversa por telefone com a autora, maio de 2004.
9. Entrevista por telefone com a autora, novembro de 2003 (Chongris).
10. Kunin, op. cit. pp. 358-61.
11. Conversa com a autora, 2002 (Marks).
12. Kristin Rowe-Finkbeiner, "Juggling Career and Home", *Mothering* (março-abril de 2003), p. 32.
13. *E-mail* de Margaret McLaughlin, 2001.
14. Peters, *Reimagine!*, p. 171.
15. Entrevista com a autora, Washington, D.C., maio de 2003 (Slaughter).
16. Fiske produziu diversos trabalhos a respeito do pensamento estereotipado com Thomas Eckes, da Universidade de Hagen, na Alemanha, Amy J. C. Cuddy, de Princeton, Peter Glick, da Universidade Lawrence, e Jun Xu, da UCLA.
17. Conversas com a autora, Washington, D.C., 2001-2003 (Williams).
18. Kemba J. Duncan, "Stay-At-Home Dads Fight Stigma", *Wall Street Journal* (26 de agosto de 2003).
19. Idem.
20. *E-mail* de Dagmar Kauffmann, 2002.
21. Ann Crittenden, *The Price of Motherhood* (Nova York: Metropolitan Books, 2001), p. 274.
22. Fletcher, op. cit., pp. 135-36.
23. Katherine Marshall, "Choosing Leaders: Lessons from an Easter Tale", não publicado, 1997.

POSFÁCIO

As mães estão em toda parte e os tempos estão mudando

Concluindo, gostaria de resumir duas das maiores impressões que obtive com minha pesquisa. Em primeiro lugar, as mães estão em toda parte, em todas as profissões, desde a direção da Fundação Nacional de Ciência até a direção do sistema de mísseis de uma grande empresa de armas. Uma das melhores histórias que tenho a respeito do fato de as mães estarem em toda parte é a da ministra que estava realizando a comunhão. Duas crianças em idade escolar se inclinaram no banco da igreja quando ela se aproximou e uma delas exclamou: "Veja! É uma mãe!"

Em segundo lugar, as mães estão mudando o mundo do trabalho aos poucos – sua linguagem, sua atmosfera e, mais lentamente, suas regras.

Vamos analisar a primeira impressão antes. Tenho consciência dos grandes obstáculos de combinar a maternidade com uma carreira séria, algo tão assustador que a maioria das mulheres, até mesmo aquelas com educação, não unem essas duas coisas. Também sei que a maioria das mulheres que trabalham ainda estão presas em profissões tradicionalmente femininas, o que ajuda a manter o salário delas em um patamar inferior ao dos homens.

No entanto, essas verdades não devem nos cegar para o grande progresso econômico que as mães têm feito. Mulheres com crianças têm gerenciado as empresas mais inesperadas e têm feito as coisas mais inesperadas. Por exemplo, as mulheres que ganham bem (definidas como aquelas que ganham mais de 55 mil dólares por ano ou que são formadas ou já são profissionais de uma área), têm a mesma probabilidade de ter filhos que outras mulheres casadas que trabalham em tempo integral. Mais de três quartos (78%) das mulheres casadas e bem-sucedidas e outras mulheres casadas e que trabalham em tempo integral têm pelo menos um filho aos 40 anos.[1]

"Todo mundo agora diz que a vida em família é prejudicial ao sucesso, que a maioria das mulheres bem-sucedidas não tem vida familiar", afirma Irene Natividad, uma mulher de negócios norte-americana, com descendência filipina, que estava na lista da revista *Working Mother* das 25 mães que trabalham fora mais influentes no país em 1997. "Mas isso não é verdade! Uma coisa alimenta a outra; você pode ser *mais* bem-sucedida no trabalho por causa das outras experiências em casa. Se não conseguirmos mostrar a correlação, as mulheres concluirão que a única maneira de ser bem-sucedida é sendo sozinha."[2]

Mesmo no ápice do sucesso das mulheres, entre as mulheres mais poderosas da revista *Fortune*, a porcentagem das que são mães é quase tão alta quanto a de outras mulheres que trabalham. Pelos meus cálculos, em 2002, três quartos (76%) das cinquenta principais estrelas tinham filhos. Já se foi o mito de que as mulheres que querem ter sucesso precisam abandonar o sonho da maternidade, bem como o mito igualmente terrível de que uma mulher que tem filhos precisa abandonar seu sonho profissional. Nenhum dos dois é verdade.

Isso ficou claro para mim depois de duas entrevistas em Nova York com a reitora da Escola de Negócios Internacionais e Públicos (SIPA) da Universidade de Columbia e com a diretora-executiva da Time Inc.

Eu me formei na SIPA nos anos 1960. Quando era aluna, o reitor era um senhor baixinho e de cabelos brancos, chamado André Cordier, com quem nunca troquei uma palavra. Hoje, a reitora é uma cientista política acessível e realista, de seus 50 anos, chamada Lisa Anderson, uma especialista em Oriente Médio que fala árabe e tem dois filhos em idade escolar. Ela representa uma mudança enorme para a instituição e para as alunas do sexo feminino.

Um dia depois de entrevistar Anderson, eu fui à Time-Life, no centro de Manhattan, o local de meu primeiro emprego depois que me formei na Columbia. Naquela época, o diretor da Time Inc. era um homem distinto chamado Andrew Heiskell, e as mulheres que trabalhavam nas revistas da empresa ocupavam, na maioria, cargos menos importantes. Hoje, a diretora é Ann Moore, uma especialista em *marketing* muito prática e que conseguiu crescer em uma empresa que não estabelece limites ao que uma mulher talentosa pode alcançar.

Quando visitei Moore, no 34º andar, o local onde se reuniam os maiores executivos da Time Inc., percebi que os corredores estavam repletos de caixas de papelão, cestos de lixo e pilhas de papel descartado. Moore, que acabara de ser nomeada a nova diretora da empresa, estava fazendo uma faxina na casa. Uma de suas primeiras decisões como diretora foi pedir a todos que limpassem seus escritórios e armários. Todos os objetos acumulados seriam vendidos no fim do mês em benefício de uma instituição de caridade.

"Acho que ninguém ali, em quarenta anos, havia limpado os armários", ela comentou, apontando para as prateleiras no amplo escritório da diretoria. Todos os seus antecessores tinham sido homens que, sem dúvida, não perceberam a poeira se acumulando.

Muitas pessoas sentem que as opiniões se dividem quando discutimos se as mulheres mudam as empresas quando ganham poder, ou se o poder muda as mulheres, permitindo que elas ajam de um modo mais parecido com aquele adotado pelos homens. Até agora, as mulheres que têm poder fora da família têm sido tão poucas que tem sido difícil tirar conclusões.

Minhas entrevistas me convenceram de que uma resposta está surgindo. Pessoas como Lisa Anderson e Ann Moore não são homens de saias. Estão mudando o ambiente de trabalho, imperceptivelmente para a maioria de nós, pelas beiradas, ainda. Mas de modos inconfundíveis, elas e as outras mães em posições de liderança estão fazendo a diferença.

Metáforas maternas

Em primeiro lugar, a linguagem do poder está mudando conforme mais mães se acomodam no ambiente de trabalho. As metáforas com as mães estão surgindo em todas as partes, substituindo as metáforas com esportes e com o serviço militar, preferidas pelos homens. A autora Robin Gerber ouviu a nova linguagem enquanto entrevistava uma prefeita em uma cidade francesa e a mulher falou sobre conectar-se com o eleitorado como se fosse por meio de um cordão umbilical.

Os noruegueses ouviram essa nova linguagem pela primeira vez quando a primeira mulher a ser primeira-ministra, Gro Harlem Brundtland, acusou seu adversário conservador de gerenciar "um governo que deixa a louça suja para os outros lavarem quando a refeição termina".[3]

E os argentinos escutaram isso pela primeira vez quando Elisa Carrio, uma política de reforma, descreveu a crise econômica do verão de 2002 da seguinte forma: "Estamos observando o parto doloroso de uma Argentina diferente. O que não se deve fazer quando uma mulher está tentando dar à luz é fechar suas pernas. É isso o que as classes estão fazendo, mantendo o poder. Quer dizer que o parto vai ser muito doloroso".[4]

Jamie Gorelick usa a nova linguagem. Ela conta uma história de um livro infantil muito famoso chamado *If You Give a Mouse a Cookie*, na qual um rato se aproxima de um menininho e pede um biscoito. O rato come o biscoito e então pede um copo de leite. Quando consegue o copo, pede um canudo e um guardanapo... e continuam assim até que os dois fazem uma tremenda bagunça e precisam limpar. Por fim, enquanto o menino e o rato estão deitados, exaustos, o rato diz que está com sede e quer outro copo de leite... A moral é: se você dá um biscoito a um rato, ele nunca deixará de pedir as coisas.

Há uma cena no filme *Força Aérea 1* na qual o presidente, interpretado por Harrison Ford, está na área de cargas do avião presidencial, lidando com os terroristas. Ele também está ao telefone com a vice-presidente, Glenn Close, que está na Casa Branca. Os terroristas estão matando os reféns e acabaram de eliminar o conselheiro da segurança nacional, e o presidente diz à vice-presidente: "Não podemos ceder às exigências deles. Eles não vão parar".

"E se o senhor morrer nesse avião, eles vão parar?", pergunta a vice-presidente.

"Veja", responde o presidente. "Temos uma tarefa a fazer, independentemente do custo. Se você dá um biscoito a um rato..."

A vice-presidente completa a frase: "Ele vai querer um copo de leite".

Gorelick acredita que essa história representa um novo tipo de conversa entre as pessoas poderosas. A comunicação simplificada não se dá por meio do futebol, basquete ou hóquei, esportes conhecidos como símbolo de poder em Washington, D.C. A comunicação simplificada é o livro de uma criança e a conversa ocorre entre duas pessoas extremamente poderosas que se identificam como pais.

"Eu digo que esse diálogo no filme não teria sido permitido 25 anos atrás, quando dei início à minha vida profissional", Gorelick disse a um grupo de mulheres de Washington, em 1999.

Essa mulher, mãe de dois filhos, não se sente nem um pouco envergonhada por fazer referência a seus filhos no escritório. "No Departamento de Justiça, realizávamos reuniões todas as manhãs, perto das cinco, na sala de reunião do procurador-geral, para planejarmos o dia seguinte", Gorelick me disse. "Nós nos sentávamos ao redor da mesa e, quando começávamos a falar sobre os assuntos legislativos, ele começava a contar todos os problemas: 'Estamos passando por isso', 'Tendo dificuldades com aquilo', várias coisas. E eu dizia: 'Andy, você está parecendo o Bisonho, do Ursinho Pooh. Precisa ser mais parecido com o Tigrão'. Todos os presentes que tinham filhos caíram na gargalhada. No dia seguinte, levei bonequinhos do Pooh e do Bisonho e ele os carregou pelo escritório o tempo todo, dizendo: 'Vamos todos ter uma atitude mais positiva aqui!'"

É difícil dizer o que uma mudança representa. Até pouco tempo atrás, as mulheres tinham medo de colocar fotos de seus filhos em sua mesa com medo de não serem levadas a sério. Mulheres distintas, como a bióloga Rita Colwell, sentiam que não podiam sequer mencionar o fato de ter filhos.

"No grupo de pessoas da minha idade, era preciso esconder esse fato", Colwell, de 60 e poucos anos, disse. "Eu não podia deixar que nada 'feminino' ou 'maternal' entrasse em discussão. Eu tinha de ser um dos meninos sempre que possível. Não podia sequer dizer algo como: 'Sabe, você está agindo como uma criança de 2 anos'."

"Você já pensou isso de alguém?", perguntei.

"Claro que sim!"

As executivas de hoje, por outro lado, dizem que falar sobre os filhos pode ser algo bom e não ruim no ambiente de trabalho. Pamela Thomas-Graham, a jovem mãe que é CEO do canal a cabo CNBC, diz que poder falar sobre seus filhos aprofundou suas relações no trabalho. Enquanto antes ela era vista de modo um pouco estranho por ser a única mulher negra entre seus colegas, quase todos brancos, agora ela pode trocar histórias a respeito dos filhos. "Agora, estabeleço conversas diferentes e mais interessantes com as pessoas", ela confessou. "Os homens adoram falar sobre seus filhos e muitos deles têm muitos filhos! Podemos fazer piadas, da mesma maneira com que os homens fazem piadas a respeito de esportes ou qualquer outra coisa."

"Os filhos são um ótimo interesse em comum entre homens e mulheres", Cheryl Bachelder confirmou. "Eu pareceria totalmente incompetente se tentasse usar analogias com esportes; as pessoas veriam que eu estaria tentando falar sobre esportes. Mas há duas coisas sobre as quais posso falar com os homens: filhos e livros. Descobri que os homens gostam de falar sobre suas famílias e é libertador para eles poder fazer isso com a chefe. Recebo *feedback* muito positivo por isso – faz com que eu pareça mais humana, acessível, pessoal, e não tão intensa e agressiva."

Bachelder disse que muitos homens em sua antiga empresa ficavam aliviados ao ouvir a mensagem dela, de que é uma líder melhor *porque* é mãe, e não *apesar* de ser mãe. "Eles também querem uma vida mais equilibrada e, com meu exemplo, dou a eles a liberdade de expressar esse desejo", ela disse. "Minha equipe de liderança é formada por 50% de homens e 50% de mulheres, e os homens costumam dizer coisas do tipo: 'Preciso de um tempo para resolver as questões da formatura de minha filha'."

Gorelick percebeu a mesma reação por parte dos homens com quem ela trabalha. Uma manhã, ela chegou a uma reunião de manhã, no Departamento de Justiça, completamente estressada depois de levar os filhos para a escola.

"As crianças estavam impossíveis dentro do carro hoje", ela disse, e o diretor do FBI, Louis Freech, pai de seis filhos, e o diretor da Agência Federal de Narcóticos, Tom Constantine, pai de nove, passaram os vinte minutos seguintes conversando sobre as técnicas que utilizavam para fazer com que os filhos se comportassem dentro do carro. "Foi uma ótima experiência de aproximação", Gorelick contou.

As mães fazem diferença

Finalmente, tenho a impressão de que quando uma mãe está no *topo* de uma empresa – reitora de uma universidade, governadora de um estado ou diretora de uma grande empresa –, duas importantes mudança ocorrem. Em primeiro lugar, as *regras dos funcionários* mudam e o funcionário *comum* começa a ser visto como alguém com responsabilidades familiares e não como alguém sem vida fora do trabalho. Quando essa percepção muda, como ocorreu na Fannie Mae, de Princeton, e em vários outros lugares, a empresa se torna um local muito mais confortável para os pais trabalharem. Os pais conscientes não mais se escondem; agora, são livres para serem honestos a respeito de seus valores.

Em segundo lugar, quando as mães têm muito poder em uma empresa e são capazes de se expressar livremente, a instituição começa a se beneficiar por ser uma nova forma de diversidade. A diversidade de *experiência* é tão importante quanto a diversidade de raça, gênero, idade, etnia, entre outros. Quando as pessoas com experiência direta na criação dos filhos, que vêm de cargos de autoridade, se conscientizam de seu papel, o efeito é o mesmo em uma empresa, assim como é na biologia. O resultado é um vigor híbrido, ou *heterose*, a energia maior e uma capacidade de crescimento que resulta de uma troca de experiências e de polinização.

Minha opinião a esse respeito é que, durante o movimento de liberação das mulheres nos anos 1960 e início dos anos 1970, o esforço era pela liberdade reprodutiva e pelas oportunidades educacionais e econômicas, incluindo o direito de ganhar espaço em mercados que eram fechados para as mulheres. A tarefa era aprender com os homens e a acostumar os homens a trabalhar com as mulheres, que sempre foram vistas como diferentes. *Diferente* era sinônimo de *inferior*. As mulheres tiveram de provar que eram tão boas quanto ou iguais aos homens.

Nesse estágio, que durou desde o final dos anos 1960 até os 1990, e que persiste hoje em alguns lugares, as mulheres entraram em grande número nas profissões e assumiram cargos de administração. Elas tinham de aceitar as regras do jogo como sempre tinham feito e, em alguns casos, tinham até de se vestir como homens (o que ainda é exigido em alguns trabalhos tradicionalmente masculinos, como direito e segurança).

Esse período não vai terminar enquanto os homens não se sentirem à vontade com as mulheres na vida pública e conseguirem ver que elas não são inferiores nem menos competentes, nem diferentes como pessoas. Enquanto as mulheres continuarem sendo as *outras*, estarão sob pressão para serem as mesmas, e o valor agregado – a diversidade de experiência e de conhecimento que podem oferecer – se perde. Mas quando as mulheres se tornarem parte do grupo de dentro, digamos, finalmente ousarão expressar suas diferenças sem colocar seu *status* em risco. Podem trazer novas questões à tona, podem ampliar as ideias que podem ser levadas a sério e aumentar os limites do discurso aceito. Nesse estágio, os homens começam a aprender com as mulheres, e as regras começam a mudar, as empresas começam a fazer as coisas de modo diferente e nossa visão da realidade se expande.

Redefinindo a realidade

Claramente, estamos entrando no interessante estágio do avanço das mulheres na vida pública. Deb Henretta, da Proctor & Gamble, pode contar o que acontece quando a liderança de uma empresa começa a incluir as pessoas que antes eram excluídas:

> O lado bom de ser mãe de bebês [como presidente da Global Baby Products] é que a situação trouxe uma série de ideias que nunca tinham sido consideradas, ou que tinham sido analisadas e rejeitadas ou deixadas de lado. A organização toda agora está pensando nos negócios de modo totalmente diferente. Estamos reunindo pessoas que conseguem resolver os problemas de modos muito diferentes – ou que conseguem resolver problemas muito diferentes. Estamos reunindo os especialistas em tecnologia,

que conseguem entender o que é possível e as pessoas que conseguem pensar em como comercializar a tecnologia de modo que consigam se conectar às mães que compram o produto. E não são apenas as mulheres – os homens estão pensando de modo diferente e obtendo todos os tipos de ideias.

Como empresa, aprendemos muito com isso, uma pessoa que pensa de um modo não basta. Precisamos de diversos pontos de vista. Quando essa diversidade é reunida, a mágica surge! É isso o que separa as grandes histórias de sucesso nos negócios das outras.

Henretta acrescentou que ela não "está apenas tentando trazer as mulheres para dentro, mas as pessoas que são pais, ou não apenas os pais, mas as pessoas que têm experiência com crianças. Um pai experiente pode ter as mesmas ideias que uma mãe teria. Ou uma mulher que se envolve em seu papel de tia. Estou tentando incluir as pessoas que amam crianças e que têm experiência com crianças... também estou tentando obter diversidade cultural. Cuido do nosso negócio de produtos para bebês, e as pessoas nas Filipinas, na América Latina e na Europa ocidental e central têm atitudes culturais diferentes em relação aos filhos e precisamos de tudo isso na mistura".

Essa expansão do conceito de diversidade para incluir a experiência de quem dispensa cuidados desafia a linguagem relutante que as empresas usam quando falam sobre *dar* flexibilidade aos pais ou sobre *acomodar* as necessidades das famílias ou de *se ajustar* às maneiras não tradicionais de funcionamento. Esta é a linguagem não entusiasmada da tolerância. A ruptura real ocorrerá apenas quando os funcionários começarem a perceber, assim como Henretta, que os pais podem trazer muito valor agregado a uma empresa e para a compreensão da cultura.

Algumas das mudanças mais interessantes estão ocorrendo no campo religioso. Conforme cada vez mais mulheres se tornam ministras e rabinas, trazem uma sensibilidade materna à compreensão espiritual. Esse desenvolvimento potencialmente revolucionário já está afetando as fés mais liberais, em tudo, desde a educação religiosa das crianças à interpretação da divindade.

Catherine Powell foi uma das primeiras mulheres ordenadas na Igreja Episcopal, em 1979, quatro anos antes de seu primeiro filho nascer. A princípio, esperava que "eles não me colocassem com as crianças", pedindo que desse aula de religião. Naquela época, as aulas de religião eram dadas no porão e as mulheres da congregação brincavam, dizendo: "Vá ao porão, é onde você encontrará as mulheres e as crianças".

Quando suas duas filhas nasceram, Powell começou a prestar atenção na educação religiosa das crianças e percebeu como era "horrível". "Era mais ou menos assim: 'Leia a história e pinte um desenho'", ela explicou. "Até pouco tempo, não havia uma abordagem sofisticada para a espiritualidade das crianças ou qualquer incorporação das questões de desenvolvimento. Eram as mães, escutando os filhos, que decidiam o que mudar."

Todos os pais sabem que as crianças têm curiosidade pelas questões espirituais mais profundas, geralmente em razão da morte de um avô ou de um animal de estimação querido. De onde viemos? Para onde as pessoas vão quando morrem? De onde o mundo surgiu? Quando a segunda filha de Powell tinha 4 anos, por exemplo, ela entrou na cozinha e perguntou: "Mamãe, o que vai acontecer no fim do dia?" Powell começou a falar sobre aquele dia em especial e a menina a interrompeu. "Não, quero saber no fim *dos dias*!" Ela queria saber sobre o fim de tudo.

Quando sua filha mais velha tinha 5 anos, uma criança de sua escola morreu, assim como o avô de outra amiga, na mesma época. Um pouco depois, sua filha mais nova disse a ela que tivera um sonho, em que ela e sua amiga visitavam o céu para conversar com o avô dela e com a criança que havia morrido. "Eles querem que a gente saiba que eles têm rezado por nós e queriam que disséssemos às outras pessoas que está tudo bem. Eles podem nos ver e nós podemos vê-los."

Powell decidiu dar aulas de religião que combinassem as técnicas de Montessori com a espiritualidade contemplativa para crianças pequenas, e agora essas aulas são encontradas cada vez mais nas igrejas. As crianças conhecem as principais histórias e em vez de alguém dizer a elas o que a história *significa*, elas são incentivadas a brincar com figuras que representem os principais personagens da história (como o bom pastor e seu rebanho), de modo que possam encontrar o sentido sozinhas, como compreendem. Um dia, ela encontrou um menininho de 3 anos e meio sentado à mesa e olhando para os bonecos de madeira sobre uma mesa, bonecos da Santa Ceia. Ela perguntou em que ele estava pensando.

"Sabe, se Jesus pudesse dar uma festa, ele convidaria o mundo todo", disse o menino.

Isso, obviamente, está longe de ser uma aula convencional sobre a Bíblia. E não estaríamos nessa posição sem as mães no ministério.

Powell conta que as mulheres na religião realizaram outra importante diferença: permitiram que a Igreja Episcopal lidasse de modo muito mais eficiente com os escândalos sexuais da igreja católica.

"Abordamos o problema de modo muito mais agressivo", ela me disse, "porque as mulheres no clérigo estavam mais dispostas a falar sobre isso."

Comentei que elas devem ter tido sucesso, porque eu não havia tomado conhecimento de nenhum escândalo sexual na Igreja Episcopal.

"Bem, a nossa igreja costuma ser heterossexual", ela disse.

"Deus é uma mulher e está envelhecendo"

A reinterpretação profunda da divindade que as mulheres estão trazendo à religião organizada pode ser encontrada em um sermão escrito em 1990 por Margaret Wenig. O sermão, reimpresso na antologia dos grandes sermões do século XX, se chama "Deus é uma mulher e está envelhecendo".

Nele, Wenig descreve Deus como uma mulher idosa sentada sozinha à mesa da cozinha, lembrando da infância de seus filhos crescidos e desejando que eles voltem ao calor do lar. Ela se lembra de suas mágoas e tristezas, das brigas e decepções, mas é segura em seu amor incondicional. O sermão, parecido com um poema, termina com uma visão de Deus esperando pacientemente, com a porta aberta e as velas acesas, pelo retorno de seus filhos no Yom Kippur.[5]

Outro sermão, realizado na Catedral Nacional, em Washington, por Catherine Powell, usa a metáfora do nascimento. Escrito nos anos 1980 durante um período de transtornos e lutas na América Central, continua estranhamente atual.

Powell lembra à congregação que toda mudança social é como o parto. Pode ser inesperada, como no caso da esposa idosa de Abraão, Sarah; perigosa, como no caso da mãe de Moisés; e até chocante, como no caso de Maria, que teve um filho sem estar casada e que, talvez, tenha sido deixada de lado. Acima de tudo, dar à luz é doloroso. Precisamos compreender isso para que não tentemos escapar do futuro.

"Observamos o caos do mundo e reagimos com medo...

Observamos os gritos do mundo e queremos nos proteger. Queremos continuar calmos e calados, seguros em nossa casa e em nosso papel no mundo...

Observamos os erros do mundo e queremos ter razão. Bem, se tivessem feito as coisas do nosso jeito; se não insistissem em comandar estando despreparados; se tivessem nossa forma de governo; se fossem mais prudentes; se não fossem tão extremistas...

Encaramos um mundo desesperado, enquanto caminhamos incertos em um universo tomado pelas convulsões do trabalho... Dê-nos sabedoria para não darmos as costas, mas para vermos a luta como um processo de luto, um empurrão para a frente. Dê-nos compaixão para ver o conflito e a hostilidade como sintomas de dor e dos sonhos bloqueados tentando nascer..."

Tudo isso é a sabedoria de uma mãe, usando uma metáfora que o padre não tem à sua disposição. Faz com que lembremos que o mundo é imperfeito, sangrento e assustador, mas que ainda vale a pena ser enfrentado. As mães podem nos dar a esperança de uma vida nova.

NOTAS

1. Este dado vem da Pesquisa Populacional, representando mais de trinta milhões de mulheres que trabalham em tempo integral. Veja também "Creating a Lie: Sylvia Ann Hewlett and the Myth of the Baby Bust", de Garance Franke-Ruta, em *The American Prospect*, 2 de julho de 2002.
2. Entrevista com a autora, Washington, D.C., 2002 (Natividad).
3. Gro Harlem Brundtland, *Madam Prime Minister* (Nova York: Farrar, Straus e Giroux, 2002), pp. 236-37.
4. Sophie Arie, "Elisa Carrio in Lead to Be Argentina's President", www.womensnews.org, 18 de julho de 2002.
5. "God is a Woman and She is Growing Older", de M. M. Wenig, p. 116ss, em *Best Sermons*, 5ª ed. James W. Cox (San Francisco: Harper San Francisco, Harper Collins, 1992).

ANEXO

Como uma pessoa que passou algum tempo longe do mercado de trabalho, criando os filhos, apresenta essa experiência da maneira mais favorável? Exatamente como ela pode colocar essas informações em um currículo?

Uma forma de começar pode ser realizando uma lista de habilidades a respeito de si mesma, relacionando todas as habilidades que você adquiriu informalmente, incluindo o trabalho voluntário em escolas, igrejas e outros grupos sem fins lucrativos. Obviamente, isso será útil se você tem se mantido ativa na comunidade, na escola, na religião ou em organizações cívicas, e pode ser bom no trabalho de arrecadação de fundos, recrutamento e orientação de voluntários, para a publicação de boletins de notícias, publicidade, criação e manutenção de *sites* e coisas do tipo. Mas as habilidades de um pai por si só poderia, com facilidade, incluir a administração financeira, as habilidades organizacionais, mediação, negociação, discursos, cuidados, psicologia infantil, planejamento de eventos e organização de tarefas domésticas.

O importante é não ter vergonha. No caso de quase todas as pessoas, a matéria-prima existe. Como expressou a escritora Robin Gerber, "um currículo que traga a informação 'mediou com sucesso as exigências conflituosas dos membros da família' é tão interessante quanto 'direcionou as negociações para o desenvolvimento de produtos'".

Muitas pessoas que passam alguns anos em casa perdem a confiança e precisam se lembrar de tudo o que conseguiram. Uma amiga minha conta a história de sua vizinha nos Berkshires, uma mulher que tinha quatro filhos e ficava em casa com eles, que estava tentando conseguir uma franquia da loja Body Shop. "Você acha que eu consigo?", ela perguntou, sem ter certeza de suas habilidades depois de anos de trabalho sem remuneração em casa.

"Está brincando?", minha amiga respondeu. "Você conseguiu cuidar de uma casa com seis pessoas com quarenta mil dólares por ano! Tem a habilidade de controladora com um fluxo limitado de caixa; a organização de um especialista em eficiência; a capacidade de motivar pessoas a fazerem o melhor que podem; você lidou com brigas; trabalhou de doze a catorze horas por dia num trabalho físico, emocional mental intenso; cuidou de um milhão de detalhes de uma vez sem nem perceber – e você acha que isso não está diretamente relacionado ao mundo dos negócios?"

Uma mãe que não sentiu vergonha de fazer uma lista de suas "habilidades transferíveis" foi Helen Chongris, de Plano, Texas. Aqui está uma versão levemente editada de um currículo que ajudou Chongris a conseguir um emprego de editora do *The Dallas Morning News*, depois de vinte anos fora do jornalismo:

HABILIDADES TRANSFERÍVEIS

Além de meu currículo tradicional anexado, a seguir apresento uma lista de habilidades funcionais que definem minha fusão de experiência como [mãe e/ou outra atividade não remunerada] e como [profissão especificada].

- **Negociadora organizada**
  Sabe o que obter para ambos os lados, mantendo-se concentrada na resolução apenas do problema em questão.
- **Atenciosa**
  Entende o que é dito e imediatamente processa esse pensamento de modo a levá-lo ao próximo nível de complexidade.
- **Pensar de modo crítico**
  Duvida de qualquer informação apresentada como fato; determina sua veracidade.
- **Pesquisadora inteligente**
  Capaz de descartar informações erradas e repetitivas para encontrar as melhores fontes para checar os fatos.

- **Persuasiva**
Capacitada para começar conversas com substantivos e verbos e terminá-las com adjetivos.
- **Esponja absorvente**
Disposta a aprender, pode receber ensinamentos e continuar a aprender enquanto aplica as lições.
- **Atenta**
Detalhista, observando os pingos nos is.
- **Analista da concorrência**
Observa constantemente como os produtores e marketeiros de produtos parecidos realizam os negócios.
- **Colaboradora motivada**
Preocupa-se em melhorar o clima no ambiente de trabalho, desenvolvendo bom relacionamento com os colegas e iniciando discussões entre eles a respeito de abordagens construtivas de assuntos crônicos.
- **Adulta, mas sem ser mãe**
Chama à cooperação, sugerindo: "Sim, *nós* podemos", em vez de incentivar o retraimento, declarando: "Não, *você* não pode!"
- **Professora inspiradora**
Gosta tanto de dividir conhecimento que, pouco a pouco, os outros não apenas aprendem a mecânica de como realizar o trabalho, mas, também, seguem exemplos, imitando a animação por um trabalho bem feito.
- **Solucionadora de problemas**
Sugere, de modo independente, como reduzir custos, delinear processos e trazer melhores resultados, nunca apontando um problema sem dar solução.
- **Aprendiz para a vida toda**
Disposta a investir tempo e dinheiro no crescimento profissional e pessoal
- **Sobrevivente confiante**
Recupera-se com facilidade da adversidade ou rejeição com uma atitude positiva e uma nova direção.
- **Viciada em adrenalina**
Acostumada a trabalhar com urgências; consegue cumprir prazos e continuar a produzir.

- **Preocupada em manter o profissionalismo**
  Sempre aplica responsabilidade a todos os projetos.

* * *

Mais ideias a respeito das habilidades transferíveis podem ser obtidas com a análise das qualificações exigidas por diversos empregos remunerados. Por exemplo, Jen Grey, ex-enfermeira, estava preenchendo uma ficha de emprego *online* para a Blue Cross/Blue Shield na Carolina do Norte, quando encontrou os seguintes requisitos:

- Demonstração constante de liderança (treinamento, orientação, ajuda a colegas na resolução de problemas).
- Sucesso demonstrado na orientação, dando *feedback* construtivo e desenvolvendo os funcionários.
- Habilidade demonstrada de promover e ajudar a criar trabalho em grupo e tomada de decisões em grupo.
- Excelentes habilidades de negociação, tomada de decisão e construção de relacionamento.
- Habilidades de raciocínio analítico. Habilidade de identificar os problemas e recomendar e implementar soluções.
- Capacidade de tomar importantes decisões nos negócios em situações de grande pressão.
- Excelentes habilidades interpessoais e organizacionais.

Quais dessas, Grey tentou descobrir, *não* fazem parte das tarefas de um pai ou mãe? Todas essas habilidades poderiam ser relacionadas em um currículo de mãe ou pai em meio período ou período integral.

* * *

O Departamento de Redes de Informações Ocupacionais de Trabalho (O*NET) tem uma lista de habilidades usadas para analisar as exigências de empregos específicos na força de trabalho remunerada. Aqui está a lista, em ordem ascendente depois das habilidades mais básicas (ler, escrever, matemática etc.):

HABILIDADES SOCIAIS (muitos pais claramente as dominaram)
- percepção social (estar ciente das reações dos outros e compreender por que eles reagem como reagem);
- coordenação (ajustar as atitudes em relação às atitudes dos outros);
- persuasão (persuadir os outros a abordar as coisas de modo diferente);
- negociação (reunir as pessoas e tentar reconciliar as diferenças);
- instrução;
- orientação (procurar maneiras de ajudar as pessoas);
- resolução de problemas complexos (em situações reais);
- identificação de problemas (identificar a natureza dos problemas);
- reunião de informações (saber como encontrar informações e identificar a informação essencial);
- organização das informações (encontrar maneiras de estruturar ou classificar múltiplas informações);
- síntese/reorganização (reorganizar as informações para obter uma abordagem melhor para os problemas ou tarefas);
- criação de ideias;
- avaliação de ideias (avaliar o possível sucesso de uma ideia em relação às exigências da situação);
- planejamento de implementação (desenvolver abordagens para implementar uma ideia);
- avaliação da solução (observar e avaliar os resultados de uma solução para identificar as lições aprendidas).

Depois da lista de habilidades da O*NET, vêm as HABILIDADES TÉCNICAS, aquelas habilidades usadas para criar, estabelecer, operar e corrigir problemas com máquinas e sistemas tecnológicos. Aqui, ser pai ou mãe é irrelevante. É difícil identificar como a criação dos filhos pode ajudar a melhorar sua capacidade de criar programas de computador, realizar testes com *softwares*, instalar ou manter equipamentos técnicos e assim por diante.

O item seguinte é HABILIDADES DE SISTEMAS, definidas como as habilidades usadas para compreender, monitorar e melhorar as organizações e os sistemas. Entre elas estão *visão*, ou imaginar como um sistema deve funcionar; *percepção dos sistemas*, ou determinar quando as mudança importantes ocorreram ou podem ocorrer em um sistema; identificar *consequências comuns* ou o resultado a longo prazo de uma mudança nas operações; e a *avaliação de sistemas*, ou analisar indicadores de desempenho de sistema, levando sua exatidão em conta.

Parece muito técnico, mas não há dúvidas de que uma mãe ou pai competente vê o futuro de um filho; monitora as mudanças importantes que ocorrem conforme o filho se desenvolve; identifica as consequências a longo prazo dos desenvolvimentos; e monitora o desempenho com objetivos de longo prazo em mente? Se existe alguém que se encaixa na definição de uma *visualizadora de sistemas*, essa pessoa é uma mãe. Pergunte a qualquer diretor de escola.

Por último, as HABILIDADES DE ADMINISTRAÇÃO DE RECURSOS, usadas para alocar os recursos de modo eficiente. É aqui que as mães e pais surgem com o que usam em casa. Entre as habilidades estão:

- administração do tempo (do próprio tempo e do tempo dos outros);
- administração de recursos financeiros (determinar quanto dinheiro será gasto para a realização do trabalho, relacionando esses gastos);
- administração de recursos materiais (obter e cuidar do uso adequado de equipamentos, propriedades e materiais necessários para a realização de certos trabalhos);
- administração de recursos pessoais (motivar, desenvolver e direcionar as pessoas enquanto elas trabalham, identificando as melhores pessoas para o trabalho).

Analisando essa lista oficial de habilidades necessárias na força de trabalho remunerada, parece claro que o trabalho de criar um filho oferece experiência direta em muitas delas, senão em todas – com a exceção das habilidades técnicas específicas. Posso dizer que a alta administração de muitas empresas também não tem essas habilidades especializadas. Quantos altos executivos você conhece que mal conseguem usar um computador? Em níveis mais altos, o que costuma contar mais é o bom senso, a maturidade, a eficiência, honestidade, dedicação e inteligência emocional. Essas qualidades, com o acréscimo do amor ao trabalho, praticamente definem um bom pai ou boa mãe.

* * *

Mas Holly Butkovich, de Ypsilanti, Michigan, ex-professora de pré-escola que atualmente cuida dos filhos em casa, diz que poderia criar um currículo com todas essas habilidades (entre outras):

- Multitarefas – ser capaz de realizar duas coisas a mais enquanto amamenta.
- Realizadora – ser a única pessoa na casa que parece saber como fazer funcionar a lava-louças, a lava-roupas e o aspirador de pó.
- Simpática – a capacidade de conversar com uma senhora na fila do mercado, como se estivesse muito interessada em saber tudo sobre os netos dela, enquanto meu filho grita em meu ouvido e a caixa do mercado fala ao telefone.
- Crítica de restaurante – conhecer os melhores lugares para jantar nos quais seja possível trocar as fraldas de uma criança.
- Prevenção de crises – sempre levar uma fralda consigo.

* * *

Quanto à resposta muito importante para aquela perguntou horrorosa que os desconhecidos costumam fazer em festas: "O que *você* faz?", aqui estão algumas das respostas apropriadas que uma mãe que não trabalha fora pode dar:

- gerente de pequeno negócio (por exemplo, Butkovich & Filhos);
- administradora de propriedade;
- investidora particular;
- investidora em capital humano;
- proprietária de um negócio de limpeza;
- diretora-executiva de um projeto de educação;
- técnica;
- conselheira;
- pesquisadora de desenvolvimento infantil;
- consultora de desenvolvimento humano;
- treinadora de potencial humano.

A extensão da lista dependerá de sua criatividade.

* * *

E existe uma história que tem circulado na Internet: alguns meses atrás, encontrei minha amiga Emily, que estava muito irritada. Aparentemente, ela havia voltado de renovar sua carteira de motorista. Quando a atendente perguntou qual era sua profissão, Emily hesitou, sem saber como se identificar.

A atendente explicou: "Quero saber se você tem um emprego ou se..."

"Claro que tenho um emprego. Sou mãe", Emily disse.

"Não relacionamos 'mãe' como profissão... 'dona de casa' serve", a moça respondeu.

Eu havia me esquecido dessa história até me ver na mesma situação, na prefeitura de minha cidade. A atendente era, obviamente, funcionária pública, eficiente e tinha título de funcionária do município. "Qual sua profissão?", ela perguntou.

Não sei o que me fez dizer o que disse. As palavras simplesmente saíram: "Sou assistente de pesquisa em desenvolvimento infantil e relações humanas".

A atendente pausou, com a caneta parada. Olhou para mim e eu repeti lentamente, enfatizando cada palavra. Então, fiquei observando, surpresa, enquanto ela escrevia minha profissão com letras grossas na ficha.

"Posso perguntar exatamente o que você faz em sua área?"

De modo frio, sem qualquer sinal de descontrole na voz, eu me ouvi dizer: "Tenho um programa de pesquisa contínua (que mãe não tem?) em laboratório e em campo (normalmente eu teria dito em casa e fora de casa). Trabalho para meus chefes (minha família) e já tenho quatro créditos (todas são filhas). É claro que o emprego é um dos mais puxados na área de humanas. (Alguém discorda?) E costumo trabalhar catorze horas por dia (24 seria uma resposta mais adequada)".

Percebi um outro tipo de tratamento quando a moça preencheu o formulário, ficou em pé e me acompanhou até a porta. Ao chegar em casa, feliz com minha nova carreira glamourosa, fui recebida por minhas assistentes de laboratório – de 13, 7 e 3 anos. No andar de cima, escutei o novo modelo experimental (de 6 meses) no programa de desenvolvimento infantil, testando um novo padrão vocal. Eu me senti triunfante.

BIOGRAFIA DOS ENTREVISTADOS

Lisa Anderson é reitora da Escola de Assuntos Públicos e Internacionais (SIPA) da Universidade Columbia, na cidade de Nova York. Antes de se tornar reitora, Anderson ocupava uma vaga no Departamento de Ciência Política. A professora Anderson é especialista em Oriente Médio e África do Norte e defensora dos direitos humanos. Ela é casada e tem dois filhos, nascidos em 1985 e 1990.

Cheryl Bachelder, 48 anos, foi presidente e CEO do Kentucky Fried Chicken (KFC), do início de 2002 até setembro de 2003. É casada e tem duas filhas, que tinham 17 e 11 anos em 2003. Ainda quando era presidente da segunda maior rede de restaurantes do mundo, ela era responsável pelos horários das filhas. "Toda a logística da vida delas está em meu Palm Pilot", ela disse. Bachelder desenvolveu suas habilidades como gerente de *marketing* na Gillette, Proctor & Gamble, RJR Nabisco e Domino's Pizza, onde, como vice-presidente, era responsável pelo planejamento, *marketing*, pesquisa e desenvolvimento de conceito e de produtos.

Judith A. Blades, vice-presidente de operações da The Hartford Financial Services Group Inc., é uma das mulheres de maior sucesso na indústria de seguros. É responsável por aproximadamente sete bilhões de dólares em bônus anuais, e mais de cinco mil funcionários, ou quase um quinto dos 27 mil funcionários da The Hartford, se reportam a ela. Blades, 57 anos, galgou seu espaço no topo da empresa e se casou com um colega da Hartford. Em 2002, Blades foi nomeada Mulher do Ano em uma cerimônia no Russian Tea Room, em Manhattan. Em seu discurso de agradecimento, contou aos executivos que sua família, incluindo os pais e os quatro filhos, haviam ensinado a ela suas habilidades de liderança. Não é formada na universidade, mas todos os seus filhos são formados.

CAROLE BROWNER, advogada, foi a diretora da Agência de Proteção Ambiental na administração de Clinton. É casada e seu único filho tinha 3 anos em 1993, quando ela foi para a Agência. Antes disso, havia gerenciado o departamento de regulamentação ambiental do estado da Flórida. Atualmente, é consultora em Washington, D.C.

LINDA CHAVEZ-THOMPSON é vice-presidente da AFL-CIO e uma das mulheres de maior destaque no movimento trabalhista. Americana de segunda geração, descendente de mexicanos, também foi a primeira pessoa negra a se tornar diretora da AFL-CIO. Progrediu em sua área, na Federação Americana de Funcionários de Estados, Condados e Municípios (AFSCME) no Texas e no sudeste. Entre outras coisas, também é vice-diretora do Comitê Nacional Democrático. Tem dois filhos e dois netos.

DRA. RITA COLWELL, microbióloga, foi a primeira mulher a se tornar diretora da Fundação Nacional de Ciência, em 1998. Sob sua liderança, a agência estabeleceu grandes iniciativas em nanotecnologia, biocomplexidade, tecnologia de informação e a força de trabalho do século XXI, entre outros assuntos. A dra. Colwell já foi presidente do Instituto de Biotecnologia da Universidade de Maryland, de 1991-1998, e professora de microbiologia e biotecnologia da universidade. É autora e coautora de dezesseis livros e mais de seiscentos trabalhos científicos, produziu um filme ganhador de prêmios, *Invisible Seas*, e foi presidente da Associação Americana para o Avanço da Ciência. Ela e seu marido, um médico, criaram duas filhas; uma delas é professora de medicina e a outra é especialista em saúde da mulher em países em desenvolvimento.

LINDSAY CROUSE é atriz veterana de teatro, cinema e televisão. Por sete anos, foi membro da Circle Repertory Company, em Nova York, e tem atuado em teatros de todo o país. Alguns de seus melhores filmes são *Todos os homens do presidente, O veredicto, Jogo de emoções, Um lugar no coração*, pelo qual foi indicada ao Oscar, e *O informante*, com Al Pacino. Na televisão, atuou em diversas séries, incluindo *Hill St. Blues*, *L.A. Law*, *Law and Order*, *E.R.*, *NYPD Blue* e *Dragnet*. Atuou no CBS Movie of the Week, *Laura Ingalls Wilder: Beyond the Prairie*. É casada, tem duas filhas e um enteado.

NANCY DROZDOW é diretora e cofundadora do Centro de Pesquisa Aplicada, na Filadélfia. Ela oferece orientação executiva e consultoria aos diretores de negócios familiares. Seus conselhos permitem aos gerentes analisarem e agirem em relação a questões de risco, delegação, competição, crescimento e estratégias de saída, e o que eles costumam considerar questões emocionais conturbadas. Ela tem MBA em estratégia da Faculdade Wharton.

LUCY FISHER tem mantido uma das carreiras mais bem-sucedidas em Hollywood, enquanto cria três filhos. Começou como editora de histórias na United Artists, foi diretora de produção na 20th Century Fox durante os anos 1970 e, de 1981 a 1995, trabalhou na Warner Bros. Produziu filmes de sucesso, como *Gremlins*, *A cor púrpura*, *As bruxas de Eastwick* e *As pontes de Madison*, e convenceu a Warner a abrir a primeira creche da indústria do cinema. Em 1996, ela se tornou vice-presidente da Columbia TriStar, onde sua equipe, incluindo o marido, o produtor Douglas Wick, emplacou um sucesso após o outro: *Jerry Maguire*, *O casamento do meu melhor amigo*, *Homens de preto*, *Força Aérea 1*, *A máscara do Zorro*, e *Melhor é impossível*. Desde 2000, quando deixou Columbia, a parceria de Fisher e Wick tem produzido muitos outros filmes, incluindo *Peter Pan*.

Um de seus filhos tem diabete, e Fisher tem arrecadado dinheiro em sua luta contra a doença.

NAOMI FONER é roteirista e produtora em Los Angeles e mãe de dois atores de sucesso, Jake e Maggie Gyllenhaal. Foner, de Nova York, começou sua carreira como produtora na televisão pública. Esteve no Children's Television Workshop por dez anos, onde desenvolveu *The Electric Company* e atuou no programa popular *3-2-1 Contact*. Depois do nascimento de seus filhos, ela e o marido, um diretor, mudaram-se para Los Angeles e ela começou a escrever independentemente.

O roteiro original de Foner, *O peso de um passado*, foi indicado ao Oscar de Melhor Roteiro Original. Também escreveu e produziu *Uma mulher perigosa*, *O destino de uma vida*, com Jessica Lange e Halle Berry, e *Palavras de amor*, com Richard Gere. Sua família recebeu, recentemente, o Torch of Liberty Award da ACLU pelo trabalho que fizeram a respeito das questões da Primeira Emenda.

MIKE FOSSACECA, 38 anos, é vice-presidente da JPMorganChase na cidade de Nova York. Ele gerencia um grande grupo de vendas cuja tarefa é ajudar as empresas da lista *Fortune 100* a encontrar soluções a curto prazo para gerenciar a liquidez, desde o investimento em bens a como lidar melhor com contas e recebimentos. Ele e a esposa têm duas filhas, que tinham 4 anos e meio e 17 meses de vida quando conversamos, em dezembro de 2002.

LOUISE FRANCESCONI é presidente da divisão de sistemas de mísseis da Raytheon, com sede em Phoenix, Arizona. Ela cuida de mais de quarenta programas de produção e desenvolvimento e de uma força de trabalho de aproximadamente onze mil funcionários. (Sua divisão produzia armas usadas na caça por Osama bin Laden na guerra do Afeganistão e do Iraque.) Antes de entrar para a Raythoen, depois da fusão da Raytheon e da Hughes Aircraft Company, ela era uma veterana de 24 anos da Hughes e presidente da Hughes Missile Systems Company. Tem um filho adulto e um enteado.

LESLIE GAINES-ROSS, autora de *CEO Capital: A Guide to Building CEO Reputation and Company Success* (2003) é uma dos maiores especialistas do país em reputação corporativa e de CEOs. Atualmente, cuida da pesquisa na Burston-Marsteller, uma empresa de consultoria global de comunicação. Antes de trabalhar na Burston-Marsteller, a dra. Gaines-Ross foi diretora de comunicação e *marketing* da revista *Fortune*, de 1988 a 1997. Ela tem duas filhas adultas e um filho adolescente.

Jamie S. Gorelick, formada em direito na Harvard, foi conselheira-geral no Pentágono e advogada na administração Clinton. De 2001 a 2003, foi vice-presidente da Fannie Mae, a maior financiadora de imóveis do país. Também atuou na Comissão Naional de Ataques Terroristas aos Estados Unidos. Gorelick, advogada, é casada e tem dois filhos em idade escolar.

Ruth R. Harkin é vice-presidente da United Technologies Corporation, cuida dos assuntos internacionais e das relações governamentais. Advogada, Harkin foi uma das primeiras mulheres nos Estados Unidos a se tornar promotora, em Iowa, no início dos anos 1970. Mais tarde, tornou-se conselheira-geral no Departamento de Agricultura, e de 1993 a 1997, foi presidente e CEO da Overseas Private Investment Corporation (OPIC). É casada com o senador de Iowa Tom Harkin e tem duas filhas adultas.

Deb Henretta, 43 anos, é presidente da Global Baby Care division na Proctor & Gamble, em Cincinnati, Ohio. Henretta passou sua carreira toda na Proctor & Gamble, onde estabeleceu sua fama gerenciando com sucesso a marca famosa da empresa, Tide, entre outras. Mas ela só saiu da "área de serviço", como diz, em 1999, quando foi nomeada gerente-geral dos negócios relacionados a produtos para bebê da P&G. Foi a primeira mulher a gerenciar os negócios relacionados à fralda na empresa e sua tarefa era simples: salvar a Pampers, que estava falindo. A Pampers, que já tinha sido a marca de fraldas mais vendida do mundo, vinha perdendo mercado havia muitos anos. Henretta, 38 anos na época, analisou os problemas do ponto de vista de uma mãe e mudou a situação. Ela é casada e tem três filhos, de 9, 7 e 2 anos.

Madeleine Kunin manteve-se como governadora de Vermont por três mandatos e foi nomeada secretária de Educação pelo presidente Bill Clinton. Posteriormente, trabalhou como embaixadora dos Estados Unidos na Suíça, onde nasceu. Sua família, judia, saiu do país nos anos 1930 e imigrou para os Estados Unidos, onde ela estudou, casou e criou quatro filhos.

Shirley Strum Kenny criou cinco filhos com um marido "muito incentivador", enquanto os dois ainda se esforçavam na carreira de professores. Depois de obter o doutorado na Universidade do Texas, ensinou inglês na Universidade Católica antes de ser nomeada presidente da Faculdade Queens, na cidade de Nova York. Atualmente, é presidente da Universidade Estadual de Nova York, em Stony Brook. Quando nos conhecemos, em meados dos anos 1990, um de seus filhos era rabino, dois eram doutores, um era mestre e um estava na universidade.

Geraldine Laybourne é presidente e diretora-executiva da Oxygen Media, uma empresa de multimedia de Nova York com rede a cabo para mulheres. Laybourne começou na televisão na Nickelodeon, onde seu primeiro programa, *Double Dare*, mais do que dobrou a audiência em menos de seis meses. Como presidente, ela transformou o canal infantil, que antes perdia dinheiro, em um negócio muito rentável. Também foi presidente das redes Disney/ABC Cable antes de fundar a Oxygen Media com Oprah Winfrey, entre outras pessoas. Ela e seu marido criaram dois filhos.

Shelly Lazarus é presidente e CEO da Ogilvy & Mather Worldwide, uma das maiores agências de propaganda do mundo. Formada, em 1970, na Escola de Administração de Columbia, onde foi uma das quatro mulheres de sua sala, Lazarus passou quase toda a carreira na Ogilvy. Sob sua liderança, a empresa conquistou diversos grandes clientes mundiais, incluindo IBM, Kodak, Motorola e Oracle. Ela e o marido, um pediatra, têm três filhos.

Veronica Lopez é educadora de pais e conselheira e vive em Staten Island. É casada e tem um filho adolescente e duas filhas adolescentes gêmeas.

Ann S. Moore é presidente e diretora-executiva da Time Inc., a maior editora do mundo e marketeira direta de música e vídeos. Moore começou sua carreira na Time em 1978 e, no início dos anos 1990, se tornou editora e depois presidente da revista *People*, que se tornou mais rentável com sua liderança. Moore lançou diversas outras publicações bem-sucedidas, incluindo *InStyle*, *Teen*, *People* e *Real Simples*. Ela é casada e tem um filho.

IRENE NATIVIDAD é líder do movimento feminino dos Estados Unidos. Nativa das Filipinas, nos anos 1980 foi presidente da Convenção Nacional da Mulher na Política, uma organização dedicada a eleger e indicar mais mulheres a cargos públicos. Trabalhou como diretora-executiva da Fundação Americana Filipina e foi diretora da Cúpula Global da Mulher, de 1992 e 1994. É casada e tem um filho.

SOLEDAD O'BRIEN tem trabalhado como coâncora do *American Morning* da CNN, desde 2003. Antes de entrar para a CNN, apresentou o *Weekend Today*, da NBC, o *Morning Blend*, da MSNBC, e foi repórter do *Nightly News*, da NBC. Formada na Harvard, ela e seu marido, um investidor financeiro, têm dois filhos. Ela se orgulha de sua incomum origem latina, irlandesa e afro-americana.

SARAH PILLSBURY é produtora de filmes e filantropa que vive em Los Angeles. Aos 25 anos, em 1976, cofundou a Liberty Hill Foundation, cuja missão é "Mudança, não caridade", em apoio ao ativismo da comunidade local e dos esforços ambientais. Ela produziu filmes independentes muito elogiados, como *Procura-se Susan desesperadamente* e *Colcha de retalhos*, e o filme ganhador do Emmy *E a vida continua*. Ela tem uma filha, que estuda na Yale, e um filho no ensino médio.

CATHERINE R. POWELL é capelá das escolas de ensino fundamental e médio da Escola da Catedral Nacional, em Washington, D.C. Ela tem título de catequista da pré-escola da Igreja Episcopal St. David, em Washington. Anteriormente, trabalhou nas igrejas de D.C., Carolina do Norte e Massachusetts. Ela tem duas filhas, de 20 e 16 anos.

JUDITH RAPOPORT, líder de psiquiatria infantil do Instituto Nacional de Saúde Mental e ex-psicanalista, é autora do livro de sucesso *The Boy Who Couldn't Stop Washing*. É casada e tem dois filhos adultos.

Ann Richards foi voluntária em campanhas políticas regionais e de estado por vinte anos, tempo que passou criando quatro filhos em Austin, no Texas. Em 1976, ela se candidatou a seu primeiro cargo político, como vereadora e venceu. Seis anos depois, ela ganhou uma campanha para ser tesoureira do estado, tornando-se a primeira mulher a ser eleita para o escritório estadual no Texas em cinquenta anos. Em 1990, foi eleita governadora do Texas, cumprindo um mandato antes de ser derrotada por George W. Bush. Atualmente, é conselheira de uma empresa de direito de Washington, D.C., e tem seis netos "quase perfeitos".

Marian N. Ruderman é diretora de grupo de pesquisa no Centro de Liderança Criativa, em Greensboro, Carolina do Norte. Sua pesquisa se concentra nos processos de desenvolvimento de liderança com atenção especial ao desenvolvimento de mulheres líderes. Ela é coautora do livro *Standing at the Crossroads: Next Steps for High-Achieving Women* e coeditora de *Diversity in Work Teams: Research Paradigms for a Changing Work-Place*. Tem mestrado em psicologia organizacional pela Universidade de Michigan.

Harold Saunders é diretor de Assuntos Internacionais da Kettering Foundation e ex-secretário de Estado de Assuntos do Oriente Próximo e Sul da Ásia na administração do presidente Carter (1978-1981). Foi um membro importante da equipe que mediou cinco acordos árabes-israelenses entre 1974 e 1979, incluindo os Acordos de Camp David e o tratado de paz entre egípcios e israelenses. Desde então, desenvolveu uma estrutura que ele chama de "diálogo mantido" para melhorar as relações étnicas e raciais desgastadas. Ele tem dois filhos adultos.

Pauline A. Schneider é sócia no escritório de Washington D.C. da empresa de advocacia Hunton & Williams, onde se especializa em transações financeiras públicas. Tem sido intermediária em transações de bilhões de dólares para financiamento para aeroportos e governos estaduais e municipais. Formada na Escola de Direito de Yale, participa de diversos grupos. Tem dois filhos adultos, um filho e uma filha.

SHAUNNA SOWELL passou sua carreira toda na Texas Instruments, começando como engenheira mecânica quase vinte anos atrás. Atuou como vice-presidente dos Worldwide Environmental Safety and Health Programs, vice-presidente e gerente da Worldwide Facilities e, em 2001, tornou-se a primeira mulher a ser vice-presidente e gerente de uma indústria de semicondutores, uma empresa cujos oitocentos funcionários produzem o equivalente a um bilhão de dólares anualmente em produtos. Em 2002, ela foi candidata ao prêmio de Mãe do Ano da revista *Working Mother*.

PAMELA THOMAS-GRAHAM se tornou a presidente e CEO da CNBC em julho de 2001. Anteriormente, havia passado dez anos na McKinsey & Co., tornando-se a primeira mulher negra sócia da empresa. Ela se formou em Harvard e escreveu três livros. Thomas-Graham e seu marido têm um filho de 6 anos.

PATRICIA WALD, formada na Escola de Direito de Yale, trabalhou por pouco tempo como advogada antes de passar dez anos criando cinco filhos. Ela foi advogada-assistente no Departamento de Justiça de 1977 a 1979, e então foi nomeada à Corte dos Estados Unidos. Trabalhou por vinte anos na Corte, incluindo cinco anos quando atuou como juíza, de 1986 a 1991. Depois de se aposentar, em 1999, atuou como juíza no Tribunal de Crimes Internacionais da antiga Iugoslávia, e em 2004, foi nomeada à Comissão Federal, investigando o fracasso da inteligência em relação às armas iraquianas de destruição em massa.

MARGARET MOERS WENIG trabalhou como rabina de Beth Am, The People's Temple, na cidade de Nova York, por dezesseis anos. A congregação floresceu sob sua liderança espiritual. A rabina Wening é uma pregadora experiente e atua como instrutora em homilética no Instituto de Religião da Hebrew Union. Ela faz sermões e palestras e seus textos foram reunidos em *Best Jewish Writings 2003*, editado por Arthur Kunzweil.

UM RECADO DA AUTORA

Eu adoraria ler mais sobre líderes que foram influenciados por este livro e que gostariam de contar suas histórias sobre como ser mãe ou pai enriqueceu e melhorou sua vida profissional. Vocês podem me encontrar pelo *e-mail* story@anncrittenden.com. Para saber mais sobre meus textos, por favor, visite meu *site*: www.anncrittenden.com. Para obter informações sobre questões que afligem as mães, principalmente sua situação econômica, visite o *site* do grupo MOTHERS: www.mothersoughttohaveequalrights.org.